ウィズコロナ経営における
倒産と再生

Bankruptcy and rebirth in with corona management

著者：弁護士法人 大江橋法律事務所
　　　監査法人 彌榮会計社

はじめに

　いよいよ"ウィズコロナ3部作"の最終作が発刊されます。

　COVID-19が蔓延していくなか、薩摩嘉則公認会計士によってこの企画が立ち上がり、コロナ禍で苦しむ多くの企業の助けになれば、という彼の情熱が周りを動かし、3部作を世に送り出すことになりました。

　世界のどこにおいても、生産、流通、サービスなどの経済活動は主として企業によって行われています。その企業活動を支えるのが株式会社制度です。これは社会活動における最大の「発明」であるといってよいでしょう。世界で最初の株式会社は1600年に設立されたイギリス東インド会社（EIC）とその2年後に設立されたオランダ東インド会社（VOC）です。多くの出資者が出資金を失うというだけの限られたリスクを負って出資し、多額の出資金を集めた両東インド会社は、事業リスクのきわめて高い大航海時代の貿易事業に挑みます。結果、多額の利益を出資者にもたらしました（詳細については、前書『ウィズコロナ経済における運用と調達』86頁をご参照ください）。

　日本の株式会社には多くのパターンがあります。上記の両東インド会社のような本格的な投資の受け皿になるものから、個人自らの資産を管理するために設立された1人株主の会社までさまざまです。会社法もさまざまな形態の会社をつくることを認めていますが、それらに共通しているのは、株主が会社債務について対外的な責任を負わないことと、所有者の機関として株主総会を、経営機関として取締役・代表取締役を、別々に置くべきというルールです。それゆえに、会社では制度として、所有と経営が分離しており、所有者が経営者に出資金の運用を委託し、経営者が善管注意義務・忠実義務を負って経営することが求められています。会社の所有者は株主ですが、株主の総体が所有者であるということで、個々の株主は経営者が気に入らないとしても、出資をやめて会社から払い戻してもらうことはできず、株式を譲渡することしかできません。

　経営者は法令などを遵守しながら、託された資本を使って、株主の利益が最大化されるような経営をしなければなりませんが、そこには経営判断をする一定の裁量があります。こうすればもっと儲かっていたのにそうしなかったということで責任を問われることはないのです。

　経営者が善管注意義務・忠実義務を果たしていても、企業が倒産することはあります。現時点のように、経営者にとって如何ともしがたい、コロナ禍による経営状況の悪化が好例です。

　私は1989年に弁護士になりましたが、世はバブルの真っ只中で、企業倒産などまったくなく、不渡手形すら見たことがありませんでした。1992年、そんな日本から私はアメリカへ留学をしたのですが、ロースクールの会社法ゼミで、教授に「会社は誰のものか」と質問されたことがあります。私は迷わずに「株主のものである」と答えましたが、「違う！　会社は契約のネクサス（集合体）である。会社のステークホルダーとしては、経営者、労働者、

株主、債権者、消費者、地域のコミュニティなどがあるが、場面により、会社は株主のものである場合、従業員のものである場合、債権者のものである場合、ときには消費者や地域のコミュニティのものである場合などさまざまである」と説明され、目からウロコが落ちる思いをしました。

　企業が、ゴーイングコンサーンとして経済活動を続けている限り、会社は株主のものです。しかし、倒産（支払不能・債務超過）の場面では会社は株主のものでなくなり、債権者のものとなります。倒産の場面では会社は債権者のもの、それは平時に株主のものというのと同様、個々の債権者のものではなく総体としての債権者のもの、となります。倒産制度も社会活動における非常に重大な「発明」です。倒産は債権者への債権回収の方法です。そして倒産の場面では、憲法に財産権の自由があるにもかかわらず、個々の債権者の権利行使は禁じられるなど、倒産法が通常の法に優越する場面があります。債権回収を集団的・強制的に行う必要があるのです。これは、「会社の財産の価値を最大化できる」という大義名分によって正当化されています。また、会社の財産を最大化できるからこそ、「債権者は全員これに同意するのが当然」だとされています（現実には会社の財産を最大化する方策が何かは、完全な情報を得ることができず、人それぞれで判断が分かれるので、債権者が全員同意することはありません）。

　ですから、経営者は会社が倒産に至ったとき（または至るおそれがあるとき）、会社の財産価値最大化を求めた手続（と己が信じたもの）を選択しなければなりません。破産して財産をすべて換価して債権者に公平に分配するのか、事業を再生して長期間で事業の収益を債権者に分配するのか、そして会社の価値を最大化するには自らが経営者としてとどまった方がいいのか、他の経営者に経営を任せるのか、それを判断する必要があります。そして、債権者にそれが会社価値の最大化の途であることを説明し、同意を得る必要があります。

　私には深く心に突き刺さった痛恨の事件があります。

　1994年に留学から帰ったときはバブルがはじけていました。会社更生を申し立てた社長とともに遅くまで続いた会議が終わり、事業譲渡の交渉がやっとうまくいき、私は社長とラーメン屋に行きました。「疲れましたがうまくいきましたね」とラーメンとビールでささやかなお祝いをしました。

　……そう私は思っていました。しかし、翌日、社長は自らの命を絶ってしまったのです。そのショックは今思い出しても震えがきます。

　あなたの経営にはバブルを見誤ったという間違いはあったでしょう。その点は経営判断として裁量内のことですし、社長だけの責任でなく、銀行に踊らされていたものでもあります。大変気の毒であり、その間違いについて法的な責任はまったくありません。倒産制度には「会社の財産価値最大化」と並ぶ大原則があります。「経営者（個人）については、免責を受けることにより、再スタートを可能とする」ことです。倒産した人の再チャレンジは日本社会で長く受け入れられていませんでしたが、最近では浸透しつつあります。

　死なないで! 社会活動の重大発明である倒産制度の大原則に則れば、あの社長はその才能をもとに新しい事業を成功させていたはずです。

　あのときのラーメン屋はコロナ禍で閉店してしまいましたが、倒産制度によって、いずれ復活するでしょう。この書籍によって倒産制度の王道が世に広まることを強く願います。

2021年4月吉日

弁護士法人 大江橋法律事務所

パートナー 弁護士　平野惠稔

巻頭言

　本書は"ウィズコロナ3部作"の掉尾を飾る著作です。前々書『ウィズコロナ社会における経済と経営』では、新型コロナウイルス感染症（COVID-19）の病理と対抗可能な医薬品の開発、個人レベルでの行動変容、改正特措法の制定と政策展開等の帰結としての社会の変容及びその経済と経営に与える影響を記述しました。また、前著『ウィズコロナ経済における運用と調達』では、新型コロナウイルス感染症が定着した新常態（ニューノーマル）経済における資金の運用と調達について述べました。両書の底流にあるのは、日々目の当たりにしているふたつのリング「コロナ不況」と「コロナバブル」の並走です。前々書ではその並走原因に言及し、前書では「コロナバブル」下での"資金運用"と"資金調達"について詳述しました。ふたつのリングの学術的究明は研究者に譲り、その行き着く先は歴史に委ねるとしまして、本書においては残されたもう片方のリングである「コロナ不況」にスポットを当てます。

　現下の実体経済は、前々書『ウィズコロナ社会における経済と経営』において予測したとおり、業種別の跛行色がきわめて強い展開となっています。政府・日銀による金融支援により一息ついた感がありますが、その元金返済が始まる2022年あたりからが、次の正念場となるともいわれます。そのような状況下におきまして、来るべき金融危機に備えて、本書『ウィズコロナ経営における倒産と再生』をお送りする次第です。

　本書は企業倒産とその再生に関する法務・財務並びに税務の各分野において、弁護士、会計士並びに税理士がそれぞれの専門的知見を駆使して執筆しております。各専門家の合力により、"倒産企業"の「再生」に向けた道標を指し示すべく努力していくことが、本書の目標です。"ウィズコロナ経営"下での誠に厳しい舵取りの日々でありますが、そのなかで本書を、少しでも参考にしていただければ幸甚に存じます。

2021年4月吉日

監査法人 彌榮会計社

代表社員 公認会計士　薩摩嘉則

序説

　新型コロナウイルス（SARS-CoV-2）とその感染症（COVID-19）が、単にヒトへの感染にとどまらず、私たちの「社会」「経済」「経営」全般にわたり、甚大な影響を及ぼそうとしていることを詳述した『ウィズコロナ社会における経済と経営』の第1章で掲げた図1を再掲したのが、下図1です。

〈図1〉 ウィズコロナ社会における要因関係俯瞰図

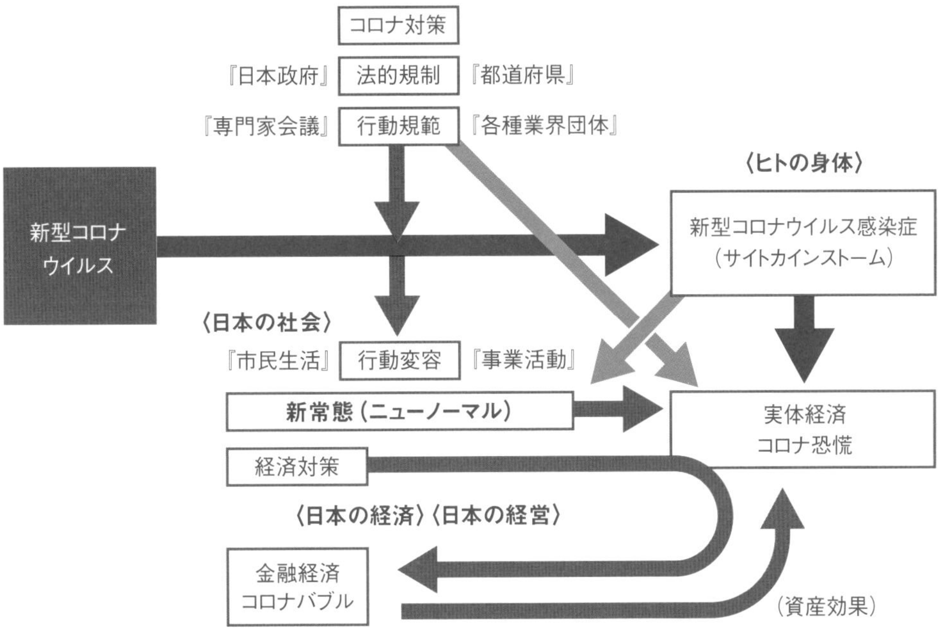

　そして、2020年11月発刊の『ウィズコロナ経済における運用と調達』におきましては、上図1を前提にした"金融経済"における"金融取引"について述べさせていただきました。2020年8月よりウィズコロナ・シリーズ3部作と銘打って、法律専門家と会計・財務専門家とでワーキング・チームを組み、新型コロナウイルス感染症が与える「社会」「経済」「経営」「運用」「調達」への影響について上述のとおり、2冊の解説本を発刊してきたのです。本書はそのシリーズの締めくくりとしまして、新型コロナウイルス感染症によりもたらされる"負の経済効果"によって引き起こされつつある"実体経済"における「コロナ恐慌」に対応するための手法を示したものであり、"負の経済効果"により惹起する「窮境原因」の企業への影響とその対策について検討しています。

　ここではまず本編に入る前に、"会計・財務の専門家"として小職なりに本書の全体を俯瞰したいと思います。ウィズコロナの強烈な"負の経済効果"により惹起された「窮境原因」が通常状態の継続企業に襲いかかると、当該企業に「債務超過または支払不能の可能性」が発生し、危機的状況に陥ります（実質的危機時期）。その状態から自力で再建する企業も多いのですが、自力再建ができなかった場合には、企業整理を開始せざるを得なくなり（形式的危機時期）、その結果当該企業の経営は破綻し、倒産企業となります。その後、当該倒産企業は清算されて消滅するかあるいは再生されて継続企業に復するかのいずれかの道を歩むこととなります。このプロセスを俯瞰したのが、下図2です。

〈図2〉 倒産―再生ロードマップ

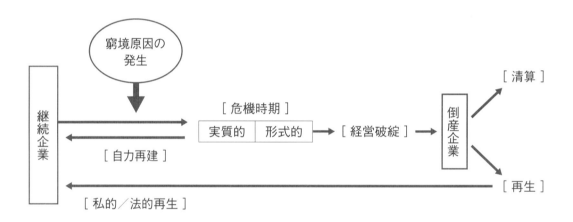

　上図2中、ウィズコロナ経営を前提とした窮境原因の発生については、第Ⅰ編で述べます。また、危機時期以降のプロセスにつきましては、その法的側面を第Ⅱ編及び第Ⅲ編で法律専門家が詳述し、第Ⅳ編で会計士がその財務的側面について、第Ⅴ編で税理士がその税務的側面を詳述した後、最後に財務コンサルタントが上図2の各プロセスにおけるさまざまなファイナンス手法について第Ⅵ編で解説します。詳細は各編に譲り、ここではイントロダクションとして、「継続企業」の貸借対照表と「倒産企業」の清算貸借対照表（※1）の根本的な相違について、大略的にご説明申し上げたく存じます。まず"継続企業"である株式会社の「貸借対照表」は右図3のとおりです。

（※1）倒産企業が"再生"過程に載った場合には、単なる清算貸借対照表にとどまらず、再度継続企業としてのスタートラインに立った時点での「実態貸借対照表」を作成しなければなりません。その内容、評価基準及び作成方法等は法的整理と私的整理の各々のスキームによって異なりますので、第Ⅳ編にて詳述致します。

〈図3〉 継続企業である株式会社の貸借対照表

資産の部＝資金の運用		負債及び資本の部＝資金の調達	
科目	金額	科目	金額
流動資産		**負債の部**	
現金預金		支払手形	
有価証券		買掛金	
受取手形		短期借入金	
売掛金		CP	
棚卸資産		賞与引当金	
前払費用		未払費用	
繰延税金資産		繰延税金負債	
貸倒引当金		社債	
固定資産		長期借入金	
有形固定資産		リース債務	
土地		退職給与引当金	
建物		**中間資本（メザニン）**	
その他償却性資産		劣後債	
無形固定資産		劣後ローン	
リース資産		**資本の部**	
営業権		資本金	
その他無形固定資産		普通株式	
投資その他の資産		優先株式	
投資有価証券		資本剰余金	
長期前払費用		新株予約権	
その他		利益剰余金	
繰延資産		評価・換算差額等	
資産合計	100	負債及び資本合計	100

　上図3の詳細は、前掲書『ウィズコロナ経済における運用と調達』でぜひご確認いただきたく存じます。続きまして、上図3の継続企業が"倒産企業"化した場合の「清算貸借対照表」は次図4のとおりです。

〈図4〉 倒産企業である株式会社の清算貸借対照表

資産の部		負債の部	
流動資産		**別除債権**	
現金預金		有担保借入金	
有価証券		リース債務	
受取手形		**財団債権**	
売掛金		買掛金	
棚卸資産		短期借入金	
固定資産		未払税金	
有形固定資産		**破産債権**	
土地		優先債権	
建物		一般債権	
その他償却性資産		劣後債権	
建設仮勘定		少額債権	
無形固定資産		**資本の部**	
リース資産		資本金	
営業権		普通株式	
その他無形固定資産		優先株式	
投資その他の資産		資本剰余金	
投資有価証券		**未処理損失**	
資産合計	100	負債及び資本合計	100

　前掲の図3と上図4を比較していただくと、まったく異なる表であることがご理解いただけると思います。そもそも、その作成目的が根本的に異なるのです。上図3の貸借対照表は、"継続企業（Going Concern）"を前提とした事業の継続的遂行に要する資産とそのための資本（他人・自己）調達の状況を示すものです。これに対して上図4の清算貸借対照表は、倒産してしまった企業がその保有する換金価値のある資産を処分して、どのように債権者に弁済できるかを示すための表です。したがって、図3上に表示されている以下の資産は、そもそもの換金価値がないゆえに、図4においては貸借対照表能力を喪失することになり、記載対象から除外されます。

＜経過勘定項目＞
　前払費用、長期前払費用
＜会計上の見積り資産＞
　繰延税金資産
＜会計上の擬制資産＞
　繰延資産

　また、図3上に表示されている以下の負債は、その弁済すべき相手方である債権者が存在しないために図4の作成過程で除外されます。

＜経過勘定項目＞
　未払費用
＜会計上の見積り負債＞
　繰延税金負債
＜会計上の引当金＞
　貸倒引当金、賞与引当金、退職給与引当金

　さらに、債務超過状態（※2）に陥っている倒産企業においては、株主の本来の持ち分である資本金及び資本剰余金は、その経済的価値を失います。

（※2）左図4上、「資本の部」において下記算式を充たしている場合には、当該企業は債務超過状態とみなされます
　　　未処理損失＞資本金＋資本剰余金＋新株予約権

　前々書『ウィズコロナ社会における経済と経営』並びに前書『ウィズコロナ経済における運用と調達』では各々6本の方程式を呈示しました。本書におきましても、小職が執筆を担当した部分において下記8つの方程式を掲示しております。参考にしていただければと存じます。

（方程式1）フリーキャッシュ・フロー（FCF）方程式（第I編第2章参照）
　　　　　フリーキャッシュ・フロー（FCF）
　　　　　　＝営業活動によるキャッシュ・フロー（営業CF）
　　　　　　＋投資活動によるキャッシュ・フロー（投資CF）

（方程式2）“過剰借入額” 算定方程式（第I編第2章参照）
　　　　　過剰借入額＝（年間約定弁済額－フリーキャッシュ・フロー）×返済年数

(方程式3) 私的整理限界方程式 (第Ⅲ編第1章参照)

フリーキャッシュ・フロー (FCF) ≧ DR (※3) 後年間約定弁済額

DR 後年間約定弁済額＝過剰借入額÷DR 後返済年数

(※3) 財務再構築 (Debt Restructuring：デット・リストラクチャリング) (第Ⅵ編第2章参照) の略

(方程式4) 清算価値保障原則方程式 (第Ⅳ編第4章参照)

再生価値＞清算価値

(方程式5) デット・リストラクチャリング限界方程式 (第Ⅵ編第2章参照)

(1) 債務超過解消時における要償還債務残高 (※4) ≦DR 後 FCF (※5) ×10

&

(2) 実質的債務超過解消年数≦5

(※4) 債務超過解消時における要償還債務残高＝
　　　債務超過解消時における (有利子負債－現預金－正常運転資金)
(※5) DR 後 FCF＝DR 後 (営業 CF＋投資 CF) (※6)
(※6) FCF と営業キャッシュ・フロー (CF) 及び投資キャッシュ・フロー (CF) については、第Ⅰ編第2章参照

(方程式6) 「第二会社方式」事業再生可能方程式 (第Ⅵ編第3章参照)

(花形製品＋金のなる木 (＋問題児)) 事業セグメントの FCF のプラス

＞

第二会社における金融債務要弁済額

(方程式7) 第二会社価値算定方程式 (第Ⅵ編第3章参照)

第二会社再生計画上の FCF×10×0.9＝第二会社承継金融債務額 (①)

正の "のれん" ＝①－実態 BS 上の第二会社への要承継資産

(方程式8) ポンカス会社方程式 (第Ⅵ編第3章参照)

第二会社方式を採用しない場合の再生対象企業全体の清算価値

＜

第二会社化対象事業セグメントの譲渡等価値＋ポンカス会社の清算価値

Contents

第Ⅲ編　企業再生

第Ⅳ編　企業倒産における会計士の役割

ウィズコロナ経営と
経営破綻

第Ⅰ編　ウィズコロナ経営と経営破綻

第1章　ウィズコロナと7割経営

第1節　水面下経済と7割経営

　2020年5月26日付けの日本経済新聞で「『7割経済』向き合う企業」と題して、次のような記事が掲載されました。

　「新型コロナウイルスとの共存も迫られるなか、さまざまな分野で感染防止策にも手を抜けない『7割経済』を強いられる企業は、経済のニューノーマル（新常態）への適応力も問われる」

　この記事をもとに、本書では新型コロナウイルス感染症拡大前の7割程度にしか売上高の回復しない経営状態を「7割経営」と称したいと思います。

　この「7割経営」の典型例としてあげられるのは、やはり「接待を伴う飲食店」でしょう。西村康稔経済再生担当相が同年6月13日の記者会見で述べた「接待を伴う飲食店等の3業種についての指針」のなかには「**一度に入店できる客を定員の50％に制限**」という項目がありました。これはあくまで指針であり強制力は伴いませんが、それでも多くの「接待を伴う飲食店」はこの指針を遵守するでしょう。さもなければ、お客からの信頼を得ることが難しいし、場合によっては風営法が改正強化されるといったことにもなりかねませんから。

　このように、国務大臣に客の上限（すなわち売上高の上限）を指示されるなどということは、いまだかつてなかったことです。本シリーズの第1巻『ウィズコロナ社会における経済と経営』で詳述しました「法的規制」「行動規範」「行動変容」により、売上高に強烈なマイナスエフェクトがかけられている例といえます。同様のケースは枚挙に暇がありませんが、以下にいくつかピックアップしておきます。

(1) 国際旅客

　国際航空運送協会（IATA）によると、旅客数と飛行距離を掛け合わせて算出する「旅客キロ」は2月以降減少し、同年4月には前年同月比94.3％減った（同年6月13日付日本経済新聞）。

(2) 小売業

　三越伊勢丹ホールディングスの杉江俊彦社長は「6〜8月までは外出自粛の傾向も強く、売上は前年同期に比べ3割減で推移する」と述べた（同年5月26日付日本経済新聞）。

(3) 自動車製造業

　トヨタ自動車は世界販売について「7〜9月で（前年の）8割」と見ており、前年並みに戻るのは年末以降と見る（同年5月26日付日本経済新聞）。

(4) 一般飲食業

レストラン「デニーズ」では客同士の距離を保つため、全店舗で従来の半分に席数を減らす。運営するセブン＆アイ・フードシステムズは「売上は減るが、店舗で感染者を出すわけにいかない」と話す（同年5月26日付日本経済新聞）。

　これらの例のように、B to Bビジネス、B to Cビジネスにかかわらず、比較的回復力のある業種・業態でコロナ前の80%程度の売上にとどまり、影響の大きな業種・業態の場合には逆に80%の減少となっているのが実態です。「7割経営」という表現は、むしろ甘すぎる表現であるかもしれません。

　売上高はビジネスシーンにおいて「トップライン」と呼称されるように、企業にとってのすべての根幹をなす数値となっています。その根幹をなす数値を一挙に30%以上も喪失するということは、当然ながら企業経営に甚大な影響を与えることになります。企業経営は「その保有する資産・担うべき負債・拠出を受けたあるいは自ら稼得した資本」（ストック）に基づき展開され、利益とキャッシュを稼ぐことにより実践されるのですから、今回のコロナショックによる売上高の消失はストック・フロー両面において甚大なマイナスエフェクトをもたらすのです。
このマイナスエフェクトが、損益・キャッシュフロー及びバランスシートの劣化をもたらし、企業経営における窮境の要因を発生させるのです。

第2節　7割経営下での損益計算の悪化

　まずは「7割経営」の実態を明らかにするために、損益分岐点分析をしてみたいと思います。これは当該企業の損益分岐点売上高を算定し、現実の売上高と比較して、経営上の問題点を検出しようとする分析手法で、CVP分析（Cost-Volume-Profit Analysis）とも呼ばれます。この損益分岐点売上高等の算出方法は以下のとおりです。

（1）損益分岐点売上高算式
　　損益分岐点売上高 ＝ 固定費 ÷ 限界利益率
（2）固定費：売上高や販売個数に関係なく一定に発生する費用、人件費、賃貸料等
（3）変動費：売上高や販売個数の増減に応じて増減する費用、仕入費、材料費、配送費等
（4）限界利益率 ＝ 限界利益 ÷ 売上高
（5）限界利益 ＝ 売上高－変動費

　こちらをもとにした営業利益の算出式は下式1となります。
売上高×限界利益率－固定費＝営業利益・・式1
　また、損益分岐点売上高算式の右辺をすべて左辺に集中させると、下式2のようになります。
損益分岐点売上高×限界利益率－固定費＝0・・・・・・式2

　そして、式1から式2を引くと下式3になります。

（売上高−損益分岐点売上高）×限界利益率＝営業利益・・・・式3

　この式3からは営業利益を大きくするのは以下の2要因であることがわかります。

（要因1）売上高と損益分岐点売上高の乖離が大きいこと

（要因2）限界利益率が高いこと

〈図5〉 損益分岐点分析図

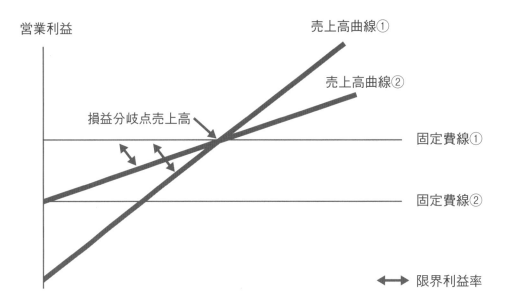

　こうした結果から損益分岐点分析を図示してみると上図5のようになります。

　上図5から「要因1」と「要因2」が営業利益の増加要因であることが観てとれます。ここで注目してほしいのが、損益分岐点売上高を下回る「水面下」の世界です。売上高曲線①と②を比較すると、売上高と損益分岐点売上高との乖離が大きく、限界利益率が高くなればなるほど、営業損失が大きくなることがわかります。これを算式で見てみましょう。水面上の算式と逆に、算式2から算式1を引いたのが、次の算式4です。

（損益分岐点売上高−売上高）×限界利益率＝営業損失・・・・式4
　　　＜マイナス値＞

　この算式4からは営業損失を大きくする要因が以下のふたつであることがわかります。

（要因1）売上高と損益分岐点売上高の乖離が大きいこと

（要因2）限界利益率が高いこと

　これらの要因は営業利益を大きくする要因とまったく同じです。つまり、損益分岐点売上高を上回らない水面下経済では同じ要因が真逆に作用するのです。そして、売上高の急減にともなって現実の売上高が損益分岐点売上高を大きく下回ることになり、大きな営業損失が生じることになるのです。また、水面下の世界においては限界利益率が高ければ高いほど営業損失が大きくなり、傷が深まっていきます。

第3節　7割経営下のキャッシュフロー計算の悪化

　次に収支分岐点分析によって「7割経営」を分析してみたいと思います。ここでは当該企業の収支分岐点売上高を算定し、現実の売上高と比較して、経営上の問題点を検出する分析手法をとります。収支分岐点売上高算式は法人税法上の「繰越欠損金」の有無により、以下の算式1と2に分かれます。

算式1．借入金返済額＞減価償却費で税引前利益を超える繰越欠損金がない場合
収支分岐点売上高 ＝ ｛固定費＋（借入金返済額－減価償却費）÷（1－実効税率）｝÷限界利益率
　　　　　　　　固定支出：固定費＋（借入金返済額－減価償却費）
算式2．借入金返済額≦減価償却費もしくは、税引前利益を超える繰越欠損金がある場合
収支分岐点売上高 ＝ 固定支出÷限界利益率

　上記算式2をもとにした営業収支（キャッシュフロー）の算出式は下式1となります。
売上高×限界利益率－固定支出＝営業収支（キャッシュフロー）・・式1

　また、収支分岐点売上高（算式2）の右辺をすべて左辺に集中させると、下式2のようになります。
収支分岐点売上高×限界利益率－固定支出＝0・・・・・式2

　そして、式1から式2を引くと、下式3になります。
（売上高－収支分岐点売上高）×限界利益率＝営業収支（キャッシュフロー）・・・式3

　この式から「営業収支（キャッシュフロー）のプラス」を大きくするのは、以下の2要因であることがわかります。

（要因1）売上高と収支分岐点売上高の乖離が大きいこと
（要因2）限界利益率が高いこと

こうした結果から算式2を前提とした収支分岐点分析を図示してみると、下図6のようになります。

〈図6〉 収支分岐点分析図

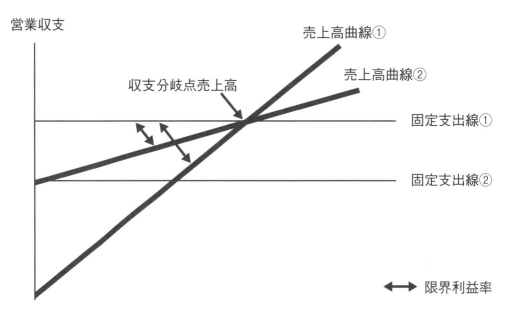

この図6からは「要因1」と「要因2」が営業収支（キャッシュフロー）の増加要因になっていることが観てとれます。そして、ここでも収支分岐点売上高を下回る「水面下」の世界に注目しなければなりません。売上高曲線①と②を比較すると、売上高と収支分岐点売上高との乖離が大きく、限界利益率が高くなればなるほど、**営業収支（営業キャッシュフロー）のマイナスが大きくなる**ことがわかります。水面上の世界と真逆になっている点は損益分岐点分析とまったく同じです。これを算式で捉えるために、式2から式1を引いたのが算式4です。

（収支分岐点売上高－売上高）×限界利益率＝マイナス営業キャッシュフロー・・・・式4

　　　　＜マイナス値＞

この算式4を観ると、営業キャッシュフローのマイナスを大きくするのが以下の2要因であることがわかります。

（要因1）売上高と収支分岐点売上高の乖離が大きいこと

（要因2）限界利益率が高いこと

これらの要因は営業キャッシュフローのプラスを大きくする要因とまったく同じです。つまり、収支分岐点売上高を上回らない水面下経済においても、損益分岐点分析の場合と同様に同じ要因が真逆に作用するのです。そして、これは売上高の急減にともなって、現実の売上高が収支分岐点売上を大きく下回ることで、営業キャッシュフローの大きなマイナスが生じることを意味しています。また、水面下の世界においては、これも損益分岐

点分析の場合と同様に、限界利益率の高いほうが営業キャッシュフローのマイナスが大きくなります。

第4節　7割経営下でのバランスシートの劣化

　次に「7割経営」がバランスシート（貸借対照表）に与える影響についても考察していきたいと思いますが、その前にまずはバランスシートについての考察を深めておきましょう。

　そもそも、なぜ企業は倒産するのでしょうか。その原因は「お金を借りる」からです。もし、企業がお金を借りていなければ、仮に売上がゼロになったとしても、「廃業」すれば良いだけで、倒産も破産もしないはずです。とはいえ、企業にとって資金は血液のようなものであり、その調達方法には次の3つがあります。

①出資による資金調達
②利益獲得の結果としての資金調達
③他人資本の借入等による調達

　このうち、①と②で調達した資金は返済を迫られませんが、当然ながら③に関しては返済の義務があり、それが滞ると企業は倒産リスクに直面することになります。まさに窮境要因の発生です。こうして「どんどん返済が忙しくなること」を、本書においてはバランスシートの「劣化」と表現したいと思います。

　そこで、次にバランスシートの内容をチェックしながら、劣化のポイントを観ていきたいと思います。まずは以下に企業のスタート時のバランスシートを示しますので、こちらをご覧ください。

資産の部		負債及び資本の部	
科目	金額	科目	金額
現金預金	100	資本金	100
資産合計	100	負債及び資本合計	100

　これがまったく劣化していないピュアなバランスシートです。これが事業活動の展開に応じて、徐々に劣化していくわけです。なお、本章では資産・負債及び資本の各々の構成のことを「アロケーション」と呼び、それぞれ以下のようにあらわしたいと思います。

資産の構成：アセット・アロケーション（Asset Allocation）

負債の構成：デット・アロケーション（Debt Allocation）

資本の構成：キャピタル・アロケーション（Capital Allocation）

（1）資産の劣化

　まずアセット・アロケーションの分類は以下のようになります。

①決済資産…現金預金、流動性有価証券より構成される、もっぱら決済手段として用いられる資産。
　　　　　　最も劣化程度の低い資産。

②運転資産…受取手形、売掛金等の顧客等に対する与信資産。商製品等の在庫資産。
　　　　　　やや劣化程度の進んだ資産。

③事業資産…有形・無形固定資産、投資有価証券、保険積立金、長期貸付金等の事業資産。
　　　　　　換金可能性の弱い資産。

④擬制資産…前払費用、長期前払費用等の経過勘定や繰延資産等の人為的に擬制された資産。
　　　　　　換金可能性はない。

　一般的な会計学的見地からすれば、①⇒②⇒③⇒④は「資産の高度化」と呼ばれます。これに対して本書においては、換金可能性が低くなることを「資産の劣化」と呼ぶので、⇒の方向に関する考え方は真逆となります。今回の「コロナ恐慌」でアセット・アロケーションに関して生じる現象は、売上激減に伴う②の「運転資産」の増加、③の「事業資産」の不効率化、そしてその結果としての①の「決済資産」の枯渇でしょう。支払不能へとつながる窮境要因の発生です。

（2）負債の劣化

　次にデット・アロケーションは大きくメザニン（Mezzanine）と通常負債のふたつに分類されます。

・メザニン

　メザニンとは、もともとイタリア語でバロック建築における「中2階」という意味で、その性質が通常負債と自己資本との中間的形態であるためにこのような名称となりました。あえて翻訳するならば「負債・資本中間型負債・資本」といった感じになり、その特質を端的に表現すると「期限償還義務のある資本」となります。つまり、調達当初は自己資本なのですが、ある特定の時点から負債に変身して償還が始まるといった類のものです。燃料電池とガソリンエンジンの両方を搭載する車を「ハイブリッド・カー」といいますが、このメザニンに属する主要金融商品も「ハイブリッド・ボンド（劣後債）」「ハイブリッド・ローン（劣後ローン）」と称されます。「劣後債」や「劣

後ローン」はその会計的性質も中間的なのです。

　ただ、それらは会計的には（日本基準であれ IFRS（※１）であれ）負債として認識されますが、BIS 規制（※２）上は一定の割合が資本としてカウントされます。したがって、償還義務を有する事実上の負債でありながら、銀行サイドとしては当該「劣後債」または「劣後ローン」の発行体企業への与信判断上、資本扱いが可能になるというメリットがあります（詳細は第Ⅵ編第２章第６節〜第８節参照）。

　現在、政府もこの点に着目して、第２次補正予算では自ら直接的な出し手となって、この「メザニン」に取り組もうとしています。おそらくその目的は第１次・第２次補正予算で計上された膨大な金融機関からの貸付金をスムーズに実行してもらうための側面支援と思われます（このあたりの詳細は、前々書『ウィズコロナ社会における経済と経営』第３章をご覧ください）。

（※１）International Financial Reporting Standards：国際会計基準
（※２）銀行の財務上の健全性を担保するために、1988 年７月に BIS（Bank for International Settlements：国際決済銀行）の常設事務局（バーゼル銀行監督委員会）で合意された銀行の自己資本比率規制のこと。国際的に活動する銀行に 8％以上の自己資本比率を求めるもので、その詳細は時代に応じて改正されています

・通常負債

　通常負債は以下に掲げる無利子負債・有利子負債及びオフバランス負債の３つのデット・アロケーションによって構成されています。下記（１）が過剰となった状態を"過剰債務"といい、（２）の過剰状態を"過剰借入"といいます。詳細は、次章をご覧ください。

①無利子負債…支払手形、買掛金や預り保証金等により構成される主として取引先からの与信による負債。最も劣化程度の低い負債。
②有利子負債…社債（※３）、CP、借入金（※４）、割賦延払い金、ファイナンス・リース等により構成される主として金融機関からの与信または直接市場調達によるより劣化程度の進んだ負債。
③オフバランス負債…資産流動化（※５）、オペレーティング・リース、手形割引（※６）等のバランスシートに載らないオフバランス処理される負債。劣化程度は（２）有利子負債と同程度の負債。

（※３）社債には私募債と公募債の別及び普通社債（SB:Straight Bond）と転換社債（CB:Changeable Bond）の別があります
（※４）借入金には通常の借入金（約定弁済付長期借入、短期借入）以外に、無担保当座貸越、コミットメントライン、シンジケート・ローン等があります
（※５）資産流動化にはファクタリング（債権流動化）、ABS（Asset-Backed Securities：資産担保証券）の２種類があります
（※６）手形割引には通常手形割引、電子債権の２種類があります

(3) 自己資本の劣化

　自己資本の構成（キャピタル・アロケーション）は「出資された自己資本（会計上の「資本金及び資本剰余金」）」と「企業活動により稼得した自己資本（会計上の「利益剰余金」）」のふたつに分けられます（ここでは、資金調達の観点に集中するため、「自己株式」「有価証券等評価差額」等の会計上特有の科目は除外します）。

・**出資された自己資本**

　出資された自己資本については、さらに以下の3つに細分化することができます。

①普通株式…議決権のある普通株式です。

②種類株式…優先株式等の議決権の代わりに種々の株主権を付与した株式です。

③新株予約権…将来の新株式の発行を引き受ける権利のことです。有償発行と無償発行があり、前者は資金調達目的で発行されるケースがあります。

・**企業活動により稼得した自己資本**

　企業が本来の事業活動により稼得した利益の累積が「利益剰余金」です。本来はプラスの値にならなければなりませんが、事業活動の不調により、ときとしてマイナスとなります。そして、やがて「債務超過」へとつながります。これが自己資本劣化の側面からの窮境要因の発生とその結果としての危機時期への突入です。

第2章　経営破綻は何故起こるのか

第1節　経営破綻とは

　経営破綻という用語は、法律に明確な定義があるわけではありませんが、一般的には支払能力を欠くために弁済期にある債務の支払いが滞り、独力では経営が継続できない状態のこととされています。支払手形の不渡り、借入金や買掛金、公租公課の弁済や納付ができない、従業員の給与が支払えないなど、企業の経営上生じるさまざまな債務につき、その債務の存否につき争いもないのに、資金不足から支払うことができない（支払能力がない）場面をして、広く「経営破綻」と呼称することに、読者の皆様も違和感はないことと思います。このような状態になりますと、企業は取引金融機関や仕入先からの信用を失い、また従業員の継続雇用も困難になります。近未来的に事業上必要な資産の差押えを受ける立場にもなりますから、仕入れや運転資金、必要な資産の維持・確保もできず、従業員も業務を継続せず、債権者からの取り付け騒ぎ状態となり、文字どおりその経営は破綻することとなります。

　一般社会ではこのような状態をして「倒産」ということもあります。ですが、この「倒産」という用語も、実は法律に明確な定義のあるものではなく、一部に経営破綻と同義に用いられているように思われます（法律実務の世界でも、「倒産法」という括りのなかに、再建型の手続である民事再生法や会社更生法が位置づけられています）。しかし本書では意図的に、経営破綻に至った企業でも、再生・再建可能な状態を「倒産」とは呼称せず、廃業・清算やむなきに至った場合のみを「倒産」と呼称したいと思います。この点は第Ⅱ編第1章でももう一度詳しく述べますが、再生を果たそうとしている企業の生「産」活動は、何ら「倒」れてなどいませんので、筆者としては、再生を志向し事業活動を継続する企業に「倒産会社」のレッテルを貼るのは、日本語の語義としておかしいだろうと考えております。この思いは、筆者が実際に事業再生の実務に携わるなかで、一度経営破綻を来したものの、関係者に与える影響を最小限にとどめ、従業員の雇用をできる限り維持しつつ再起をはからんと欲する経営者をはじめとする関係者を目の当たりにしてきたことによります。また、報道等における「倒産」という負のワーディングに心を折られ、また「倒産」という用語により生じる無用な誤解に、筆者自身も幾度となく歯痒い思

〈図7〉 本書における用語のイメージ

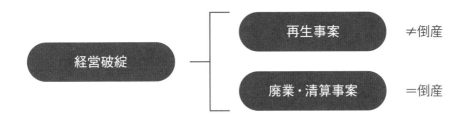

いをしてきました。本書での呼称はその経験によるものですので、慣れ親しんだ用語の使い方と違うと感じられる識者の皆様においては、ご理解を賜りたいと存じます。

さて、この「経営破綻」の時期については、実際に弁済期にある債務の支払いが滞った時点（弁済期を過ぎてしまった時点）、あるいはその直前で企業自らが経営破綻を宣言する（法律上は支払停止宣言といいます）ことで顕在化します。が、これが顕在化するまでには何らかの原因（窮境原因）があり、その窮境原因が治癒・改善されずに経過することにより、どこかの時点で、経営者が認識するか否かにかかわらず、企業は、将来的に確実に経営破綻に陥る状態を迎える（この状態に入ったと考えられる時期を「危機時期」といい、第3章第1節で詳述します）ことになります。そのなかでも、窮境原因の深刻度や内容、その進行度合いによって、再生・再建が可能な事案と、廃業・清算、すなわち「倒産」に至る企業とが分かれることになります。

窮境原因が生じた場合の概要や、どのようなパターンを経て経営破綻に至るのかは、第Ⅱ編第2章で概説しますが、特にウィズコロナ時代においては「7割経営」と呼ばれるように売上の大幅減少に苦しむ企業も多くいらっしゃると思います。企業の経営者としては、窮境原因を見極め、その治癒や経営改善に取り組むのがまず何よりも大事で、皆様、この点には注力をされているものと思います。ただ他方で、再生・再建が可能な企業は、将来的な経営破綻の可能性の有無も冷静に受け止め、窮境原因による事業毀損の程度が小さいうちに一定の手立てを講じることにより、この難局に「浮かぶ瀬」も出てこようと感じています。

第2節　窮境原因の発生

経営破綻を生起せしめる原因をひと口に窮境原因といっても、その内実は実に多種多様です。中小企業庁が公表している、民事再生を行った中小企業に対する調査結果（2010年）を参照しても、典型的な窮境原因たる本業の経営不振のほかに、金融機関による貸し渋り・貸しはがし、過去の経営判断の誤り、取引先の倒産・事業縮小、本業以外の事業への過剰な投資、親会社や保証先の倒産・事業縮小、資産運用失敗・金融派生商品による損失、円高・原油高等外部環境の悪化、融資契約に関する財務制限事項への抵触など、さまざまな原因が列記されています（その他、たとえば税務上の更正処分による多額の納税の発生や、予期せぬ訴訟による簿外債務の発生、従業員の労働争議（ストライキ）や一斉退職、根本的な人手不足などもあり得るでしょう）。

時代の趨勢、経営環境の変化とともに、窮境原因の内容も移り変わるものと思いますが、昨今のウィズコロナ時代における7割経営は、それを本業の経営不振と捉えるのか、はたまた外部環境の悪化と捉えるのかはさておき、今後窮境原因のひとつとして、コロナの影響を受ける企業の経営にとって重石になりうるものと思います。

企業を経営する上で、企業の収支や財務にマイナスに働く事象は、大小多数生じるかと思います。経営破綻はこのような大小多数のマイナス要因が重なりに重なって、場合によってはそれぞれの要因が連関し、負のス

パイラルを経て発生するものですので、窮境原因がひとつではない経営破綻も多くみられます。あるメーカーを例に、窮境原因が互いに連関するケースを単純化して図式化してみます（もう少し詳しい例は図16にありますが、まずは理解のために簡素な例をみてみたいと思います）。

〈図8〉 窮境原因の連関の例①

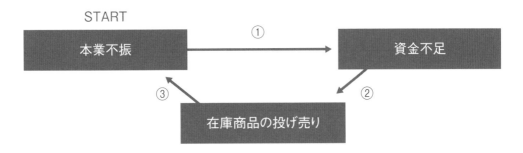

　上記図8は非常に単純な図式ですが、実際にこのパターンで負の連鎖を続ける限り、企業はいつか経営破綻に陥ることになります。では、どうすべきか。本業不振から資金不足、資金不足から在庫商品の投げ売りに至る①や②の連関を断ち切るために投融資を受けるというのが単純な解決策ですが、それ以外にも、人員や設備のリストラを敢行する、仕入れ・外注の要否や販売方法等を見直すなど、種々の施策を打って窮境原因を一つひとつ潰していけば、経営破綻を招来せずにすみます。しかし、経営者としてやるべき手をすべて打ち尽くしても、本業の不振とそれに伴う資金不足が止まらない場合や、ウィズコロナ時代の「7割経営」の直撃で本業の不振の程度が大きく、資金不足が急速に進行した場合など、合理的な施策を打ちたくても打つ時間的・資金的余裕がない事態に陥れば、この負のスパイラルにはまってしまう事例も出てくることになります。
　もうひとつ、これは悪しき事例でありますが、特に中小企業において往々にして生じている粉飾決算の事例について、負の連鎖の例を図式化してみます。

〈図9〉 窮境原因の連関の例②

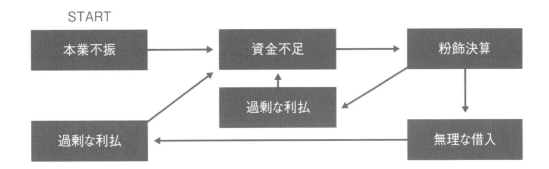

本業が不振であるにもかかわらず、特に金融機関向けに粉飾決算を行って業績が好調のように見せかけ、資金不足を回避するために無理な借入をする、ということを繰り返し、過剰な有利子負債を負って最終的に経営破綻する企業も、残念ながら多数存在するのが実情です。粉飾決算をした上で無理な借入を行うことは、そもそも犯罪行為ですから厳に慎むべきものではありますが、その点を措いても、安易に無理な借入をして一時的に資金不足をしのぐことで経営が弛緩し、本来行うべき本業不振からの脱却に関する施策を放置してしまう事例も散見されます。一度粉飾決算を行ってしまうと、正しい決算に戻すまでには相当の構造改革や本業の劇的な復活が必要となるため、粉飾決算による無理な借入は後戻りの非常に難しい、ゆくゆくは経営破綻につながる蓋然性の高い深刻な窮境原因であると理解すべきでしょう。

　こうした窮境原因は時間が経過すればするほど、企業の収支や財務を継続的に蝕み、単に経営破綻の確率が高まるのみならず、再生できずに倒産するリスクを増大させることになります。

　経営者としては今直面している、または今後予想される窮境原因が、独力または通常取引の範囲内での投融資等によって除去可能なものなのか否かを常に見極め、安易な施策によって傷を深めることのないよう、まずはご留意いただきたいと思います。その上で、除去可能な窮境原因は速やかに除去する、独力で除去困難な窮境原因については放置せずに早期に専門家（まずは経営の専門家や顧問税理士・会計士になろうと思います）に相談し、適切なアドバイスを受ける意識を持っておけば、少なくとも手遅れになる前に、適切な措置を採ることができようかと思います。

第3節　勘定合って銭足らず

1. 「勘定合って銭足らず」という諺

　古来、商売の破綻のひとつのパターンとして、「勘定合って銭足らず」という諺があります。その含意を会計的に申し上げますと、損益計算上は利益が出ているにもかかわらず、運転資金が枯渇して支払不能に陥り、経営破綻するケースを指します。これは、当該破綻企業の経営者が損益計算とキャッシュ・フロー計算の根本的な相違を理解していない場合に生じます。

　損益計算には、売上高（いわゆるトップライン）から始まり、当期純利益（いわゆるボトムライン）に至る段階利益計算（売上総利益⇒営業利益⇒経常利益⇒税引前当期純利益⇒当期純利益）があります。各々の段階利益計算のルールを正確に適用しなければなりませんが、その段階利益計算を誤ったとしても、当該企業は経営破綻するわけではありません。これに対して、キャッシュ・フロー計算書のキャッシュ区分を取り違えた場合には、経営破綻し、ひいては倒産に至る可能性があります。これがまさに"勘定合って銭足らず"なのです。

2. キャッシュ・フロー計算書の活動区分とフリーキャッシュ・フロー

キャッシュ・フロー計算書の活動区分は、以下の3区分から構成されます。

Ⅰ 営業活動によるキャッシュ・フロー

Ⅱ 投資活動によるキャッシュ・フロー

Ⅲ 財務活動によるキャッシュ・フロー

　キャッシュ・フロー計算書には明示されませんが、一般的によくいわれる"フリーキャッシュ・フロー（FCF）"は、上記のⅠとⅡの合計です。それを式で表したのが、下記の（方程式1）です。

（方程式1）フリーキャッシュ・フロー（FCF）方程式

　　　　フリーキャッシュ・フロー（FCF）

　　　　　＝営業活動によるキャッシュ・フロー（営業CF）

　　　　　＋投資活動によるキャッシュ・フロー（投資CF）

　このフリーキャッシュ・フローが正の値を保つのが、健全な企業財務の指標とされます。対して経営破綻の多くは、このフリーキャッシュ・フローが負の値に転じることから始まります。これが「勘定合って銭足らず」、いわゆる"黒字倒産"への道程となります。具体的には損益計算書上、黒字が出ているにもかかわらず、営業CFがマイナスになっている場合を狭義の「勘定合って銭足らず」といい、その詳細は本節で紹介します。また、営業CFがプラスにもかかわらず、フリーキャッシュ・フローがマイナスになる現象を広義の「勘定合って銭足らず」といい、次節で詳述します。

3. 各活動区分の詳細項目

　間接法表示（※7）に基づく、キャッシュ・フロー計算書の各活動区分の詳細項目は下図のとおりです。

〈図10〉 キャッシュ・フロー計算書の各活動区分の詳細項目

```
Ⅰ 営業活動によるキャッシュ・フロー
　税引前当期純利益
　　減価償却費
　　のれん償却額
　　貸倒引当金の増加額
　　賞与引当金の増加額
　　退職給付引当金の増加額
　　受取利息及び受取配当金（△）
```

支払利息

売上債権の増加額（△）

たな卸資産の減少額

仕入債務の減少額（△）

　　小 計　　　　　　　　　　　　　○○○○

利息及び配当金の受取額

利息の支払額（△）

法人税等の支払額

　　営業活動によるキャッシュ・フロー　　　　○○○○

Ⅱ 投資活動によるキャッシュ・フロー

定期預金の預入による支出

定期預金の払戻による収入

有価証券の取得による支出

有形固定資産の取得による支出

　　投資活動によるキャッシュ・フロー　　　　○○○○

Ⅲ 財務活動によるキャッシュ・フロー

短期借入金の純増加額

リース債務の返済による支出

長期借入れによる収入

長期借入金の返済による支出

社債の発行による収入

株式の発行による収入

配当金の支払額

　　財務活動によるキャッシュ・フロー　　　　○○○○

Ⅳ 現金及び現金同等物に係る換算差額

Ⅴ 現金及び現金同等物の減少額

Ⅵ 現金及び現金同等物の期首残高　　　　○○○○

Ⅶ 現金及び現金同等物の期末残高　　　　○○○○

（※7）キャッシュ・フロー計算書には、直接法表示と間接法表示があります。直接法表示は売上高（トップライン）から記載をスタートする方法で、損益計算書の記載内容を直接的にキャッシュ・フロー計算化する方法です。これに対して、間接法表示は税引前当期純利益（ボトムライン）から記載をスタートする方法で、損益計算書上の非資金支出と貸借対照表上の資産・負債増減の内容を反映したものとなります。実務上は後者の間接法表示が主流です

4. フリーキャッシュ・フローが負の値になる場合

　方程式1をもう少し詳細に観ていきますと、フリーキャッシュ・フローが負の値になる場合は、次の3つのパターンに分類されます。

　　　　パターン1：営業CFのプラス＜投資CFのマイナス
　　　　パターン2：営業CFのマイナス＞投資CFのプラス
　　　　パターン3：営業CFのマイナス＆投資CFのマイナス

　図10のキャッシュ・フロー計算書の各活動区分の詳細項目を踏まえますと、上記のパターン1は、日常的に起こり得るパターンです。要するに、設備投資等の投資CFが営業CFより過剰であるパターンです。このパターンは以下の要件が充足されていれば、特に問題とする必要はありません。

　　　　要件1：投資額に対する費用対効果がしっかり見込まれていること
　　　　要件2：投資に要する所要資金が、財務活動によるキャッシュ・フロー（財務CF）で確保されていること

　次にパターン2ですが、そのパターンが恒常的であるか否かが鍵となります。特に営業CFのマイナスが恒常的であるならば問題ですが、そのマイナスを設備リストラによる投資CFのプラスで乗り切り、その結果、縮小均衡点に到達できるなら、経営破綻に至らずにすみます。これに対して、パターン3の場合には、営業キャッシュ・フローと投資キャッシュ・フローの双子のマイナスが恒常的に続くなら、いずれ経営破綻に至ります。各キャッシュ・フローのマイナスをシンプルに評価しますと以下のとおりに整理されます。

　　　　フリーキャッシュ・フローの＋　・・青信号
　　　　フリーキャッシュ・フローの△　・・黄信号
　　　　営業キャッシュ・フローの△　・・赤信号

　すなわち、営業キャッシュ・フローのマイナスが経常的に続く企業は、いずれ経営破綻に至ると申せましょう。この"営業キャッシュ・フローのマイナス"に関しては、本節で引き続き詳細に検討します。

5.「営業活動によるキャッシュ・フロー」の構成要素分析

　図10の「営業活動によるキャッシュ・フロー」の構成要素には、以下のとおり、損益計算書（以下「PL」）由来のものと貸借対照表（以下「BS」）由来のものが混在しています。

（1）PL由来の構成要素

　　税引前当期純利益、減価償却費、のれん償却額、受取利息及び受取配当金（△）、支払利息、利息及び配当金の受取額、利息の支払額（△）、法人税等の支払額

（2）BS由来の構成要素

　　貸倒引当金の増加額、賞与引当金の増加額、退職給付引当金の増加額、売上債権の増加額（△）、たな卸資産の減少額、仕入債務の減少額（△）

　"営業キャッシュ・フローのマイナス"という現象を分析するためには、上図10をこれらの各構成要素別に集約した形の表現にあらためる必要があります。それが図11です。

〈図11〉 "営業活動によるキャッシュ・フロー" の構成要素別分類図

Ⅰ 営業活動によるキャッシュ・フロー

（1）PL由来の構成要素

　　税引前当期純利益

　　減価償却費

　　のれん償却額

　　┌ 受取利息及び受取配当金（△）
　　└ 利息及び配当金の受取額　　＝未収収益の増減額

　　┌ 支払利息
　　└ 利息の支払額（△）　　＝未払費用の増減額

　　法人税等の支払額＝前期確定未納額＋当期中間納付額

（2）BS由来の構成要素

　　貸倒引当金の増加額

　　賞与引当金の増加額

　　退職給付引当金の増加額

　　売上債権の増加額（△）

　　たな卸資産の減少額

　　仕入債務の減少額（△）

6. "PL由来の構成要素" の分析と "BS由来の構成要素" への転化

　左図11を観ていただきますと、"PL由来の構成要素" に見えるものが、分析をすると実は "BS由来の構成要素" であることがわかります。「△受取利息及び受取配当金（PL）＝発生基準」＋「利息及び配当金の受取額＝現金基準」は、突き詰めますと「未収収益の増減額」に帰着し、詰まるところ、"BS由来の構成要素" であるといえます。"支払利息" と "利息の支払額（△）" にも同様のことがいえ、「未払費用の増減額」として "BS由来の構成要素" に転化されます。また、法人税等の支払額は "前期の法人税等の確定未納額" と "当期の法人税等の中間納付額" の合計ですが、後者は法人税等の税金計算上、"前期の法人税等の確定未納額" の1/2の額です（法人税法第71条第1項第1号）。また、"前期の法人税等の確定未納額" は "未払法人税等の前期末残高" ですので、これらをまとめますと、下式となります。

法人税等の支払額＝未払法人税等の前期末残高×1.5

　見事に "BS由来の構成要素" に転化しました。これらの転化後の "営業活動によるキャッシュ・フロー" の構成要素を再分類したのが下図です。

〈図12〉 "営業活動によるキャッシュ・フロー" の構成要素別分類図（改）

```
Ⅰ 営業活動によるキャッシュ・フロー
　（1）PL由来の構成要素
　　　税引前当期純利益
　　　減価償却費
　　　のれん償却額
　（2）BS由来の構成要素
　　　貸倒引当金の増加額
　　　賞与引当金の増加額
　　　退職給付引当金の増加額
　　　未収収益の増減額
　　　未払費用の増減額
　　　売上債権の増加額（△）
　　　たな卸資産の減少額
　　　仕入債務の減少額（△）
　　　法人税等の支払額（未払法人税等の前期末残高×1.5）
```

7. "BS由来の構成要素" に属する「各種引当金」の分析

　"BS由来の構成要素" に属する「引当金」には、「貸倒引当金」「賞与引当金」及び「退職給付引当金」の3つがあります。このうち、「貸倒引当金」は「売上債権」に含まれる"貸倒懸念債権"に対する引当であり、「売上債権」に対する評価勘定です。したがって、その増加は"売上債権の減少"となり、両者の間には下記算式が成り立ちます。

売上債権の純増加額＝売上債権の増加額−貸倒引当金の増加額

　これに対して、「賞与引当金」及び「退職給付引当金」は、従業員の未確定労働債権に対する引当金です。これらが確定債権化すると、各々「未払賞与」及び「未払退職金」に出世します。まったく何の窮境原因も発生していない継続企業を前提としますと、未確定段階において"発生基準"により「賞与引当金」及び「退職給付引当金」を計上するのが、会計上適正です。しかしながら、本書で対象とするのは窮境原因発生後の"継続企業の前提に疑義のある企業"です。したがって、そのような企業に関する"営業キャッシュ・フロー"情報を計算するためには、"確定主義"による「未払賞与」及び「未払退職金」に「未払給与」を加えた「未払労働債権」の増減を記載することが有用と考えます。また、「法人税等の支払額」は下記算式により"税引前当期純利益"から控除します。

税引後当期純利益＝税引前当期純利益−法人税等の支払額

　さらに、"未収収益の増減額"及び"未払費用の増減額"は重要性がないため、本稿においては省略します。これらを踏まえて作成したのが下図13です。

〈図13〉 窮境時期における"営業活動によるキャッシュ・フロー構成要素"

```
I 営業活動によるキャッシュ・フロー
　（1）PL由来の構成要素
　　　税引後当期純利益
　　　減価償却費
　　　のれん償却額
　（2）BS由来の構成要素
　　　売上債権の純増加額（△）
　　　たな卸資産の減少額
　　　未払労働債権の増加額
　　　仕入債務の減少額（△）
```

8. 「営業活動によるキャッシュ・フロー」がマイナスになる要因分析

　図13を「営業活動によるキャッシュ・フロー」がマイナスになる要因分析を行うために再編したのが、下図「窮境時期における営業キャッシュ・フロー計算書」です。

〈図14〉 窮境時期における営業キャッシュ・フロー計算書

```
Ⅰ 窮境時期における営業活動キャッシュ・フロー
　1. PL由来キャッシュイン
　　　税引後当期純利益
　　　減価償却費
　　　のれん償却額
　　　PL由来キャッシュイン計　　　○○○
　2. 必要運転資本増加額
　　　売上債権の純増加額（△）
　　　たな卸資産の増加額（△）
　　　必要運転資本増加計　　　　　○○○
　　　営業活動キャッシュイン計　　○○○
　3. ステークホルダー与信増加額
　　　未払労働債権の増加額
　　　仕入債務の増加額
　　　ステークホルダー与信増加額計　○○○
　　　営業活動キャッシュ・フロー計　○○○
```

　「営業活動によるキャッシュ・フロー」のマイナスは、次の3段階で悪化していくのが一般的です。

　（1）PL由来キャッシュイン計のマイナス
　（2）営業活動キャッシュイン計のマイナス
　（3）営業活動キャッシュ・フロー計のマイナス

（1）PL由来キャッシュイン計のマイナス

　　「PL由来キャッシュイン計のマイナス」は、税引後当期純損失が減価償却費とのれん償却額を超過する場合に生じます。

（2）営業活動キャッシュイン計のマイナス

　「営業活動キャッシュイン計のマイナス」は、以下の３つのパターンにより生じます。

パターン１：必要運転資本の増加が「PL由来キャッシュイン計のプラス」を超過する場合
パターン２：「PL由来キャッシュイン計のマイナス」が必要運転資本の減少を超過する場合
パターン３：「PL由来キャッシュイン計のマイナス」と必要運転資本の増加が併存する場合

　上記のパターン１が、本節のタイトルである「勘定合って銭足らず」の"狭義の解釈"に該当します。利益が出ているにもかかわらず、それ以上に運転資本が増加することにより、「営業活動に伴うキャッシュイン」がマイナスとなることを指します。現象面は同じであっても、この現象には良いケースと悪いケースがあります。

〈良いケース〉売上高が増加している局面における必要運転資本の増加
　　　　　"売上債権"や"たな卸資産"の回転期間は延伸せずに、売上高の絶対額増加に伴う必要運転資本の増加にとどまっているケース。粗利率の比較的低いビジネスモデルで起こりがちですが、後述の"仕入債務の増加"によりカバーされていれば、何ら問題はありません。
〈悪いケース〉売上高が減少している局面における必要運転資本の増加
　　　　　売上高が減少しているにもかかわらず、"売上債権"や"たな卸資産"の回転期間が延伸して、必要運転資本が増加しているケース。売上債権の回収遅延・貸倒の発生、製造業における製品・仕掛品在庫の積み上りに伴う在庫利益の発生が懸念され、いわゆる「黒字倒産」の可能性がある悪いケースです。

　パターン２は、売上債権の回収早期化や在庫の圧縮の効果よりも「PL由来キャッシュイン計のマイナス」幅が大きい場合です。経営破綻へ向けての一里塚を越えて、黄信号が点り始めた感があります。
　パターン３は、税引後当期純損失が増大し、売上停滞による売れ残り在庫の増加と売上債権の回収遅延もあわせて発生している場合で、経営破綻へ向けての赤信号が点灯し始めている状態といえます。

（3）営業活動キャッシュ・フロー計のマイナス
　営業活動キャッシュイン計のマイナス幅が大きくなってきますと、先ず、ステークホルダー与信を増加させて乗り切ろうとします。賞与カットや賃金抑制により、労働債権の圧縮を図ります。最悪の場合には、給与支払の遅配となります。また、仕入先に対しても、現金払から手形払への変更や、支払サイトの延伸を依頼することにより、ステークホルダー与信を増加させようとします。この努力にもかかわらず、「営業活動キャッシュ・フロー計のマイナス」が縮まらない場合には、いよいよ経営破綻が視野に入って来ることとなります。

第4節　過剰債務と過剰借入

1. "財務三表" の関係

　前節では "窮境にある企業" に関するキャッシュ・フローについて分析を行いました。次いで本節では、キャッシュ・フロー計算書と表裏一体の関係にある貸借対照表から "窮境にある企業" にアプローチしますが、まずその前に企業会計におけるいわゆる "財務三表" である「貸借対照表（バランス・シート：BS）」「損益計算書（プロフィット・ロス・ステートメント：PL）」「キャッシュ・フロー計算書：CF」の関係について説明します（ただし、CFの表示方法は "間接法表示" 前提）。さっそく、下図15をご覧ください。

〈図15〉 "財務三表" の関係

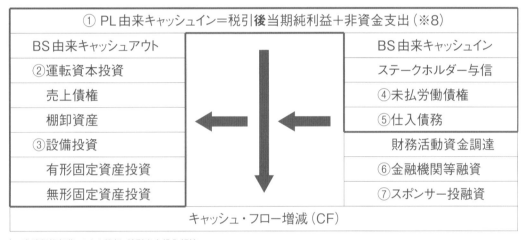

（※8）減価償却費、のれん償却、諸引当金繰入額等

 キャッシュのフロー

　上図15のうち、太枠で囲まれた部分がフリーキャッシュ・フローを示しています。前節で既述のとおり、ウィズコロナ経営により上図15の①が激減します。これに応じて企業は、②〜⑦のBS調整によってキャッシュ・フローを維持しなければ、経営破綻に向かうこととなります。本節では、このBS調整について検討させていただきます。

2. "過剰借入" と "負のスパイラル"

　継続企業は①が赤字になった当初は、事業の正常な実施状況の維持、すなわち上図15の②〜⑤を正常どおり維持しようとして、⑥を増加させてキャッシュ・ポジションのバランスを保とうとします。現況のようなコロナ禍においての行政側の対応もこの線に沿った "公的融資" によりなされます。しかしながら、このカンフル剤が切れる前に①の出血が止まらない場合には、"過剰借入" に繋がることとなります。なお、ここでいう "過剰借入" とは、次の（方程式2）に該当する場合を指します。

（方程式2）"過剰借入額" 算定方程式

過剰借入額＝（年間約定弁済額－フリーキャッシュ・フロー）×返済年数

　コロナ不況による出血が止まらず、過剰借入状態に陥った企業は、図15の⑥金融機関等融資の追加が段々と難しくなります。以前のように、銀行融資が困難になった企業に融資する"ノンバンク"や"商工ローン"のような金融機関が存在していた時代には、このような事態に立ち至った企業は、これらの金融機関融資を受けて、図15の⑥をさらに深掘りしていくのが常でした。しかしながら現在では、このような方途は採用できません。のみならず、このような状況に陥った企業においては、図15の②も変調を来しているはずです。一方で発生している売掛債権の回収遅延や貸倒、他方で生じる棚卸資産（いわゆる在庫）の滞留化や陳腐化がそれに当たります。こうした状況が発生した"窮境企業"においては、②の運転資本投資が不必要に増大してフリーキャッシュ・フローをさらに圧迫し、下図の如き"負のスパイラル"に陥ります。そして、このような事態に立ち至れば、"経営破綻"は指呼の間といわざるを得ません。

〈図16〉 窮境企業における資金繰りの "負のスパイラル"

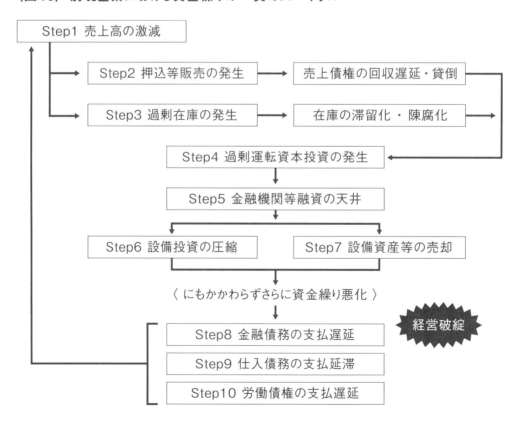

3. "過剰債務" の発生

　前項で "過剰借入" について記述しましたが、左図16の「Step5 金融機関等融資の天井」に至りますと、当該企業はそれ以上金融機関から融資を受けることが困難になります。この事態に立ち至った企業は、左図16の「Step6 設備投資の圧縮」や「Step7 設備資産等の売却」の段階に入り、事業の正常な実施状況の維持が困難になってきます。Step6やStep7でキャッシュ・バランスがとれているうちは、企業経営が正常軌道から大きく外れることはありませんが、「Step8 金融債務の支払遅延」以降の段階になりますと、当該企業の危機ステージが一段上がることとなります。金融機関の支援を受け、「Step8 金融債務の支払遅延」の状況下で営業が継続できたとしても、「Step9 仕入債務の支払延滞」になってきますと、より状況は困難となります。なお、「Step9 仕入債務の支払延滞」は、下記のSub-Stepの果てに起こることになります。

〈 「Step9 仕入債務の支払延滞」のSub-Step 〉
　Sub-Step①：支払手形の振出し
　Sub-Step②：仕入債務の支払いサイトの延伸変更
　Sub-Step③：支払手形の期日ジャンプ
　Sub-Step④：仕入債務の支払延滞

　このようにして、"過剰債務" は進行していきます。それにもかかわらずさらに資金繰り悪化が深化しますと、いよいよ事業の根幹を支える "人" に手を付けざるを得なくなります。それを示したのが左図16の「Step10 労働債権の支払遅延」であり、これは次のSub-Stepで進みます。

〈 「Step10 労働債権の支払遅延」のSub-Step 〉
　Sub-Step①：賞与のカット
　Sub-Step②：源泉所得税や社会保険料の不払い
　Sub-Step③：退職金の支払い遅延
　Sub-Step④：給与の遅配

　上記のSub-Step④まで事態が進展しますと、従業員のモチベーションも大幅に減退し、必要な労働力が棄損してさらに売上高の減少を招きます。またStep9やStep10が進むと、買掛金・支払手形・未払賞与・預り金・未払租税公課・未払社会保険料・未払退職金・未払給与等の "ステークホルダー与信" が急速に拡大。これにより "過剰債務" 状態が発生し、自ら営業キャッシュ・フローを稼得できず、金融機関から見放され、ステークホルダー与信の増大も限界に達した状況に立ち至ります。まさに "支払不能" による "経営破綻" の到来です。

第3章　経営破綻した場合の整理手続

第1節　整理手続の概説

　経営破綻に瀕した後には、事業の再生を行う「再生型手続」と廃業・清算を行う「倒産手続」（「再生型手続」も含めて「倒産手続」と説明し、「再生型倒産手続」と「清算型倒産手続」に大別する書籍等も多くありますが、本書ではあえてこれらの用語を区別し、双方を包含する用語として「整理手続」という用語を用います）として、事案に即したさまざまな手続が準備されています。

〈図17〉廃業・清算を前提とする「倒産手続」の概念図

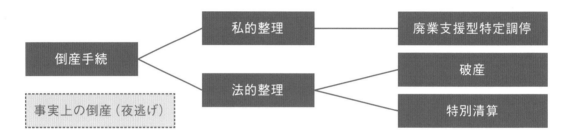

〈図18〉再生型手続の概念図

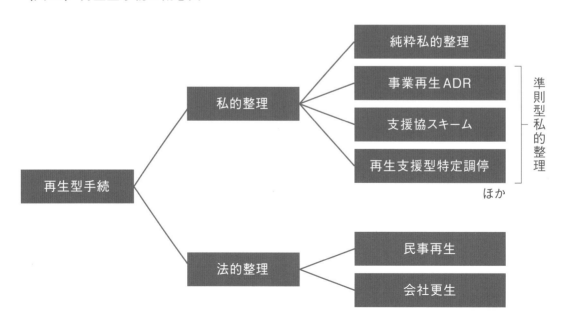

第2節　法的整理と私的整理の特徴

　倒産手続、再生型手続ともに、裁判所が関与し、裁判所の監督下で実施される法的整理と、整理の対象となる債権者（対象債権者）全員の同意を前提に裁判所の関与なく行う私的整理に大別されます。

　法的整理と私的整理は、倒産手続・再生型手続に共通して一般的には以下の点が大きく異なり、それぞれにメリット・デメリットがあります。

（表1）　法的整理と私的整理の主な違い

	対象債権者	情報公開	全員同意	事業毀損
法的整理	全債権者	公開	不要	大
私的整理	金融機関	非公開	要	小

　法的整理は裁判所の関与（債務免除または手続終結に裁判所の決定を要する）の下、全債権者を手続に取り込んで弁済を一時棚上げし、全員同意なく債務免除を受けるなどして手続を完結することのできる非常に強力な手続です。しかし、その反面、手続をとったことが公開されるので、信用不安による取引拒絶や仕入サイトの短縮、従業員の離職など事業毀損の程度も大きく、再生型の法的整理を行う場合には、企業にも相応の「痛み」が生じます。また、廃業・清算を行う場面においても、法的整理の中心的・原則的な手続である「破産」という用語の持つ負のイメージにより、経営者が清算後に再スタートしようとした場合に支障を来すことも指摘されています。

　他方、私的整理は原則的に、整理の対象とする債権者を金融機関に限定し、非公開で行う手続ですから、信用不安が生じにくく、事業毀損の程度も限定的です。そのため、法的整理に比べ、経営破綻に陥った企業の経営者にも比較的受け入れられやすい傾向にあり、また金融機関もまずは私的整理の可能性を模索する傾向にあります。昨今では、経営破綻に瀕した場合にまずは私的整理の可能性を検討し、難しい場合に法的整理を行うのが実務の趨勢といってよいでしょう。ただ、過剰借入を超えて過剰債務に陥った企業、すなわち金融債権のみならず商取引債権も整理（弁済の棚上げ）の対象としないと資金繰りがもたない企業や、一部金融機関が強硬な反対姿勢を示している企業などについては、金融債権者のみを対象にする、あるいは全対象債権者の同意を前提とする私的整理を使うことはできません。このほか、スポンサーへの事業譲渡や会社分割を予定しているものの、株主総会の承認決議を得られる見込みのない事案については、民再法42条、43条、あるいは更生法222条、223条のような、株主総会決議を不要とする会社法の特則のない私的整理は不向きといえます。

　私的整理のなかには、事実上ルール化された「準則」に則り、中立・公平な第三者を介して対象債権者（主に金融債権者）と債務者たる企業との支援・負担内容の合意を図る「準則型私的整理」と、そのようなルールに基づかず、対象債権者と債務者たる企業との純粋な交渉と合意により当事者間の支援・負担内容の合意を図る「純粋私的整理」とがあります。一般論としては、債務免除の必要がなく、返済条件のリスケジュールのみで金融債権者の求める債務償還年数や債務超過解消年数が数値基準内に収まるため計画に対する全員同意が比較的とりやすい案件や、メインバンクの指導力が強く、他の対象債権者がこれに追随しやすいような場面では純粋私的整理が多用されます。それに対して、企業の経営者が第三者介入のない純粋私的整理を志向しているものの、純粋私的整理では対象債権者の全員同意取得が難しい、あるいは債務免除などの十分な支援を受けることが困難という場合に、準則型私的整理に移行するケースがみられます。また、準則型私的整理については、債務者たる企業の側に純粋私的整理を行えるだけのリソース（専門家や十分な経理体制など）がなく、金融機関の主導で中小企業再生支援協議会等に相談を行うような場合にも利用されます。

　なお、準則型私的整理のなかにも、事業再生ADR、中小企業再生支援協議会による再生手続（「支援協スキーム」）、再生支援型特定調停（一体再生型特定調停とも呼称されます）などがあり、そのほか、私的整理ガイドライン、地域経済活性化支援機構による再生手続などもあります（図18では代表的な3つをあげております）。

第3節　倒産手続

1．法的な倒産手続

　図17のとおり、法的整理としての倒産手続には、破産と特別清算があります。破産も特別清算も、企業の営む事業を廃止（廃業）し、企業を清算する手続である点では共通しており、多くの場合には債権者への全額弁済はできずに、清算のために（実質的な）債務免除が行われることになります。その主な相違点は以下のとおりです。

　破産手続が開始された場合、企業の財産（破産財団）に関する管理処分権は、破産管財人が有することになりますので（破産法78条1項）、従前の経営者は権限を失い、あとは破産管財人が換価・回収した財産を、法に定める債権の優劣に応じて債権者に対し弁済・配当して企業を清算することになります。手続の遂行者を、裁判所が選任したまったくの第三者たる破産管財人が担う反面、債権者の同意なく手続を終結させ、実質的な債務免除を受ける（手続を終結させる）ことができますし、公租公課等の優先債権に不払いがあっても手続を利用できるという特徴もあります。

　他方、特別清算では、株主総会で選任した清算人が企業の財産に関する管理処分権を持つことになります。そして、その清算人が、裁判所が選任した監督委員の監督（会社法527条1項）、調査委員による調査（会

（表2）　破産と特別清算の主な違い

	対象者	遂行者	監督等	免除・終結への債権者の同意	優先債権の弁済
破産	限定なし	破産管財人	−	不要	不要
特別清算	株式会社のみ	清算人	監督委員調査委員	必要	全額弁済が必要

※ 遂行者は別途裁判所が監督する

社法533条）を受けつつ、財産を換価・回収して債権者に弁済していきます。一部弁済・残部免除を債権者に求める場合には、全債権者から個別に同意を受けるか、あるいは破産した場合よりも債権者にメリットのある（会社法569条2項4号）協定案を債権者集会に諮り、出席議決権者（≒債権者の頭数）の過半数かつ議決権総数（≒債権額）の3分の2以上の同意（会社法567条1項）を得ることが必要となり、公租公課等の優先債権に不払いがある場合にはそもそも利用できない手続です。このように、特別清算は「破産」というレッテルを回避できるという側面はあるものの、公租公課等の優先債権の不払いがなく、債権者の多数が同意する協定の策定見込みがあるというきわめて例外的な場合（私的整理の出口として利用される場合は別途あります）にのみ利用される手続で、実務的な申立て件数を見ても、倒産した企業の整理の大多数は破産の手続となっています。

　なお、破産法1条には、破産法の目的として「支払不能または債務超過にある債務者の財産等の清算に関する手続を定めること等により、債権者その他の利害関係人の利害及び債務者と債権者との間の権利関係を適切に調整し、もって債務者の財産等の適正かつ公平な清算を図るとともに、債務者について経済生活の再生の機会の確保を図ること」と明記されています。一般に「破産」というと、当該企業、あるいはその経営者は市場からの退場を迫られ、信用を失って再起できないかのように捉えられがちですが、上記の条文からも明らかなように、破産というのは企業の適正公平な清算とともに、債務者（経営者）の経済生活の再生の機会の確保を図ることにあり、決して破産したから何もかもが終わるというものではありません。ただ、筆者がいくら破産法の目的を本書で喧伝しても、一度企業を破産に至らしめた経営者の経営的才覚に疑義を抱き、その経営者の経営する企業への与信をためらうという市場の判断もやむを得ない部分があろうとも思います。だからこそ、債務者たる企業やその経営者がより確実かつ早期に経済的に再起を図るためには、できる限り倒産手続ではなく、再建型手続の途を模索すべきといえるでしょう。

2.　私的な倒産手続

　図17のとおり、私的整理による倒産手続には、廃業支援型特定調停という手続のメニューが準備されてい

ます。これは近年の人口減少による市場の縮小や後継者不足により、円滑な中小企業の廃業・清算のニーズが高まっていることを受け、事業の継続が困難で金融債務が過大な事業者について、法的整理（特に破産）ではなく、債務免除も含めた抜本的な整理を行うことで、経営者の再チャレンジ支援を図ることを目的としたもので、日弁連が 2017 年に手引を公表しています。私的整理ですので、原則として金融債権者のみを対象債権者とし、対象債権者の全員同意を必要とする手続となります。したがって、廃業・清算を前提としつつ、商取引債権者を巻き込まないという点で、経営者の将来的な経済的再生に資するものといえるでしょう。なお、特定調停は裁判所への申立てを伴う手続ではありますが、裁判所の決定を債務免除や手続終結の要件としないという意味で、私的整理の一環に位置付けられています。

　廃業支援型特定調停をするには、以下の要件が必要になります（保証人の整理に関する点は省略しています）。

① 破産原因または破産原因となる事実の生じるおそれがあること
② 原則として金融債権者を対象債権者とすること
③ 債務整理の目的の相当性
④ 法的整理がふさわしい場合でないこと
⑤ 経済合理性があること
⑥ 優先債権等の弁済
⑦ 事業者の弁済計画案が所定事項のすべてを記載したものであること
⑧ 事前協議及び同意の見込み
⑨ 労働組合等との協議

　なお、上記⑤の経済合理性は、現時点ではなく、清算手続が遅延した場合の将来時点（最大 3 年程度）における債務者企業及び保証人からの回収見込み額の合計額に比して、現時点で清算した場合の債務者企業及び保証人からの回収見込み額の合計額が上回ることを意味します。そのため、対象となる事業に成長性、将来性、収益性が見込めない場合、早期にこの手続を選択すれば、商取引債権を支払いつつ、金融債権者にも経済合理性ありとして、計画の同意を求めることが可能です。現在の経営状況が芳しくなく、将来においてそのトレンドが継続する懸念があるため廃業を検討しているものの、過大な金融債務とその保証債務があるために廃業を決意できない企業にとって、廃業支援型特定調停の利用による廃業・清算には相応のメリットがあるといえるのではないでしょうか。

3.　事実上の倒産 （いわゆる「夜逃げ」）

　経営破綻に陥った後、再建型手続はもちろん、法的・私的な倒産手続もとらずに、事業活動を停止して再

開の目途もないまま企業を放置し、場合によっては、その後経営者が行方をくらますなど、債権者（金融機関や商取引債権者等）、従業員、得意先等に多大な迷惑をかける事例も、残念ながら世の中には一定数存在します。この状態を、世間では「夜逃げ」などと呼ぶこともあろうと存じます（法律家としてこの用語を書籍に記すことには躊躇もありますが、読者の誤解を避けるためにあえて用いています）が、法令上にも「事業活動が停止し、再開する見込みがなく、かつ、賃金支払能力がないこと」（賃金の支払の確保等に関する法律施行規則8条）という概念が規定されており、厚生労働省はこれを「事実上の倒産」と呼称していますので（厚生労働省ホームページ参照）、本書でも以後、経営破綻に陥って事業活動が停止した企業を、再開の目途もないまま放置して何ら整理手続も行わないことを「事実上の倒産」と呼称することにしたいと思います（民事再生や会社更生を「事実上の倒産」と呼称する報道にも接したことがありますが、本書ではまったく違う意味で用いておりますので、ご注意ください）。

　第Ⅱ編第4章において、事実上の倒産に至った場合に起こることの具体例は概説しますが、経営破綻した場合に何の整理手続も行わないと、次のようなことが危惧されます。

① 債務者自身が債権者により破産を申し立てられるおそれがあり、そのなかで破産犯罪に問われるリスクも増大する。

② 従業員が未払い賃金の立替払いや失業保険を受けることが困難になる反面、経営者が労働基準法違反で刑事罰を受けるおそれがある。

③債権者が債権の貸倒を損失計上することに一定の困難が伴う。

④ 企業の財産の換価手続が遅れて財産が陳腐化し、債権者の回収額が低下するとともに、社会経済の循環も阻害される。

⑤ 得意先や顧客（消費者）も、突然の供給停止により被害を受け、場合によりサプライチェーンの破壊や消費者被害にもつながる。

　つまり、事実上の倒産には、経営者にとっても、苦楽をともにした従業員にとっても、信用を供与した債権者にとっても、その企業を愛顧してきた得意先や顧客にとっても、社会一般にとってもデメリットしかないのです。事実上の倒産をしたまま企業を放置した経営者は、破産法1条のいう「再生の機会」を自ら放棄したともいえるでしょう。

第4節　再生型手続

1. 法的な再生型手続

　図18のとおり、法的な再生型手続には、民事再生と会社更生があります。これらの手続は、いずれも民再法や更生法に定められたルールに則って策定され、認可された再生計画・更生計画に基づいて債権者・債務

者間の利害を調整することで事業の再生を図るという点では共通しています。また、法的整理のひとつになりますので、裁判所の関与があること、金融機関のみならず、商取引債権をも巻き込む（弁済の一時棚上げの対象となる）こと、手続が公表されること、計画成立に全債権者の同意は必要ない（一定の多数で足りる）などの法的整理の特徴を備える手続であるため、特に商取引債権を巻き込むことによる事業毀損の程度は、私的整理に比べると大きくなります。

　なお、再生型手続による債権者・債務者間の利害調整の命題として、清算価値保障原則、すなわち破産した場合の配当よりも、民事再生または会社更生による弁済のほうが、一般債権者に有利なものでなければならないというものがあります。民事再生または会社更生によっても、公租公課等の優先債権が支払えない場合には、破産でも民事再生または会社更生でも一般債権への弁済はゼロになりますから、清算価値保障原則を満たさず、結局、民事再生または会社更生の手続をとることができません。第III編第1章で、再生と倒産の分かれ目について論じる際に繰り返しますが、公租公課等の優先債権支払の目途の有無が、民事再生または会社更生の手続をとれるか否かのひとつの分水嶺になることをご理解いただければと思います。

　ちなみに、民事再生、会社更生ともに、手続は概ね以下のような流れで進むことになります。

〈図19〉 民事再生・会社更生の手続の流れ

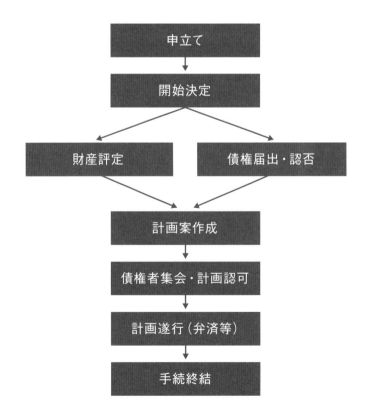

民事再生と会社更生には、左記のような共通点がある一方で、主に以下の相違点があります。

（表3）　民事再生と会社更生の主な違い

	対象者	遂行者	監督等	担保権	公租公課
民事再生	限定なし	再生債務者 （従前の経営陣）	監督委員	別除権	随時弁済
会社更生	株式会社のみ	更生管財人	―	手続外 行使不可	手続外 行使不可

※ 遂行者は別途裁判所が監督する
※ あくまで原則的形態での相違点を表記した

　上記のように民事再生は、原則的には従前の経営陣が裁判所から選任された監督委員による監督の下で遂行する手続である一方、担保権や公租公課を拘束しないので、担保権者や徴収権者等は自由に権利行使（担保権の実行や滞納処分）をすることができることになります。

　他方、会社更生は、原則的に裁判所から選任された第三者である更生管財人が遂行する手続である分、担保権や公租公課（一部を除く）も手続内に取り込んで自由な権利行使を許さない（といっても、更生計画認可の暁には優先的に扱う必要はあります）という強力な手続です。

　上記のほか、会社更生が強力な手続であることの裏返しとして、更生計画案の債権者集会での決議要件も厳格で、民事再生に比べて費用（裁判所への予納金）もかかるので、一般論としては会社更生は規模の大きい株式会社で利用されることが多い手続といえます。

2. 私的な再生型手続

　図18のとおり、私的な再生型手続には、純粋私的整理と、準則型私的整理の代表的なものとして、事業再生ADR、中小企業再生支援協議会による手続（支援協スキーム）、再生支援型特定調停などがあります。いずれも私的整理のひとつですので、原則として金融債権者のみを対象とし、手続は非公開で、計画成立に全対象債権者の同意を必要とします。もちろん再建型手続ですから、清算価値保障原則の適用があり、公租公課等の優先債権が支払えることが大前提にもなります。

　純粋私的整理と準則型私的整理の違いはすでに論じたところではありますが、実務上、金融債権者の求める数値基準にあてはまる再生計画を策定するのに債務免除が必要になる場面で、その債務免除の合理性を担保し、また債務免除額を損金算入する際の疑義を解消するために、事業再生ADRにおける手続実施者や

中小企業再生支援協議会、特定調停における裁判所などの第三者の関与を金融債権者から求められる場面が多いかと思います。

　なお、代表的な準則型私的整理の主な相違点は以下のとおりです。

（表4）　準則型私的整理の各手続の主な違い

	対象者	遂行者	主宰者	期間または回数
事業再生ADR	限定なし	債務者	手続実施者	債権者集会 3回
支援協スキーム	中小企業	債務者または 支援協	支援協	原則型：6カ月 検証型：4カ月
再生支援型 特定調停	限定なし （中小企業想定）	債務者	裁判所	調停期日2回

※ あくまで原則的な形態での相違点を表記した

　上記のとおり、遂行者たる債務者が計画を作成し、和解の仲介者としての手続の主宰者が計画の相当性・合理性を確認の上、全対象債権者の同意を取りまとめるという点については、各手続に似通った部分があります。実務上は、事業再生ADRは比較的規模の大きな事業者が利用することが多く（その分費用も高額ですが、事業再生実務家協会の選任する専門家たる手続実施者による利害調整も期待できるところです）、支援協スキームと再生支援型特定調停は中小企業が利用することが多い手続といえるかと思います。主宰者たる中小企業再生支援協議会や裁判所の拠点が全国各地にある点も、支援協スキームや再生支援型特定調停が中小企業に適している理由のひとつといえるでしょう。

　そのなかでも、再生支援型特定調停は、基本的には純粋私的整理によって対象債権者との事前調整・合意形成が大筋で完了しているものの、計画的に債務免除などの条項を含むために第三者の関与が必要となる場面で頻繁に利用されます。他方、支援協スキームは、支援協による計画策定、あるいは債務者の策定した計画の中小企業再生支援協議会による検証を通じ、支援協主宰の下で対象債権者との合意形成を図っていく場面で利用されることが多い手続といえるでしょう。

企業倒産

第Ⅱ編　企業倒産

第1章　社会経済的観点から見た「企業倒産」

　第Ⅰ編第2章でも論じたとおり、本書では企業が経営破綻した場合のうち、廃業・清算のやむなきに至った状態を「倒産」と定義しています。

　経営破綻は、それ自体は当事者やその関係者にとり好ましいこととはいえず、債権者・債務者それぞれが応分に"痛み"を伴う事態です。他方、社会経済的に見ると、経営破綻には不健全な経済活動をいったん止める側面があります。そして、経営破綻した企業の営む事業のうち、社会経済上必要とされない事業は市場から退場を促され、社会経済上引き続き必要とされる事業は不健全性を改善・除去した上で再生・再出発を果たすことになります。このように、経営破綻には不健全な経済活動を市場から排除し、社会経済の好循環を維持するひとつの契機としての意味合いもあるのです。

　経営破綻した企業のうち、「倒産」に至るのは上記のとおり「社会経済上必要とされない事業」を営む企業で、「廃業・清算」という形で市場からの退場を促されます。第Ⅰ編第2章でも論じたとおり、窮境原因には外的な要因、社会情勢によるものも多くあり、ウィズコロナ社会における「7割経営」は外的要因の最たるものです。そのような事態にあっても、自らの事業が社会経済上必要なものであり続ける限り、倒産には至らず、再生し、再出発することが可能になるということがいえるでしょう。逆に、たとえ窮境原因が外的要因であったとしても、営んでいる事業に社会経済上の必要性がなくなれば、企業は経営破綻前に廃業を選ぶのか、あるいは経営破綻により「倒産」するのか、という選択を迫られることになるのです。

　このように、ややマクロ的な視点から「企業倒産」を俯瞰してみましたが、実務では社会経済上の必要性のみでは割り切れない事例、すなわち、社会経済上必要な事業を営む企業が廃業や清算（主に破産）を選択している事例も多くあります。このような事例のなかには、経営者の違法または不適切な経営、あるいはステークホルダーから見て不透明な経営や経営者による公私混同により、社会経済上の必要性の有無を措いて、いわば"強制退場"させられるものもありますが、より多くの事例は、経営者が自らの事業の社会経済上の必要性を見誤り、経営意欲をなくして「倒産」を選択するパターンと、経営破綻を自認して再生に踏み切る決断が遅れ、時間の経過とともに再生に最低限必要なリソース（従業員、事業用資産、最低限の資金等といった、いわゆる「ヒト・モノ・カネ」）までをも失って選択の余地を失くすというパターンに大別できると思います。

　このような判断の誤りや判断の遅れを回避するためには、「倒産」と「再生」の分水嶺を理解しておく必要があろうと思いますが、この点は第Ⅲ編第1章で詳述したいと思います。

第2章　企業倒産に至る代表的な"3つのルート"

第1節　はじめに

　企業に窮境原因が発生してから、経営破綻、さらには再生不可能な状況に陥り「倒産」の局面に至るには、大別すると4つのパターンがあるように思われます。

　実在する多くの企業も、その過程で大なり小なりの窮境原因を抱えるも、このルートをたどらなかったからこそ存続しているものと思われますが、具体的なイメージを持っていただくために、どのような経緯を経て倒産に至るのかを"見える化"してみたいと思います。

〈図20〉　倒産に至る「ルート」の概念図

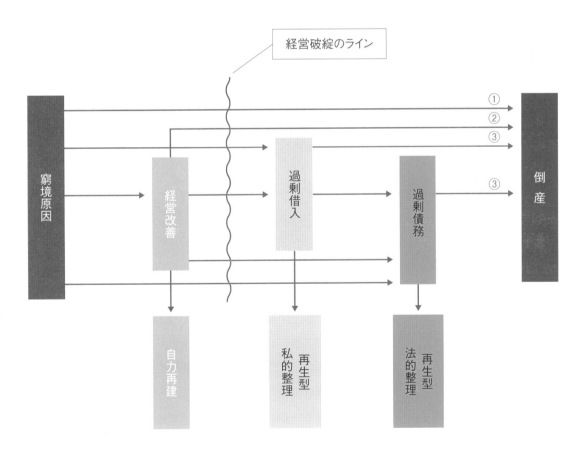

　図20では、窮境原因発生後、まずは自力再建を目指して経営改善を行うも、過剰借入、過剰債務の状況が生じ、この過剰な借入や債務を処理できない場合に倒産に至るという大まかな流れをご理解いただけるかと思います。

　そのなかでも、多くの倒産事例で企業が通る代表的なルートを、①窮境原因から倒産に直接伸びる矢印を「窮境原因からの直接ルート」、②窮境原因が生じたために経営改善努力をするも、これが奏功せずに倒産する「経営改善努力の失敗ルート」、③窮境原因が生じた後、過剰借入・過剰債務の状況に対して適切な再生型整理手続を行わなかったために倒産した「再生時機逸失ルート」と呼称し、以下、どのような場面があり得るのか、概説したいと思います。

第2節　窮境原因からの直接ルート

　第Ⅰ編第3章で概説したとおり、昨今では多様な再生型の整理手続が用意されており、経営破綻した企業の窮境の状況や事業の特徴等に応じた救済が図られています。

　しかし、すべての再生型整理手続の計画成立には、清算価値保障原則、すなわち、破産をした場合よりも債権者に有利な弁済ができることが必要になりますので、公租公課等の優先債権が全額支払えない場合にはこの再生型の整理手続はとりえないことになります。そうしますと、たとえば税法上の更正処分を受け、企業の資金体力では賄えないほどの多額の税金の納付が必要となるというような窮境原因が生じた場合には、過剰な金融借入（過剰借入）、過剰な商取引債務（過剰債務）の整理を通じた再生型の整理手続をとることもできず、企業は倒産に至ることになります。

　上記のような更正処分は極端な例ですが、実は昨今のウィズコロナ経営の時代においては、同じような事態が生じうる危険性が否定できません。

　事実、最近はさまざまな税務上の特例措置により、コロナ禍で収益が圧迫されている企業が、法人税、消費税、固定資産税、社会保険料等の納付期限の猶予を受けています。税金の納付猶予で資金繰りが一時的に助かりますから、この制度自体は7割経営という窮境原因の生じた企業にとって歓迎すべきものです。しかし、一部の特例を除き、納税等は免除ではなくあくまで猶予であり、いずれ納付すべき時期が来ます。この猶予期間中に資本の増強、業態の転換、経費の削減等、しかるべき経営改善努力を行わずに漫然とした経営を行い、「納税猶予期間の終了」という新たな窮境原因が生じると、上記のような多額の更正処分を受けた場合と同じように、再生型の整理手続をとることもできず、企業は倒産に至ることになります。納税猶予や一時的な補助金、給付金等で資金繰りを繋いでいる企業の経営者においては、非常に厳しいなかではありますが、足元の資金繰りの維持のみならず、将来の猶予期間の終了に目を向けた経営改善努力に着手いただく必要があろうと思うところです。

上記のような公租公課等の優先債権が支払えない場合のほか、窮境原因からの直接ルートには、人員の不足という例もあり得ます。一定の受注は見込めても、働き手がいなければものづくりや販売等はできません。その結果、売上を立てられず、経営改善努力の余地もないまま倒産に追い込まれるような例がありますが、特にコロナ禍の影響により、断続的に入国制限がかかるほか、人の国際的な移動そのものが自粛されているので、外国人の労働力に頼って事業を運営してきた企業は、注意が必要といえるでしょう。

第3節　経営改善努力の失敗ルート

　窮境原因が生じた後、経営改善努力が奏功しないと、キャッシュ・フローを獲得できません。キャッシュ・フローが獲得できないと、企業の財務は次第に悪化することになるため、ある時点で破産した場合よりも債権者に有利な再生計画案を立案することができない、すなわち再生型整理手続をとれないことになりますから、倒産に至ることになります。

　経営改善のやり方そのものは、第Ⅳ編第4章で詳述するのでここでは割愛しますが、特に昨今、7割経営という窮境原因が生じているなかで、公的支援（補助金、給付金、納税等の猶予等）に頼って資金繰りを繋いでいる間は、単に時間的な猶予を得られているにすぎません。この間に経費を削減するのはもちろんですが、アフターコロナ時代におけるニューノーマル社会において新しい需要を捉え、社会経済的に必要とされる事業を営む企業になるために、現状の経営資源をベースに何ができるか、何をすべきかをご検討いただく必要があろうと思います。

第4節　再生時機逸失ルート

　支払能力を欠くために弁済期にある債務、特に金融債務や商取引債務の支払いが滞り、独力では経営が継続できない状態（すなわち経営破綻）に至った場合、私的または法的な再生型整理手続を経れば再生の可能性がある事業を営む企業であるにもかかわらず、適切な再生型整理手続をとるタイミングを逸し、あるいは再生型整理手続がとれるという情報を経営者が知らずに倒産に至るという場面が相当多くみられます。

　再生型整理手続は、裁判所の選任する監督委員や更生管財人が関与する法的整理はもちろん、私的整理であっても、対象債権者や事業再生ADRにおける手続実施者等の第三者の厳しい目に晒され、経営の自由度は一定程度制約されますし、連帯保証をしている経営者から見ると、自らの負う連帯保証債務が現実化し、自宅を中心とする経営者固有の資産の保全にも多大な不安を感じることでしょう（保証債務の整理については、第4章参照）。特に昨今は、中小企業再生支援協議会を通じ、新型コロナウイルス感染症特例リスケジュール

を求めると、金融債務の元金返済の一時停止が比較的容易に受け入れられているのが実情ですが（この制度自体は、アフターコロナ時代になって業績回復の見込まれる企業にとっては歓迎すべき制度ではあります）、これによってかえって経営が弛緩したり、再生型整理手続のインセンティブが薄れるという弊害もあります。こうして、ともすれば再生型整理手続の判断を後ろ倒しし、結果として再生型整理手続をとるための原資をなくしたり、経営改善のため必要な資金をも枯渇させたりというようにして再生のタイミング（時機）を逸し、倒産に至ることになるのです。といっても、再生型整理手続をとることを判断するための時間的余裕がどれくらいあるかは、事例によりまちまちです。たとえば、大口の売掛先が倒産または再生型法的整理に入り、多額の取立不能が生じて資金繰りに大きな影響が出たような事例では、ほんの数日、場合によっては事態が生じたその日のうちに判断を行わなければ手遅れになる場合すら考えられます。

　その一方で、そもそも「経営破綻＝破産」、という先入観にとらわれたがゆえに、再生型整理手続というメニューがあることを知らず、社会経済上まだまだ必要な事業を営んでおり、将来性も含めて経営改善の可能性を持ちながらも自ら倒産を選択する企業も多く存在します。筆者自身、実際に自己破産を選択した経営者と後日会話をするなかで、再生型整理手続という選択肢を知らなかったという話を伺ったこともあります。また、他の経営者から「弁護士に相談をすると破産させられる」という、ややドキッとする言葉を伺ったこともあります。いったん自己破産を選択した後、後戻りして再生を果たすことも理論上不可能ではありませんが、多くの場合は手遅れになります。にもかかわらず、法律を専門とする弁護士ですら、経営破綻に瀕した企業に対し、適切な再生型整理手続のメニューを提示できていないケースもあるということなので、襟を正したいと思います。

第3章　危機時期と継続企業の疑義

第1節　「危機時期」とは

　危機時期とは、講学上の概念で、債務者の経済状態が決定的に悪化し、実質的に経営破綻状態（倒産状態）に入ったと考えられる時期と説明されています。

　この危機時期は、外部から認識可能な「形式的危機時期」と、実質的にみる「実質的危機時期」の概念に大別されます。まず形式的危機時期の特徴としては、支払停止（支払能力を欠くため、弁済期にある債務について、一般的かつ継続的に弁済できないことを外部に表示すること。これにより銀行取引停止処分にもなります）または法的な整理手続開始の申立てにより画されるということがあります。一方、実質的危機時期は「支払不能が発生することが予想される時期」、すなわち、支払能力を欠くため弁済期にある債務について、一般的かつ継続的に弁済できない状態になることが予想される時期と定義されています（東京地判2016年7月20日参照）。そのため、特に法的な整理手続に入る場合には時系列的に、窮境原因→実質的危機時期→支払不能→形式的危機時期→法的な整理手続、という順序（同時の場合もあります）をたどることになるわけです。

　ちなみに、債務者が危機時期にあるか否かは法的な整理手続における否認や相殺禁止の可否が基準となりますが、実質的危機時期にあるか否かは外部への表明等明確なメルクマールがないために実務上しばしば係争となります。

第2節　「継続企業の前提」に関する疑義

1.「継続企業の前提」とは

　「継続企業の前提」に関して、日本公認会計士協会発出の監基報570は次のとおり記載しています（監基報570Ⅰ2）。

　「継続企業の前提の下では、**企業が予測し得る将来にわたって存続し、事業を継続すること**を前提に、財務諸表は作成されている。一般目的の財務諸表は、（中略）継続企業の前提に基づき作成される」

　この「予測し得る将来」とは12カ月（1年）とされます（監基報570Ⅲ3（2）経営者の評価期間）。すなわち、我が国の会計基準上の「継続企業の前提」とは、一般目的の財務諸表を作成するための前提として『**企業が前決算期末から1年間は存続し、事業を継続すること**』と申せます。

2.「継続企業の前提」に関する疑義とは

　前述 1 の「継続企業の前提」に疑義を生じさせる事項（継続企業の前提に重要な疑義を生じさせるような事象または状況）とは、以下に例示される事項をいいます（監基報 570 Ⅲ 2（1））。

　（1）財務関係
　　・**債務超過**、または流動負債が流動資産を超過している状態
　　・返済期限が間近の借入金があるが、借換えまたは返済の現実的見通しがない、または長期性資産の資金調達を短期借入金に過度に依存している状態
　　・債権者による財務的支援の打切りの兆候、または債務免除の要請の動き
　　・過去の財務諸表または予測財務諸表におけるマイナスの営業キャッシュ・フロー
　　・主要な財務比率の著しい悪化、または売上高の著しい減少
　　・重要な営業損失
　　・資産の価値の著しい低下、または売却を予定している重要な資産の処分の困難性
　　・配当の遅延または中止
　　・支払期日における債務の返済の困難性
　　・借入金の契約条項の不履行
　　・仕入先からの与信の拒絶
　　・新たな資金調達の困難性、特に主力の新製品の開発または必要な投資のための資金調達ができない状況
　（2）営業関係
　　・**経営者による企業の清算または事業停止の計画**
　　・主要な経営者の退任、または事業活動に不可欠な人材の流出
　　・主要な得意先、フランチャイズ、ライセンスもしくは仕入先、または重要な市場の喪失
　　・労務問題に関する困難性
　　・重要な原材料の不足
　　・強力な競合企業の出現
　（3）その他
　　・法令に基づく重要な事業の制約、たとえば、金融機関に対するソルベンシー規制や流動性規制等の自己資本規制その他の法的または規制要件への抵触
　　・巨額な損害賠償の履行の可能性
　　・企業に不利な影響を及ぼすと予想される法令または政策の変更
　　・付保されていないまたは一部しか付保されていない重大な災害による損害の発生
　　・ブランドイメージの著しい悪化

左記事項のうち、「危機時期（実質）」とオーバーラップする事項は、太字の“債務超過”“経営者による企業の清算または事業停止の計画”のみであり、それ以外の全事項は「危機時期（実質）」に入る以前の時期における“経営上のネガティブ要因”と位置付けられます。

第3節　「危機時期」と「継続企業の前提に関する疑義」

1.　証券取引所における「継続企業の前提に関する疑義」の取り扱い

　日本取引所グループ（以下「JPX」）のホームページ（以下「HP」）上では、「継続企業の前提」は次のとおり定義されています。

　会社が将来にわたって事業を継続するとの前提をいい、ゴーイングコンサーン（going concern）ともいいます。企業の経営破綻などを背景として、平成15年3月期から、継続企業の前提に関して経営者と監査人（公認会計士・監査法人）が検討を行うことが、監査基準の改訂等により義務づけられました。

　経営者及び監査人が継続企業の前提について検討対象とする事象・状況としては、債務超過等の財務指標、債務返済の困難性等の財務活動、主要取引先の喪失等の営業活動、その他巨額の損害賠償負担の可能性やブランドイメージの著しい悪化などです。

　経営者は、継続企業の前提に関する重要な疑義を認識した場合には、その内容を財務諸表等に注記し、これらの事象・状況を解消または大幅に改善させるための対応または経営計画を策定し、監査人に説明しなければなりません。監査人は、これらの検討も含めて監査意見を表明することとなります。

　執筆日現在、上場企業のうち53社が「継続企業の前提に関する疑義」の注記を付しており、「継続企業注記銘柄」として取り扱われています。この53銘柄のなかには「実質的な危機時期」に立ち至っていると思われる企業も含まれますが、その多くはいまだその前段階にすぎません。“実質的な危機時期に立ち至っていると思われる上場企業”はむしろ、「監理銘柄」に指定されていると思われます（※1）。なお、「監理銘柄」はJPXのHPでは次のように定義されています。

　上場有価証券が上場廃止基準に該当するおそれがある場合には、その事実を投資者に周知させ、投資者がこれに対応する措置がとれるよう、当該株券を「監理銘柄」に指定します。

　そして、上場有価証券の上場廃止が決定された場合には、「整理銘柄」に指定されます（※2）。JPXのHPによれば、「整理銘柄」とは次のような定義となります。

> 　　上場有価証券の上場廃止が決定された場合には、所定の期間、整理銘柄に指定し、その事実を投資者に周知させ、投資者が整理売買を行うことができるようにしています（一定の場合には、整理銘柄へ指定することなく上場廃止となる場合もあります）。

（※1）執筆日現在17銘柄が指定されていますが、その中に危機時期企業は含まれていません
（※2）執筆日現在3銘柄が指定されていますが、その中に危機時期企業は含まれていません

2. 東証の「上場廃止基準」

　東証はその「有価証券上場規程」第6章において、上場廃止基準を次のとおり定めています。

> 第1節　本則市場の上場廃止基準（601条・602条）
> 第2節　マザーズの上場廃止基準（603条・604条）
> 第2節の2 JASDAQの上場廃止基準（604条の2－604条の5）

　上記のうち、602条、604条、604条の3及び604条の5の規定は、外国会社に係る基準ですので、本節では省略します。なお、本則市場に上場している内国会社の上場廃止基準は、以下のとおりとされます（上場規程601条1項）。

（1）　株主数
（2）　流通株式
（3）　売買高
（4）　時価総額
（5）　債務超過
（6）　銀行取引の停止
（7）　破産手続、再生手続または更生手続
（8）　事業活動の停止
（9）　不適当な合併等
（9）の2　支配株主との取引の健全性の毀損
（10）　有価証券報告書または四半期報告書の提出遅延
（11）　虚偽記載または不適正意見等
（11）の2　特設注意市場銘柄等
（12）　上場契約違反等

（13）　株式事務代行機関への委託

（14）　株式の譲渡制限

（15）　完全子会社化

（16）　指定振替機関における取扱い

（17）　株主の権利の不当な制限

（18）　全部取得

（18）の2　株式等売渡請求による取得

（18）の3　株式併合

（19）　反社会的勢力の関与

（20）　その他

　　次いでマザーズ市場に上場している内国会社の上場廃止基準は、以下のとおりとされます（上場規程603条1項）。

（1）　株主数

（2）　流通株式

（3）　債務超過

（4）　売上高

（5）　時価総額

（5）の2　株価

（6）　601条1項3号、**6号から7号**及び**8号から20号**までのいずれかに該当した場合

　　JASDAQスタンダード市場に上場している内国会社の上場廃止基準は、以下のとおりとされます（上場規程604条の2第1項）。

（1）株価

（2）業績

（3）601条1項1号、2号a及びb並びに**5号から7号**もしくは**第8号から20号**までのいずれかに該当した場合

　　JASDAQグロース市場に上場している内国会社の上場廃止基準は、次のとおりとされます（上場規程604条の4第1項）。

(1) 604条の21項1号及び2号のいずれかに該当した場合

(2) 601条1項1号、2号a及びb並びに5号から7号もしくは第8号から第20号までのいずれかに該当した場合

(3) 利益計上

3. 東証 "上場廃止基準" と危機時期の対応

東証の "上場廃止基準" と実質的及び形式的危機時期を対応させたのが、下表5です。

（表5） 東証 "上場廃止基準" と実質的及び形式的危機時期の対応表

区分		発生事実	本則	M	JS	JG	上場規程根拠条文
危機時期	実質	債務超過	✓		✓	✓	601条1項5号
				✓			603条1項3号
	形式	銀行取引停止	✓	✓	✓	✓	601条1項6号
		破産等手続	✓	✓	✓	✓	601条1項7号

本則：東証本則市場に上場している内国会社
M：東証マザーズ市場に上場している内国会社
JA：JASDAQスタンダード市場に上場している内国会社
JG：JASDAQグロース市場に上場している内国会社

4. 危機時期に関する「東証 "上場廃止基準"」における規定の詳細

（1）実質的危機時期

　①債務超過（東証に上場している内国会社すべてに該当）

　　上場会社がその事業年度の末日に債務超過の状態である場合において、1年以内に債務超過の状態でなくならなかったとき（上場規程601条1項5号、同603条1項3号）。

（2）形式的危機時期

　①銀行取引の停止（東証に上場している内国会社すべてに該当）

　　上場会社が発行した手形等が不渡りとなり銀行取引が停止された場合または停止されることが確実となった場合。

　②破産等手続（東証に上場している内国会社すべてに該当）

　　上場会社が法律の規定に基づく会社の破産手続、再生手続もしくは更生手続を必要とするに至った場合またはこれに準ずる状態になった場合において、施行規則（※3）で定める再建計画の開示を行った

際に、当該再建計画を開示した日の翌日から起算して1カ月間の時価総額が10億円以上とならないとき。

（※3）施行規則601条6項4号〜6号

5. 東証の上場制度と「危機時期」並びに「継続企業の前提に関する疑義」

本節で観てきましたように、東証の上場制度において「危機時期」と「継続企業の前提に関する疑義」は、概ね下表のとおり整理されるかと思います。

（表6）東証における「危機時期と継続企業の前提に関する疑義」の管理

状況区分	管理銘柄区分
「継続企業の前提に関する疑義」注記の記載企業	継続企業注記銘柄
危機時期該当企業	監理銘柄
	整理銘柄

上表の整理でおわかりいただけますように、「継続企業の前提に関する疑義」は企業の"危機時期"が始まる前段階と位置付けられ、その注記は"警鐘"を鳴らしているといえましょう。この"警鐘"を鎮めて、元の正常軌道に回帰することが望まれるところであります。

第4章 清算型企業倒産に至るとどうなるのか

第1節 事実上の倒産（夜逃げ）

　企業が経済的に窮境に陥り、企業倒産に至った場合、当該企業はその時点の事業の状況、資産・負債の内容、債権者の数・属性、関係者の意向等に応じた倒産手続を選択することになります。この倒産手続には、法的整理としての倒産手続（破産・特別清算）と、私的整理としての倒産手続（廃業支援型特定調停）があり、これとは別に事実上の倒産（いわゆる夜逃げ）があることはすでに述べました。

　これらのうち、まず「事実上の倒産（いわゆる夜逃げ）」とは、企業が法的整理としての倒産手続の適用に至っていないものの、倒産原因またはそのおそれがある状態を指します。具体的には、事業活動が停止し、再開の見込みがなく、資金繰りが破綻しているような状態です（※4）。

　法的整理としての倒産手続をとる場合、一定の費用と労力を要することから、それらを捻出する余力すらない企業がやむを得ず事実上の倒産（夜逃げ）をとることがあります。しかし、これは法的・公的な裏付けがない倒産状態であるため、当該企業の倒産を前提とする諸制度（倒産企業の未払賃金立替払の受給等）の適用に当たり、取引先や従業員といった関係者において当該企業の倒産状態を判断・説明する必要があるため、関係者にその負担をしわ寄せすることになります。

　なお、企業が事実上の倒産（夜逃げ）に陥りそのまま放置されたとしても、その法人格は消滅するわけではなく、別途、清算手続を要します。

　債権者の立場からすると、債務者企業が事実上の倒産に至った場合、債権の貸倒損失による損金算入の可否・時期についての判断を要することになります。また代表者の所在が不明になると、交渉・請求や法律行為の相手方がおらず、債権の時効中断措置（公示送達等）、特別代理人の選任、倒産手続の債権者申立て等を検討する必要が生じます。

　このように、事実上の倒産（夜逃げ）を行うというのは、企業を清算させる労力、清算に至ったことを前提とする諸制度を利用するための労力を、当該企業以外の第三者に押し付けるという、関係者にとってきわめて迷惑な行為にほかなりません。こうなりますと、①債務者自身が債権者により破産を申立てられるおそれがあり、そのなかで破産犯罪に問われるリスクも増大する、②従業員が、未払い賃金の立替払いや失業保険を受けることが困難になる反面、経営者が労働基準法違反で刑事罰を受けるおそれがある、③債権者が、債権の貸倒を損失計上することに一定の困難が伴う、④企業の財産の換価手続が遅れて財産が陳腐化し、債権者の回収額が低下するとともに、社会経済の循環も阻害される、⑤得意先や顧客（消費者）も、突然の供給停止により被害を受け、場合によりサプライチェーンの破壊や消費者被害にもつながる、という状態となります。

　つまり、事実上の倒産（夜逃げ）は、経営者にとっても、苦楽をともにした従業員にとっても、信用を供与した

債権者にとっても、その企業を愛顧してきた得意先や顧客にとっても、社会一般にとってもデメリットしかないのです。事実上の倒産（夜逃げ）をしたまま企業を放置した経営者は、破産法1条のいう「再生の機会」を自ら放棄したともいえるでしょう。

　経営破綻に瀕しても、資金が持つ限りギリギリまで経営を続けて再起を期すことは決して否定されるものではありませんが、関係者の迷惑にならないよう、企業を清算するための最低限の資金まで使い込み、事実上の倒産を余儀なくされるような事態は避けていただきたいと思います。

（※4）未払賃金立替払制度上の事実上の倒産に係る規定として、賃金の支払の確保等に関する法律7条、賃金の支払の確保等に関する法律施行令2条1項4号、賃金の支払の確保等に関する法律施行規則8条参照

第2節　破産

1. 破産手続

　次に法的整理としての倒産の代表的な手続である「破産手続」のことを紹介します。破産手続とは破産法上、「次章以下（第12章を除く）に定めるところにより、債務者の財産または相続財産もしくは信託財産を清算する手続をいう」（破産法2条1項）と定義されていますが、具体的には破産した債務者の財産を現金化し、弁済原資を形成した上で、破産法に定められる優先順位に従って債権者に平等に分配することをいいます。

2. 破産管財人

　債務者に対して破産手続が開始されると、裁判所により、破産管財人が選任されます（破産法74条）。破産管財人には破産者の財産の管理処分権が与えられるため（同法78条1項）、破産企業は破産管財人の管理の下、強制的な全財産の換価（事業全体の譲渡・解体）がなされ、その換価金が債権者に公平に分配されます。

　なお、破産者が破産手続開始前に偏頗弁済（特定の債権者のみに返済すること）や他の債権者を害する財産処分をしていた場合、破産管財人は当該財産を破産財団に回復させるために否認権（破産法160条以下）の行使ができます。また、法人破産の場合、破産管財人が任務懈怠のある役員に対して損害賠償責任の追及（会社法423条、破産法178条参照）をすることがあります。

　このように、裁判所によって選任される公平な第三者である破産管財人が、破産者の資産や法人の代表者等の問題行為の有無を厳格に調査することが、事実上の倒産（夜逃げ）の場合との違いのひとつです。

3. 債権者の権利行使の制約と公平な分配

　破産手続が開始されると、各破産債権者による個別的な権利行使が禁止され、破産手続外で債権の弁済を受けることはできなくなります（破産法100条1項）。これは、債権回収の「早い者勝ち」を認めると債権者間の公平を害するおそれがあるためです。個別的な権利行使の禁止の具体的な内容としては、強制執行の禁止・

失効 (同法42条1項・2項)、破産者による破産手続開始後の債務弁済の制限 (同法47条1項) などがあります。

　このように破産手続において、破産債権は個別的な権利行使が禁止される一方で、届出・調査・確定手続を経て、破産法の定める優先順位に従って各債権者に公平に配当されることになります。破産債権の内容の確定や配当表の記載に不服がある場合に個別にこれを争う方法はありますが、破産法上、配当手続において、債権者の個別同意や多数決による決議は想定されていません。この点、私的整理や他の法的整理としての倒産手続では一定数以上の債権者の同意を要します。

　なお、個別財産上の担保権 (抵当権等) については、破産手続上、「別除権」と呼ばれ、原則として破産手続に拘束されず、自由に権利行使が認められます (破産法2条9項、65条1項)。また、相殺権についても、一定の例外を除いて、破産手続外での行使が認められています (同法67条1項、71条、72条)。このように、担保的機能を有する権利は破産手続においても原則として尊重され、優先的な弁済等をもたらします。

4. 破産手続の流れ

　以下では、企業の破産手続の流れについて紹介し、各手続でのポイントを簡単に説明します。

(1) 破産手続の申立て

　破産手続は原則として、債務者自身・債権者といった利害関係人の申立てに基づき開始されます。破産手続が開始されるには、破産手続開始原因が必要であり、債務者が法人である場合は支払不能または債務超過が破産手続開始原因に当たります (破産法15条1項、16条1項)。支払停止 (銀行取引停止処分の前提となる手形不渡りや、夜逃げ等が代表例とされます) は、それ自体は破産手続開始原因に当たりませんが、支払不能を推定させる事実となります (同法15条2項)。

　ちなみに、支払不能とは「債務者が、支払能力を欠くために、その債務のうち弁済期にあるものにつき、一般的かつ継続的に弁済することができない状態」をいいます (破産法2条11項)。「一般的かつ継続的」であることが要件であるため、一部の債務のみ弁済できない場合や一時的な手元不如意が直ちに支払不能に当たるわけではない点に留意いただきたいと思います。

(2) 破産手続開始決定

　企業について破産手続が開始されると、①破産管財人の選任・破産管財人への管理処分権の移転、②債権者の個別的権利行使の制約、③解散事由に該当、④債権届出期間、財産状況報告集会の期日、債権調査期間・期日の決定など、さまざまな効果が生じます。①、②は上述のとおりですが、③については破産手続開始決定が法人の解散事由と規定されており (会社法471条5号、641条6号、一般法148条6号、202条1項5号等)、破産手続によって清算されます。また、破産手続開始決定が許認可の取消・失効事由とさ

れていることがあるため、許認可事業を行う企業において、破産手続後も一定期間、当該事業の継続を想定している場合には留意が必要です。

(3) 破産債権の届出・調査・確定

　破産債権者は裁判所が定める届出期間内に、自己が有する破産債権の額及び原因等を裁判所に届出します。実務上は破産手続開始決定後に、破産管財人が申立人作成の債権者一覧表に記載された債権者及び破産管財人が新たに認識した債権者に対して、債権届出書を含む開始決定書面一式を送付し、破産債権者が債権届出書に上記事項を記入して、破産管財人に返送することになります。

　破産管財人は破産債権の届出がされると、当該債権を認めるか否かの認否を行い、「認否書」に記載して裁判所に提出します。また、届出破産債権については、破産管財人だけでなく、他の届出破産債権者も配当額において利害関係を有するため、異議を述べることができます。こうして、破産管財人が認めず、または他の届出破産債権者が異議を述べた届出破産債権は、破産法所定の「債権確定手続」において別途、確定されます。他方、破産管財人が認め、かつ他の届出破産債権者が異議を述べなかった届出破産債権は確定し、当該確定事項は破産債権者表に記載され、破産債権者全員に対して確定判決と同一の効力を有することになります。

(4) 配当

　破産管財人は破産財団に帰属する財産について、適正な価格で換価します。破産管財人はこうした換価金を配当原資として、破産債権者に対して配当を実施します。

　なお、破産手続開始後、破産財団に十分な資金がなく、破産財団をもって破産手続の費用を支弁するのに足りないと裁判所が判断した場合は、配当が行われないまま破産手続が廃止（異時廃止といいます）されることもあります。

(5) 破産手続の終結

　配当が終了すると、破産手続はその目的を達成したことになり、終結されます。破産者が法人である場合は、破産手続終結により法人格が消滅します（破産法35条参照）。

5. 企業破産と経営者

　企業が破産した場合、法律上は経営者も当然に破産を強いられるわけではありませんが、経営者が企業債務の連帯保証人になっている場合、主債務者である企業の破産により保証責任が顕在化する結果、経営者自身も破産を余儀なくされることがあります。また、経営者が連帯保証をしていない場合でも、当該企業から報酬等を得られなくなる結果、経営者の生活が困窮し、破産を検討せざるを得ないことがあります。こうした問題のうち企業倒産と経営者の連帯保証債務の関係については、第5節で詳しく説明します。

このほか、経営者は破産管財人に企業に属する財産の管理処分権を委ねることになるため、事後、破産管財人に対して財産開示義務や説明義務を負い、破産管財人に適切に財産や情報を引き継ぐとともに、裁判所で行われる集会に出席して債権者の質疑等に応じる立場になります。企業の破産手続の終結まで、年単位の時間がかかることもめずらしくありませんが、その期間中、再就職ができないといった制約はありません。

第3節　特別清算

1. 概要

特別清算は、破産と並ぶ法的整理としての倒産手続であり、通常清算の特別手続として会社法（会社法510条～574条、879条～902条）に規定されています。清算中の株式会社について、「清算の遂行に著しい支障を来すべき事情がある」場合や「債務超過の疑いがある」場合に特別清算が開始されます（同法510条）。清算株式会社に債務超過の疑いがある場合、清算人には特別清算を申立てる義務があるため（同法511条2項）、債務超過の疑いがある株式会社の清算は、通常清算手続のみで行うことはできず、特別清算か破産を行う必要があります。

2. 破産手続との共通点

破産と特別清算は、法的整理としての倒産手続であり、また再建ではなく清算を目的とする点で共通します。すなわち、裁判所の一定の関与や法の規律の下、債務者の財産の換価金をもとに債権者の満足を図り、法人の場合は当該手続の終了により法人格が消滅する点が共通しています。

3. 破産手続との相違点

破産と特別清算の相違点は、第Ⅰ編第3章で述べたところですが、ここで再度詳述しますと、破産は法人・個人を問わず利用可能ですが、特別清算は解散決議を経て清算中の株式会社のみが利用可能である点があげられます。

また、法人破産の場合、実務上必ず破産管財人が選任され、その管理下となりますが、特別清算の場合、通常は破産管財人のような清算事務の執行者が裁判所に選任されることなく、会社の株主総会によって選任された清算人（会社法478条）が特別清算開始決定後もそのまま清算事務を行います（※5）。すなわち、破産管財人という社外の第三者による管理ではなく、裁判所による一定の監督（同法519条、523条等）を受けつつも会社自身が選任した清算人によって清算事務を進められるのです。

さらに、破産手続では債権者の多数決原理は採用されず、破産法の規定に従った配当がなされますが、特別清算の場合、債権者の多数決（議決権者の過半数＋議決権の総額の3分の2以上の議決権を有する者の同意）による可決を要する「協定」（会社法563条、567条、569条）や債権者との個別「和解」（同法

535条1項4号参照）に基づく弁済を実施します。そのため、特別清算を進めるには、債権者からの理解を得ることが必須となります。

4. 特別清算が利用されるケース

特別清算は、破産に比して、簡略かつ迅速な手続であり、また破産会社という烙印を押されない点においてメリットがありますが、利用に適している事案とそうでない事案があります。具体的には、特別清算するには解散して「清算」手続中の「株式会社」である必要があるため（会社法510条）、解散決議（特別決議が必要です。同法309条2項11号、471条3号）が可能な株式会社であり、債権者の大部分が手続に協力的であるケースが特別清算に適しています。反対に、そもそも株式会社でない場合や、解散のための株主総会特別決議を得られないなどの理由により清算会社でない場合は、特別清算を利用できません。また、特別清算には否認の制度がないため、否認権の行使が必至である事案は特別清算に適しません（※6）。そのほか、訴訟係属中や換価に時間を要する資産がある場合は、債権者や弁済原資の内容の確定後でなければ債権者から同意を得られず、会社の清算に時間を要する可能性があります。

特別清算の利用事案としては、実務上、経営難に陥った子会社への債権を親会社が買い取った上で当該子会社を特別清算する場合や、採算部門のみを事業譲渡や会社分割によって別会社に承継させた上で、不採算部門や債務のみが残った会社を特別清算（いわゆる第二会社方式）する場合等があります。他方で、そのような事案でないにもかかわらず、破産を避ける意図で特別清算を利用しようとしても、裁判所が選任した公平中立な破産管財人ではなく、株主が選任した清算人が手続を行うこと等から債権者の協力を得られにくく、手続がスムーズに進まずに破産よりもかえって労力を要する事案もみられます。

（※5）山口和男（著）『特別清算の理論と裁判実務 新会社法対応』新日本法規出版28頁
（※6）※5文献 29頁以下

第4節　廃業支援型特定調停

1. 制度の概要と手引き

金融機関に過大な債務を負っている事業者（法人または個人事業者）及び保証人について、破産や民事再生以外の方法により、債務免除を含めた債務の抜本的な整理を図るための制度として「廃業支援型特定調停」があります（※7）。廃業支援型特定調停は簡易裁判所の特定調停手続を利用した事業者及び保証人の債務整理手続であり、その利用指針として日本弁護士連合会から「事業者の廃業・清算を支援する手法としての特定調停スキーム利用の手引」が策定・公表されています（※8）。

（※7）廃業支援型特定調停の制度詳細は、一般社団法人金融財政事情研究会（編）『事業再生と債権管理（156号）』きんざい100頁「経営者保証ガイドラインと廃業支援型特定調停」、『銀行法務21（815号）』経済法令研究会4頁「事業者の廃業・清算を支援する手法としての特定調停スキーム」参照

(※8) 2017年1月27日策定・公表、2020年2月19日最終改訂

2. 特徴・メリット

　廃業支援型特定調停によるスキームの特徴は、金融機関からの理解のもと、優先債権（公租公課、労働債権）や取引先への債務は全額弁済し、金融機関からの同意を得て債務免除を受けるという点にあります。すなわち、事業者にとっては破産を回避しつつ、取引先を手続に巻き込まずに債務超過事業を清算できるというメリットがあります。

　また、金融機関（債権者）にとっても、経済合理性や裁判所の関与による公平性・透明性の確保、事前協議等での説明・意見交換の機会の付与、また債権放棄額が貸倒損失として損金算入可能であるなどのメリットがあります。

　なお、同じく破産以外の債務超過事業の清算手段である特別清算と比較すると、特別清算であれば債権者の法定多数の同意（会社法567条1項。協定型）があれば足りるのに対して、廃業支援型特定調停の場合は原則として債権者である金融機関の全員の同意が必要になります。また、廃業支援型特定調停の場合は、利用主体が清算中の株式会社に限定されず、同一手続のなかで保証債務の一体整理（「経営者保証に関するガイドライン」に則り整理をします。同ガイドラインの詳細は後記第5節3参照）ができるといった利点があります。

3. 廃業支援型特定調停を利用可能なケース・留意点

　廃業支援型特定調停によるスキームを利用するためには、概ね下記の事項を満たす必要があります（※9）。

① 主たる債務者である事業者が過大な債務を負い、破産原因（支払不能）またはそのおそれがあること
　保証人の保証債務も一体整理する場合、保証人について経営者保証ガイドラインの要件（財産状況の適時適切な開示、免責不許可事由の不存在等）を満たしていること

② 原則として金融機関（信用保証協会を含む）を対象債権者とすること

③ 債務整理の目的が、事業者の早期清算により経済合理性を図り、社会経済の新陳代謝を促進させるとともに、経営者・保証人による新事業の創出その他地域経済の活性化に資する事業活動の実施等に寄与することであること

④ 法的整理手続（破産等）が相応しい場合でないこと（対象債権者の意見調整が著しく困難でないことや、否認権・役員の責任追及の問題がないこと等）

⑤ 経済合理性があること

⑥ 優先債権（公租公課、労働債権）や金融機関の理解のもと一般商取引債権が全額支払可能であること

⑦ 事業者の弁済計画案において所定事項がすべて記載されていること

⑧ 保証人の保証債務も一体整理する場合、保証人の弁済計画案において所定事項がすべて記載されてい

ること

⑨ 対象債権者との間で事前協議を行い、調停条項案への同意が得られる見込みがあること

⑩ 労働組合等との協議

　このうち、特に⑤・⑥・⑨との関係で、廃業支援型特定調停によるスキームでは特定調停の申立て前に弁済計画案を策定し、金融機関と十分な事前調整をして同意の見込みを得ておく必要があるため、その期間の資金繰りを維持できるかの検討が肝要です。また、金融機関との事前交渉では、破産手続であれば金融債権と通常同じ配当順位になるはずの一般商取引債権に対して事業者が全額弁済してもなお、金融機関が事業者の早期廃業等によって破産手続での配当よりも多くの回収を得られる見込みがあるなど、金融機関にとっての経済合理性を示せるかがポイントになります。

　なお、上記⑤の経済合理性は現時点ではなく、清算手続が遅延した場合の将来時点（最大３年程度）における債務者企業及び保証人からの回収見込み額の合計額に比して、現時点で清算した場合の債務者企業及び保証人からの回収見込み額の合計額が上回ることをいいます。そのため、対象となる事業に成長性、将来性、収益性が見込めない場合に、早期にこの手続を選択すれば、商取引債権を支払いつつ、金融債権者にも経済合理性ありとして、計画の同意を求めることが可能です。現在の経営状況が芳しくなく、将来においてそのトレンドが継続する懸念があるため廃業を検討しているものの、過大な金融債務とその保証債務があるために廃業を決意できない企業にとって、廃業支援型特定調停の利用による廃業・清算には、相応のメリットがあるといえるのではないでしょうか。

（※9）「事業者の廃業・清算を支援する手法としての特定調停スキーム利用の手引」第1の5

第5節　企業倒産と経営者の連帯保証債務

1．保証債務の整理の必要性

　中小企業では経営への規律付けや信用補完のために経営者による個人保証がされることが多くあります。主たる債務者である企業が倒産すると、支払停止や倒産手続の申立てが主たる債務の期限の利益喪失事由に該当するため、経営者の保証責任（※10）が現実化します。経営者にとっては、企業倒産に連鎖して自己破産を余儀なくされるというイメージも強く、そのこと自体が、企業倒産をためらわせ、場合により事実上の倒産（夜逃げ）に追い込む原因にもなっています。もちろん、企業倒産に連鎖して自己破産を余儀なくされる場面もないとはいえませんが、昨今では誠実な経営をしながら企業倒産がやむなきに至った経営者の保証債務の整理にあたり、破産によらないメニューも用意され、実務が積み重なっています。そこで以下、こうした場合にとりうる手段について整理したいと思います。

（※10）物上保証の場合、連帯保証と異なり、担保物件の範囲で保証責任を負うにとどまり、債務の履行請求を受けるわけではありませんが、当該担保権の実行の影響を検討する必要があります

2. 保証債務の整理手段

　企業が倒産した際の経営者の保証債務の整理手段としては、①経営者保証に関するガイドライン（以下「経営者保証ガイドライン」）に基づく私的整理手続、②破産手続、③個人再生手続が想定されます（※11）。

（※11）野村剛司（著）『法人破産申立て実践マニュアル（第2版）』青林書院293頁以下

3. 経営者保証ガイドラインに基づく保証債務の整理

（1）概要

　経営者保証ガイドラインとは、経営者保証における合理的な保証契約のあり方等を示すとともに主たる債務の整理局面における保証債務の整理方法を定めた一般準則であり、法的拘束力はないものの、主たる債務者、保証人及び対象債権者の自主的・自立的なルールとして実務上、遵守・尊重すべきとされているものです（※12）。

　経営者が破産せずに保証債務を整理でき、また下記（2）に述べる破産にはないメリットがあるため、まずは経営者保証ガイドラインによる保証債務の整理を検討するべきです（実際に、整理を実現した実務も積み重なってきています）。

（※12）小林信明、中井康之（著）『経営者保証ガイドラインの実務と課題（第2版）』商事法務3頁

（2）メリット

　経営者保証ガイドラインに基づく私的整理によって保証債務を整理する場合、破産手続により保証債務を整理する場合と比べて、以下のようなメリットがあります。

　まず、一定の要件を満たし、すべての対象債権者（主に金融機関）の同意を得られれば（※13）、経営者の個人財産のうち、

① 破産手続における自由財産に相当する財産

② 一定期間の生計費に相当する預貯金

③ 華美でない自宅不動産

を残すことができる場合があります。特に破産手続とは異なり、上記②や③が残存資産（インセンティブ資産）として認められることは大きなメリットです。

　また、自由財産の範囲を超える財産がない場合であっても、破産手続とは異なり、信用情報機関への事故情報（いわゆるブラックリスト）の登録がされず、その結果、保証人はクレジットカードの利用を継続でき、また各種借入れ・ローンの新規契約が困難になる事態を回避できるメリットを享受できるとされています。

（※13）経営者保証ガイドラインに基づく私的整理手続として特定調停を利用する場合、裁判所による17条決定（特定債務等の調整の促進のための特定調停に関する法律20条・民調法17条）を得れば、一部債権者から同意がなくとも、積極的な反対がないこと（消極的同意）をもって、経営者保証ガイドラインによる利益を享受して保証債務を整理し得ます

（3）留意点

　経営者保証ガイドラインによる保証債務の整理をするには、対象債権者（主に金融機関）の同意が得られる事案である必要があります。

　また、上記（2）の②や③の残存資産（インセンティブ資産）の上限額は、経営者である保証人が早期に主たる債務者の事業破産・再生に着手したことによる債権者の回収見込額の増加額とされています（※14）。

　さらに、経営者保証ガイドラインに基づき整理できるのは、原則として法人の金融債務のために負担された保証債務であり、経営者の個人名義での債務（個人ローン等）の整理に利用できるかは事案によるため留意が必要です。

　そのほか、経営者について否認対象行為・免責不許可事由がある場合は、経営者保証ガイドラインを利用できません。

（※14）そもそも残存資産（インセンティブ資産）の付与には、経営者自身による早期の事業破産・再生の決断により、債権者にとっても、主たる債務者である法人の事業価値の劣化防止等を通じた経済的な合理性（回収見込額の増加）があることを前提に、経営者の事業破産・再生への適時適切な判断への動機付け（インセンティブ）という意味合いがあります。そのため、債権者の回収見込額の増加額が残存資産（インセンティブ資産）の範囲を画する基準となります

（4）実施機関

　経営者保証ガイドラインに基づく私的整理手続の実施機関としては、①特定調停手続を利用する場合の簡易裁判所（※15）と、②中小企業再生支援協議会（※16）があります。

　どちらの実施機関でも、単独での保証債務の整理ができますが、一般的には、保証債務のみを単独で整理する場合には簡易裁判所を、企業が負う主たる債務を中小企業再生支援協議会で整理する場合には中小企業再生支援協議会を使う場面が多いかと思います。

（※15）主たる債務者が清算・廃業する場合において、保証人単独で特定調停を利用するときの利用指針としては「経営者保証に関するガイドラインに基づく保証債務整理の手法としての特定調停スキーム利用の手引」を、保証人と債務者が一体的に特定調停を利用するときの手引としては前掲「事業者の廃業・清算を支援する手法としての特定調停スキーム利用の手引」を参照
（※16）利用指針として「中小企業再生支援協議会等の支援による経営者保証に関するガイドラインに基づく保証債務の整理手順」を参照

4．破産手続

　企業が倒産した際に経営者も保証債務や個人借入の整理のために破産する場合、申立て費用や資産調査の関係で、企業と経営者について同時に手続申立てをすることが一般的です。そして経営者に破産手続が開始されると、破産管財人による資産・負債の調査がなされます（特に経営者の場合、法人と個人の財産の区別が問題になり得ます）。破産手続の遂行において債権者の同意は必要ありませんが、債権者を害する経営者の行為は、否認権（破産法160条以下）や免責不許可事由（同法252条1項各号）の対象となり得ます。

免責不許可事由がない場合や裁量免責（同条2項）が認められると、非免責債権を除き、保証債務を含めて経営者の債務が免責されます（同法253条1項）。

5. 個人再生手続

　保証債務の整理方法として個人再生手続も想定されますが、①債務総額が5000万円を超える場合は個人再生手続を利用できず（本則である民事再生の対象となり必要手続や費用が加重されるため、通常、現実的でありません）、②債権者からの一定の同意が得られ、③将来的に反復・継続的な収入が見込まれること等が必要となるため、利用可能な事案は限定的と思われます。

企業再生

第Ⅲ編　企業再生

第1章　企業倒産と企業再生

第1節　企業倒産と企業再生の法的な分かれ目は

1. 事業の再構築の可否

　経営破綻時における「倒産」と「再生」の分水嶺は、抽象的には第Ⅱ編第1章で論じたとおり「社会経済上必要な事業を営む企業か否か」です。この判断にあたっては、競合する企業のなかから当該企業を選ぶだけの競争力を持ちうるか否かという点がポイントとなります。昨今では金融機関融資の判断基準としての「事業性評価」における「事業性」も、軌を一にする用語といえるでしょう。この事業性あるいは競争力は、端的には第Ⅰ編第2章で詳述した営業CFが出るか否か（出うるか否か）にあらわれるものかと思います。

　経営破綻ないしはそれに瀕した企業は、何らかの原因（窮境原因）により、営業CFが減少して資金不足に陥っていることが多いわけですから、少なくとも一時的に競争力を失っていることはたしかで、そうなると社会経済上の必要性を喪失しているようにも思えます。しかし、そのような企業であっても、一定の施策を施して事業を再構築することにより競争力を取り戻し（あるいは身につけ）、社会経済上必要とされる存在に返り咲くことは十分可能ですから、経営破綻したという一事をもって、社会経済上の必要性がなくなったと早合点する必要はありません。事業性は経営破綻時点ではなく、その後の成長性、将来性、改善可能性を加味して判断されるものですし、そうでなければ、そもそも「再生型」の手続など存在し得ません。たとえば、民事再生手続は再生計画案の作成の見込みがないことが明らかである場合に棄却され（民再法25条3号）、反対にそうでない場合には開始（受理）されることとされていますが、法があえて「見込みがないことが明らか」という表現を用いて棄却する場合を限定しているのは、事業の再構築をして競争力を取り戻す可能性さえあれば、再生する意思のある企業を広く受け入れる姿勢のあらわれだといえるでしょう（会社更生法における同様の規定として、更生法41条1項3号）。

　なお、その際の競争力を獲得するための事業の再構築には、当該企業単独で行うものと、スポンサー企業の支援を前提にするものとがあるので、各別にみていきたいと思います。

2. 自力で行う事業の再構築

　まず、自力で行う事業の再構築には、研究開発による新規技術・ノウハウの獲得、設備投資、人員の増強、営業の拡充などの「攻め」の方策のほか、経費削減、人員削減、商材の選択と集中などの「守り」の方策もあります。窮境にない企業でも、これらの方策は日々不断に行われていることと思いますが、いずれの方策にも一定のコストがかかったり、リスクを孕んでいたりします。攻めの方策にコストがかかるのは当然として、人員削減の

場合には解雇予告手当や退職金がかかり、経費削減をすると従業員のモチベーションにも影響が出ますし、商材の選択と集中にしても在庫の廃棄による財務の毀損が避けられず、さらには仕入先・得意先との調整に難航することもあり得ます。また、そもそも財務状況が芳しくなく、市場から信用性に疑義を持たれている企業が性急に守りの方策に出ると、信用不安を招来し、かえって事業の毀損を招くおそれもあります。こういったコストやリスクと隣り合わせの方策を窮境にある企業が実行するには、多くの場合、金融機関の資金繰りに対する支援（融資のほか、支払の一時停止）が必要になりますが、金融機関も事業性が見込まれる事業に対しては、比較的柔軟に支援を検討されているのが現状かと思います。このように、自力で事業を再構築することで競争力を回復することができれば、企業は社会経済上の必要性を取り戻し、再生（自主再建）を果たすことができます。

3. スポンサー企業の支援による事業の再構築

　次に、自力では事業の再構築が困難な場合等には、スポンサー企業による支援（スポンサーへの事業譲渡や会社分割等）を前提に事業の再構築を行うこともあります。財務状況の健全なスポンサー企業の支援や信用補完を受けることができれば、事業継続の生命線たる資金繰りの維持も図れるほか、コストのかかる経営改善も躊躇なく断行することができるでしょうし、スポンサーと窮境企業とがたとえば川上・川下の関係にあったり、競合関係あるいは隣接事業者であったような場合には、シナジー効果による業績の改善による事業再構築も可能になるかと思います。特に事業価値の毀損の大きな再生型の法的整理事例の場合、スポンサーによる信用補完をもって事業を継続しつつ、最終的に支援を受ける事例が目立ちます。

　再生型手続をとろうと希望する企業に対し、必ずしも適時・適切な候補者がスポンサー就任に向けた名乗りをあげるとは限りませんが、その企業に競争力の源泉としての事業性や将来性がある限りは市場から自ずと候補者があらわれます。窮境企業の経営者としては、事後の経営権がなくなったり、想定以上のリストラをスポンサー企業が求めてくるなど、必ずしも良いことづくめでない側面も否めませんが、いったん失われた競争力を取り戻すには、スポンサーの支援を受けるのが好ましいケースが多いのも事実です。

4. 気を付けたい優先債権の滞納

　これまで繰り返し述べたように、再生型の整理手続をとるには清算価値保障原則、すなわち破産した場合よりも債権者に有利な弁済を行う旨の再生計画を立案することが必要です。窮境企業の営む事業に「事業性」があれば、事業を継続して将来収益を得たり、事業性のある事業をスポンサーに譲渡して対価を得たりすることで、破産するよりも有利な再生計画を立案できるからこそ、上記1ないし3で事業再構築について述べてきました。

　しかし、法的に再生を果たせるか、倒産に至るかの分かれ目としてもうひとつ気を付けなければならないのは、公租公課等の優先債権が全額支払えるかどうか、というポイントです。いくら事業性があり、事業継続による将来収益、あるいは事業譲渡の対価を得たとしても、これによって合理的な時期までに公租公課等の優先債権を満足に支払えないようなら、その再生計画は清算価値保障原則を満たさないことになりますから、当該企業は

再生を果たすことはできず、倒産するしかありません。

　なお、私的整理と法的整理で、「優先」すべき債権、すなわち全額弁済が再生計画成立の条件となる債権の位置付けが異なりますので、ここで整理しておきたいと思います。

（表7）　再生型手続で全額弁済が必要な債権

	公租公課	労働債権	商取引債権	金融債権
私的整理	○	○	○	－
法的整理	○	○	－	－

※「○」が全額弁済の必要な債権
※ 原則的な手続の場合を想定している

　表7のとおり、商取引債権を全額支払えなければ私的整理は不可能となり、公租公課、労働債権といった法律上の優先性のある債権を全額支払えなければ法的整理も不可能になるということになります（財務的側面から、次節でも同様の解説を加えます）。

　筆者もこれまで、十分な営業CFが獲得できないなか、金融債権は一生懸命全額支払っていながら、公租公課、特に社会保険料を滞納し、年金機構から厳しい催促を受けて難渋しているといった企業に数多く出会ってきました。そして、それらのほとんどは「年金機構からは将来的に新たな借入などの取引をすることはないが、金融機関に睨まれると、将来の融資や手形割引、果ては口座の自由な利用も制限される」という一種の恐怖感から、苦肉の策として社会保険料の滞納を選んでいる事例でした。もちろん、一時的に資金繰りをしのぐだけで事後的に全額支払いの目途があるならば、社会保険料をいったん棚上げして資金繰りを繋ぐという策によっても窮境を乗り切れるかもしれません。が、そういった支払の目途が具体的にないにもかかわらず、やみくもに公租公課を滞納して資金繰りを繋いでいる企業は、将来的に自らの倒産リスクを飛躍的に高めることになります。昨今の金融機関は、支払条件の変更について相談しただけでは、いきなりすべての取引をストップするようなことはせず、多くの場合には事業継続に向けて相談に応じてくれますから、同じ資金繰り維持を目的とするならば、公租公課に手を付ける前に金融機関に相談するべきでしょう。

　第Ⅱ編第2章の「窮境原因からの直接ルート」に関連して述べたとおり、新型コロナウイルス感染症の拡大に伴う特例措置としての納税猶予は、場合により猶予期間も長く、猶予を受けられる公租公課の額も高額に及びかねません。もちろん、足元の資金繰り維持は事業継続の生命線で、商取引債権の支払を遅滞すれば私的整理の芽もなくなりますから、納税等の猶予を受けることを一概に否定するものではありません。しかし、法的にはこの公租公課の猶予額が膨らめば膨らむほど、いざ再生型整理手続をとろうとする場合の足枷になる懸念も強まることをご理解いただければと思います。

5. 債権者の同意がとれない場合

　私的整理の場合、対象債権者（≒金融機関）の全員同意が再生計画成立の条件であることは繰り返し述べてきました。ですが法的整理であっても、民事再生における再生計画案の場合には、①集会に出席した議決権者（≒債権者）の頭数の過半数、かつ②議決権者の有する議決権の過半数の賛成が、会社更生における更生計画案の場合には、議決権者の有する議決権の過半数の賛成（更生担保権等について別途要件あり）が、それぞれの計画案の可決要件となります。言い換えると、私的整理において金融債権者のうち一行でも反対する場合や、法的整理において大口債権者や多数の債権者が反対する場合には、いくら事業性があり、公租公課等の優先債権を全額弁済して清算価値保障原則を満たす再生計画を立案できる場合であっても、企業は再生を果たせず、倒産を余儀なくされることになります。

　近年では金融機関のみならず、多くの商取引債権者も再生型の整理手続に比較的寛容になり、余程のことがなければ反対票を投じることは少なくなっています。この「余程のこと」とは具体的には、経営破綻の主な原因が経営者の公私混同による場合、粉飾決算によって借入を受けた場合、再生型整理手続の過程で詐害性のある行為（たとえば資産を特定の第三者に安く譲渡するような行為）をした場合、反社会的勢力が関与した場合などです。こういった不誠実行為が介在する事例では、いくら清算価値保障原則を満たす、破産した場合よりも債権者に有利な弁済を前提とする再生計画を立案したとしても、モラルハザードを嫌う債権者からNoを突きつけられることになります。経営破綻に瀕した企業が、たとえば粉飾した決算書を金融機関に提示して融資を受けて延命したとしたら、それは将来の再生の芽を摘みかねない行為なのです（このような事例で、金融機関の告訴により経営者が逮捕された旨の報道も、記憶に新しいところです）。

　もっとも、このような不誠実行為が少しでもあれば、必ず債権者が反対し、倒産に至るかというと、そうではありません。反社会的勢力が関与するような場合は論外ですが、それ以外に上記であげた事例（公私混同、粉飾決算、詐害行為）については、再生型整理手続のなかで過去の不誠実行為を正直に開陳して透明性を高め、その不誠実行為に対する責任を明確化した上で具体的な対処方法を示し、債権者に十分説明して対話を繰り返すことで、最終的に再生計画の成立にこぎ着けた事例が多数存在します。粉飾決算も公私混同も厳に慎むべき行動ではあるものの、過去にそういった行為をしたから絶対に倒産しなければならないと絶望する必要まではないのです。

　また、対話で債権者の理解を得ることが難しい場合、会社更生等により従前の経営陣以外の第三者（更生管財人）に手続の遂行を委ねることで、計画に対する信頼性を担保するケースもあります。なお、私的整理や民事再生でも、公私混同した経営者を更迭し、新体制で経営を行うことで計画に対する理解を求める場面は多々あります。

6. まとめ

　ここまで述べてきたように、①当該企業が営む事業に将来性も含めた競争力・事業性があるか、②公租公

課等の優先債権を全額弁済できるか、③債権者の賛同を得られるか、という3点が再生できるか、倒産のやむなきに至るかの法的な分かれ目といえます。

　第Ⅱ編第1章で述べたとおり、再生と倒産の法的な分水嶺を正確に理解し、経営破綻に瀕した場合の判断の誤りや遅れの回避に役立てていただければと思います。

第2節　企業倒産と企業再生の財務的な分かれ目は

1. 企業倒産と企業再生

　本節において、"企業倒産"とは企業を清算して消滅させること、"企業再生"とは実質的危機時期に陥った企業をふたたび正常な"継続企業"に復活させることと定義したいと思います。

　突然ですが、読者の皆様は"アポロ13号"をご記憶でしょうか。原因不明の酸素タンク爆発事故により宇宙で遭難しそうになりながらも、NASAの関係者の献身的な努力と3人のクルーの超人的な粘りにより奇跡の生還を遂げたあのアメリカの月面探査宇宙船です。トム・ハンクス主演で映画にもなりました（個人的には名作だと思うのですが、アカデミー賞は2部門しか受賞していません）。この映画のなかで、月面探査を断念する場面があるのですが、そこで登場した言葉が"Point of No Return（帰還不能点）"です（以下「PNR」）。ここを通り過ぎると地球への帰還が不可能になるという地点（もとい"宙点"！）を指します。実は実質的危機時期に陥った企業にも同様にPNRが存在します。前節では、法務的意義に関して述べましたが、本節においては財務的な意義におけるPNRについて記述します。

2. 企業倒産財務における "Point of No Return（帰還不能点）"

　ここでは企業倒産財務における"帰還"を、正常な"継続企業"としての再生と定義します。この見地からの企業倒産財務におけるPNRは、2段階に分かれます。ひとつは私的整理スキームにおけるそれであり、もうひとつは法的整理スキームにおけるPNRです。これらを図示したのが下図21です。

〈図21〉　企業倒産財務における "Point of No Return（帰還不能点）"

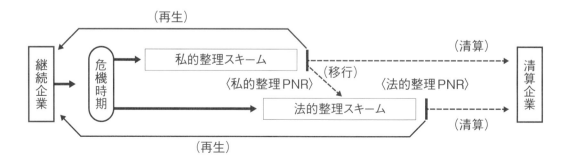

左図からおわかりいただけますように、私的整理スキームにおけるPNRは、法的整理スキームにおけるそれよりも先に到達します。また、コアとなる事業・技術・知財の存在やスポンサーの有無等の諸要素にもよりますが、純財務的見地からすると以下のように整理することができます。

＜私的整理PNR＞⇒"過剰借入"状態にとどまっている実質的危機時期企業
＜法的整理PNR＞⇒"過剰債務"状態に進行した実質的危機時期企業

　そして、これらの要素と第I編第2章第4節前掲の＜図16＞をあわせると、下図22のようになります。

〈図22〉　危機時期企業における "負のスパイラル" 上の "整理PNR"

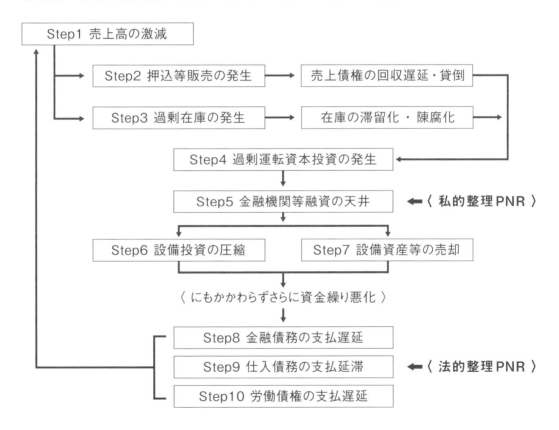

　Step5の "金融機関等融資の天井" の段階で私的整理を開始して、金融機関との交渉を妥結させ「リスケジューリング」または「債務減免」等を獲得することにより、"負のスパイラル"をストップさせることができれば、当該実質的危機時期企業は再生軌道に乗ることができます。しかしながら、この＜私的整理PNR＞をスルー

してStep6以下に進んでしまった実質的危機時期企業においては、金融機関以外の仕入先や従業員等のステークホルダーによる過剰与信に基づく"過剰債務"が生じてしまいます。このような企業においては、もはや「私的整理」による再建は困難となり、「法的整理」によらざるを得なくなります。

3. 「私的整理」と「法的整理」の財務的な分かれ目

前項では"BS上の論点"から「私的整理」と「法的整理」の財務的な分かれ目について述べました。本項ではその分かれ目に係る"キャッシュ・フロー上の論点"について述べます。下式は第Ⅰ編第2章第4節既述の（方程式2）"過剰借入額"算定方程式です。

過剰借入額＝（年間約定弁済額－フリーキャッシュ・フロー）×返済年数

そして上式の両辺を"返済年数"で除して、いくつかの項目を移行すると、下記（方程式3）になります。

（方程式3）私的整理限界方程式

フリーキャッシュ・フロー（FCF）≧ DR（※1）後年間約定弁済額

DR後年間約定弁済額＝過剰借入額÷DR後返済年数

（※1）財務再構築（Debt Restructuring：デット・リストラクチャリング）（第Ⅵ編第2章参照）の略

上記方程式3から「私的整理」の財務的意義について述べるならば、「私的整理」とは『DR後年間約定弁済額』を『フリーキャッシュ・フロー』以下に抑え込むことといえます。そのための「リスケジューリング」や「債務減免」が"デット・リストラクチャリング"であるわけです。しかし、方程式3の右辺の最小値は0であり、マイナスにはなりません。すなわち、検討対象としている企業は図22のStep5金融機関等融資の天井＝＜私的整理PNR＞に達した企業であって、金融機関から「（プレ）DIPファイナンス（第Ⅵ編第4章第4節）」以外の通常の追加融資は望めないという前提下にあります。このような前提下において「私的整理」が有効に機能するためには、左辺の『フリーキャッシュ・フロー』が正の値である必要があります。逆にいえば、自力で前出図15の①～③が改善できず『フリーキャッシュ・フロー』が負の値でとどまる実質的危機時期企業は、"私的整理では再生できない"ということです。まさにこれが"私的整理"の限界であり、『フリーキャッシュ・フロー』が負の値にとどまる企業に関しては、金融債権者のみならず、商取引債権者とも減免交渉を行って"過剰債務"の解消を図らなければなりません。そして、その場合の交渉相手である商取引債権者には、金融債権者に比して以下の特徴があります。

特徴①：債権者の数が多い

特徴②：小口債権者が多い

特徴③：中小取引業者が含まれる

特徴④：事業の継続に欠くべからざる取引業者も含まれる

　以上の諸特徴から、"商取引債権の整理"は少なくとも私的整理では成し得ません。このため、"商取引債権の整理"に切り込まなければならなくなった"過剰債務"企業は「法的整理を選択せざるを得ない」のです。これが＜私的整理PNR＞を通過してしまうことの"キャッシュ・フロー的意義"といえます。

4. 企業倒産と企業再生の財務的な分かれ目

　ここで第I編第2章第3節既述の（方程式1）を再掲します。

（方程式1）フリーキャッシュ・フロー（FCF）方程式

　　　　フリーキャッシュ・フロー（FCF）

　　　　　＝営業活動によるキャッシュ・フロー（営業CF）

　　　　　＋投資活動によるキャッシュ・フロー（投資CF）

　上式において、投資CFを恒常的にプラスに保つことはできません。むしろ、少しでも設備投資をしようと思うならば、投資CFはマイナスになって然るべしです。したがって、フリーキャッシュ・フローを正の値に保とうとするならば、まず何をもってしても、営業CFがプラスである必要があるわけです。そこで、次に第I編第2章第3節の図14「窮境時期における営業キャッシュ・フロー計算書」をあらためて掲載します。

```
Ⅰ 窮境時期における営業活動キャッシュ・フロー
　1．PL由来キャッシュイン
　　税引後当期純利益
　　減価償却費
　　のれん償却額　　　　　　　──────
　　PL由来キャッシュイン計　　○○○
　2．必要運転資本増加額
　　売上債権の純増加額（△）
　　たな卸資産の増加額（△）　──────
　　必要運転資本増加計　　　　○○○
　　営業活動キャッシュイン計　○○○
```

```
  3. ステークホルダー与信増加額
      未払労働債権の増加額
      仕入債務の増加額                    ─────
      ステークホルダー与信増加額計          ○○○
      営業活動キャッシュ・フロー計          ○○○
```

　法的整理による"商取引債権の整理"により改善されるのは、上図14の内の"ステークホルダー与信増加額"のみです。仮に上図14の"ステークホルダー与信増加額"よりも"営業活動キャッシュイン"のマイナスが大きい場合には、「営業活動によるキャッシュ・フロー」はマイナスとなります。"必要運転資本"の圧縮によりしばらくはしのげるとしても、"PL由来キャッシュイン"がプラスに転じなければ、結局は従業員への給与の遅配や取引先への支払い不能が生じ、経営は破綻します。これが**＜法的整理PNR＞を過ぎてしまうことの"キャッシュ・フロー的意義"**といえます。

　当然ながらここを過ぎた当該企業は、実質的危機時期を超え、形式的危機時期に至ります。そして、やがて「倒産」への道を転げ落ちていくことになるのです。

第2章　企業再生に至る "2つのルート"

第1節　はじめに

　ここで、倒産に至るルートに関する図20を再掲します。

〈図20〉 倒産に至る「ルート」の概念図

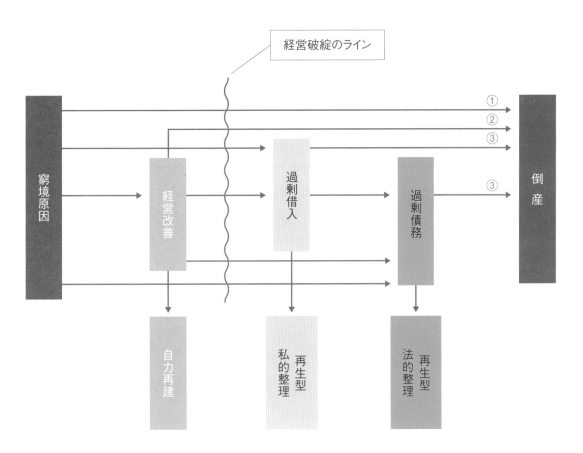

　この図20からもわかるとおり、経営破綻に至っても、金融債権のみ整理すれば再生できる場合（過剰借入にとどまる場合）には私的整理を、商取引債権も含めた債権を整理すれば再生できる場合（過剰借入を超えて過剰債務に陥った場合）には法的整理を選択することが、倒産を回避し、再生を目指す上でのポイントになります。

第2節　過剰借入→私的整理ルート

　窮境原因が資金繰りに多額の影響を与える、あるいは財務的に大きな影響を与える突発的なものではなく、本業の経営不振等の慢性的なもので、かつ窮境原因の継続期間が短い場合には、商取引債権を整理の対象とせずに、金融債権の支払条件の変更や、場合により一時債務免除を求めるのみで再生を果たせる場面が多いものと思われます。

　このような慢性的な窮境原因も、長期間経営改善をせずに放置してしまえば、資金源を決定的に枯渇させて過剰借入のフェーズを過ぎ、過剰債務の状態を招来します。今、自らの企業が過剰借入の状況にとどまるのか、あるいは過剰債務の状況に突入しているのかを調べるには、将来の予測も含めた資金繰り表を作り、ひとまず借入金の元本返済を棚上げして資金繰りが保てる状況にあるのか否かをチェックしてみるとよいでしょう。

第3節　過剰債務→法的整理ルート

　前節で述べたように、慢性的な窮境原因を長期間放置した場合の多くは、窮境原因→（経営改善）→過剰借入というルートを経て、過剰債務の状況に陥ることになります。一方、特にウィズコロナ時代においては、大口の売掛金の取立不能のように多額の影響を与える突発的な窮境原因によって、経営改善や過剰借入のルートを経ないままいきなり過剰債務の状況に陥ることも想定しておかなければなりません。

　過剰債務が生じた場合には、一般的に法的整理を選択できる時間的余裕がきわめて短いことに注意が必要です。法的整理は商取引債権者にまで迷惑をかける手続であり、手続も公表されるため、経営者にとっても、従業員にとっても不安感や負担が大きくなりますが、だからといって過剰な（弁済期に支払のできない）商取引債権の弁済期までに決断をしなければ、たちまち取り付け騒ぎとなって事業価値は一気に無に帰することになります（第Ⅱ編第2章で述べた「再生時期逸失ルート」そのものです）。

　将来の予測も含めた資金繰り表を作り、借入金の元本返済を棚上げしても資金繰りが保てないものの、商取引債権及び借入利息をも棚上げすれば資金繰りを保つ余地がある場合には、再生型の法的整理を選択することで、倒産を回避する可能性が生まれることになります。

第3章　企業再生事例

第1節　純粋私的整理／再生支援型特定調停

1. はじめに

　窮境にある企業が再生するための手続には、私的整理・法的手続を含めてさまざまな種類があり、各手続によって手続進行・期間や関係者からの理解の得られやすさなどに違いがあります。そのため、各企業が置かれている状況に照らして、最適な企業再生手続を選択することが重要です。そして、企業再生手続の選択のためには、各手続の利点や限界を知り、それに各企業の状況を当てはめて検討する必要があります。そこで、本章では主に具体的な事例を題材として、各再生手続の特色・流れのイメージを持てるように説明するとともに、当該手続をとる際の債務者・債権者双方の立場からのポイントを解説します。

2. 純粋私的整理

（1）純粋私的整理とは

　倒産手続には、民事再生・会社更生・破産といった法的整理手続と、こうした裁判手続をとらずに債務を整理する私的整理があります。私的整理にはさらに、一定の手続準則を定めた機関の関与のもとで行う「準則型」私的整理と、そうした機関の関与なく債権者と債務者・代理人間だけで行う「純粋」私的整理があります。

　準則型私的整理と比較した純粋私的整理のメリットとしては、

① 特定の機関への申立てや、その際のルールや費用に縛られることなく、容易に手続をスタートできること

② 債権者との合意により、スケジュール・債務整理の内容について柔軟な枠組みで決められること

などがあります。これに対してデメリットとしては、

① 公平性・透明性の確保が不十分であるとして、債権者から理解を得にくい場合があること

② 債務免除を伴う場合、債権者において税務上、損金処理が認められるか明確でないこと

などがあげられます。純粋私的整理の場合、債権者による個別的な権利行使の抑制や集団的な意思形成のための制度的なルールがなく、個別交渉によって債権者の意見調整を図ることが重要であるため、一般的に交渉相手となる金融機関の数が少ないケースが適しているといえます。

（2）想定事例

　続いて純粋私的整理の事例を想定して、①開始、②再生計画（弁済案）の作成、③債権者からの同意、の順番で説明していきます。

①開始

　純粋私的整理の場合、特定の機関への申立て等はなく、決まった方式があるわけではありませんが、たとえば金融機関に対して支払猶予の依頼とともに私的整理の申入れをすることが考えられます。純粋私的整理の開始にあたっては、金融機関への説明会等を実施するなどして、債務整理に至った経緯、債権計画（弁済案）の概要、スケジュールの見込み等を金融機関に十分に説明することが重要です。純粋私的整理のデメリットにおいて記載したとおり、純粋私的整理の場合、手続の公平性・透明性の制度的確保が不十分であるからこそ、これを補うために、十分な情報開示・説明を実施することが求められます。そうすることで、金融機関としても安心して純粋私的整理による手続進行に応じることができるようになります。

②再生計画（弁済案）の作成

　債務者は今後の事業計画を策定し、金融機関に債務免除を要請する場合はその金額・条件を検討します。弁済方法は通常、債権額に応じた按分弁済となりますが、金融機関との意見調整の上、担保権の有無やその他諸般の事情に照らして決定します。また、これらの作業の前提として、資産・負債の評価をする必要がありますが、特に資産の評価方法については金融機関の意見（たとえば、簡易な評価方法でよいので、その代わりに評価費用分を弁済に回してほしいなど）を踏まえて行うことが必要なこともあります。

　再生計画（弁済案）について金融機関から同意を得るには、金融機関にとっての経済的合理性をどれだけ示せるかがポイントです。具体的には再生計画に基づく弁済率が、破産や民事再生といった他の手続をとった場合に想定される弁済率を上回っていることなどを説明します（他の手続に比べて純粋私的整理は手続コストが少ないため、その分だけ弁済率の増加を説明しやすいです）。

③合意

　債務者は金融機関に上記再生計画（弁済案）の内容を説明し、金融機関から同意を得ることになります。金融機関からの同意取得にあたっては、金融機関の質問や要請等に対して的確に情報・資料を開示するなどして、理解を得る必要があります。

3.　再生支援型特定調停

（1）再生支援型特定調停とは

　企業再生を民事再生等の法的手続により行うと、当該事実が公になり、また商取引債権者を含むすべての債権者を手続に巻き込むことになるため、信用毀損や取引継続が困難となり、事業価値が著しく低下し、企業再生を果たすことができない場合があります。

　再生支援型特定調停はこうした法的手続がもたらす弊害をできる限り解消するために開始された制度です。具体的には調停という非公開の手続を通じて、原則として金融機関のみを相手として手続を進め、金融機関の

同意のもと、企業の抜本的な事業再生を目指すというものであり、事業価値の毀損を最小限に抑えることができます。

　ちなみに上記特定調停スキームにおいては、特定調停申立て前に債務者と金融機関との間で事前調整が行われることが制度前提であるため、金融機関側にとっても事前調整の過程で意向や要望を債務者に伝え、再生計画の内容に反映する機会があります。また、特定調停には裁判官や調停委員（「法律、税務、金融、企業の財務、資産の評価等に関する専門的知識経験を有する者」とされています。特調法8条）といった公正中立な第三者の関与があり、また調停の内容は法律上、「公平かつ妥当で経済合理性を有する」ものであることが要請されています（同法15条、17条2項、18条）。そのため、特定調停の内容は金融機関側の意見を反映した、公正妥当で経済合理性があるものとなるため、このスキームは金融機関の納得感を比較的得られやすいものといえます。

　なお、再生支援型特定調停の利用指針としては、日本弁護士連合会から「事業者の事業再生を支援する手法としての特定調停スキーム利用の手引」が策定・公表されており、利用要件、手続進行、金融機関との協議方法等について規定されています。

(2) 想定事例

① A社の概要

　以下では、具体的な事例（題材企業を「A社」とします）を想定して、再生支援型特定調停による自主再建事例について説明します。

（表8）　A社の概要

利用手続	再生支援型特定調停（自主再建型）
事業内容	アパレル事業（①服装飾品の卸売業②アクセサリー雑貨の小売業）
従業員	約250名（派遣含む）
売上高	約30億円
設立・資本金	昭和50年・1000万円
経営者	創業者一族
メインバンク	地元の信用金庫

② 手続検討

　A社は競合他社の市場参入による競争激化のため、特にアクセサリー雑貨の小売業の業績が悪く、売上高

が年々減少していました。もっとも、服装飾品の卸売業は好調であり、採算事業・不採算事業を仕分けし、金融負債を整理すれば、事業の再建は可能と思われました。また、事前調整から調停成立までの期間（半年〜1年程度）の資金繰りを維持できる見込みがあったことから、再生支援型特定調停を選択しました。

③事前調整

　再生支援型特定調停スキームにおいては、特定調停申立て前に、弁護士、公認会計士、税理士等の専門家が関与して財務や事業等についてDD（デューデリジェンス）を実施するなどして再生計画案を策定し、金融機関と意見調整して、同意の見込みを得る必要があるとされています。

　A社についても、財務DD、事業DDを実施したところ、服装飾品の卸売業のみに注力すれば自主再建の見込みが十分にあることが判明しました。また、A社では業績・収益性の把握体制が不十分であり、キャッシュ・フロー計画が直近の入出金以外は策定されていない、在庫管理体制が不十分であるといった課題が浮き彫りになりました。A社はこうした点を踏まえながら、経営改善計画案、弁済計画案を策定しました。

　A社は財務DD、事業DDの結果を踏まえて、バンクミーティングを開催し、策定した経営改善計画案、弁済計画案の内容を金融機関に説明しました。そして、金融機関との間で質疑応答や意見交換を繰り返し、必要に応じて計画案等の修正を検討しました。こうしたやりとりを経て、金融機関との間で意見調整を行い、同意を得られる見通しが立ち、特定調停の申立て準備が整いました。

④申立て・進行

　特定調停の申立ては、簡易裁判所に対して金融機関との事前調整の際に作成した資料等を添付して行います。特定調停は裁判手続と異なり、非公開の手続であるため、情報が外部に漏えいするおそれはありません。また、金融機関との事前調整を経ていることを前提とするため、通常、調停期日は3回程度（約3カ月程度）と比較的迅速に完結します。

　A社も裁判所に対して、経営改善計画案、調停条項案・返済計画表、経過報告書等を添付して特定調停の申立てをしました。特定調停期日における手続は裁判官（1名）及び調停委員（2名）によって進められ、金融機関との事前調整の甲斐もあり、3回目の期日で調停成立の見込みとなりました。

⑤調停の成立

　特定調停において、全員の合意が成立した場合、合意の内容が調停調書に記載されます。なお、一部の金融機関が調停条項に積極的に賛成できないが、積極的に反対まではしない（裁判所の決定であれば従う）ときは、裁判所の決定により、調停条項を定めるという方法もあります（民調法17条の基づく決定であることから「17条決定」と呼ばれます）。

⑥モニタリング

　調停成立後は経営改善計画に基づき経営を改善し、弁済計画に基づき金融機関に債務の弁済を行います。債務者は金融機関に対して経営改善計画の履践状況、債務の弁済状況の報告を行い、金融機関はこれらに対して適切に監督・指導を行うことになります。また、調停条項は債務名義となるため、債務者が弁済計画に基づく弁済を怠った場合、金融機関は訴訟提起して判決を得ることなく、同調停条項に基づき強制執行を行うことが可能です。そのため、債務名義の存在が債務者にプレッシャーを与え、弁済計画の履行の確実性を高めることになります。

第2節　中小企業再生支援協議会スキーム

1. 中小企業再生支援協議会とは

　中小企業再生支援協議会（以下、本節において「支援協」）とは、中小企業の事業再生に向けた取り組みを支援する国の公的機関（経済産業省委託事業）であり、全国の商工会議所等に設置されています。事業再生に関する知識と経験を有する専門家（金融機関経験者、弁護士、公認会計士、税理士、中小企業診断士等）が常駐しており、中小企業からの事業再生等に関する相談を受け付けています（第一次対応）。

　また、相談企業が所定の要件を満たし、支援協での支援が妥当であると判断された場合、当該企業に対する再生計画策定支援（第二次対応）を実施します。

2. 想定事例

　本節では、経営者が高齢であり後継者不在の金属加工業者（以下「B社」）が、支援協の支援を受けて、金融負債は残しつつ、採算部分と従業員のみをスポンサーに事業譲渡する第二会社方式により事業の再生を図った事例について説明します。B社は過剰な金融債務による資金繰りへの負担を受けながら、後継者不在の不安感のもと、かろうじて事業を続けていましたが、本スキームの実行により、取引先や従業員に迷惑をかけることなく事業を承継会社に承継した上で、金融機関から金融債務の免除を受けて円滑な廃業を迎えることができました。

（表9）　B社の概要

利用手続	支援協スキーム（スポンサー型）
事業内容	金属加工業
従業員	約35名
売上高	約6億円
設立・資本金	昭和30年・1000万円
経営者	創業者一族
メインバンク	地方銀行

3. 手続の流れ

支援協における支援内容は概ね下図23のとおりです。

〈 図23 〉 支援協における支援の流れ

再生支援の流れ

〈 第一次段階 〉 窓口相談

- ● 面談や提出資料の分析を通して、経営上の問題点や具体的な課題を抽出
- ● 課題の解決に向けて、適切なアドバイスを実施
- ● 必要に応じて関係支援機関や支援施策の紹介

さらに「再生計画」を作成して金融機関と調整する必要があると「支援協」が判断した場合

〈 第二次段階 〉「再生計画」策定支援

再生計画の策定支援：専門家（中小企業診断士、弁護士、公認会計士、税理士など）からなる「個別支援チーム」を結成し、具体的な再生計画の策定を支援
関係機関との調整 ： 必要に応じて関係金融機関との調整を実施
フォローアップ ： 計画策定後も定期的なフォローアップ、必要なアドバイスを実施

「2011年度中小企業庁支援策のご案内・中小企業庁」をもとに作成

4. 初期相談

　B社の経営者から事業の状態、金融機関からの借入や資金繰りの状況を聞いたところ、同社は金融債務の元本支払を停止すれば数カ月間の資金繰りを維持できるものの、このままでは早晩資金繰りが破綻することが明らかでした。また、経営者が然るべき相手であれば事業を承継したいとの希望を有していたことから、スポンサー候補者を選定して事業を承継することを基本方針としました。

5　返済猶予の要請

　まず、B社の資金繰りの事情から金融機関と信用保証協会からなる対象債権者に対して、代表者及び代理人名義で元本の返済猶予や個別的権利行使や債権保全措置等の差し控えの要請を行いました。この要請にあたっては、対象債権者の担当者レベルに事前に連絡をして認識の齟齬がないようにしていたため、特段の異論なく受け入れられました。

6. バンクミーティングの開催

　支援協との窓口相談（第一次対応）において、再生計画策定支援（第二次対応）を受けられる見込みとなったことから、本スキームのキックオフのためのバンクミーティングを開催しました。バンクミーティングではすべての対象債権者（金融機関等）に出席してもらい、B社が本スキーム開始に至った経緯と今後の手続の見通しを説明。なお、バンクミーティングの参加者は対象債権者（金融機関等）のみであるため、取引先等に知られることなく手続を進めることができるという利点があります。

7. 財務DD・事業DD及び再生計画案の策定

　再生計画案の策定や同計画案について対象債権者から同意を得る前提として、B社の財務及び事業状況の実態を適正に把握し、対象債権者にも情報を共有する必要があります。そこで、B社について財務及び事業DDを実施し、財務及び事業状況の実態調査・分析を行い、その調査レポートを対象債権者に共有しました。

　また、本件では幸いにしてスポンサー候補者があらわれたため、当該スポンサーへの事業譲渡代金を弁済原資として対象債権者に按分弁済し、残りの債務全額の免除を受ける再生計画案を策定しました。なお、債務免除の依頼先は対象債権者（金融機関等）のみであるため、取引債権者等に迷惑をかけることなく事業承継・清算ができる内容になりました。

8. 金融機関の同意（全行同意）

　再生計画案策定後、バンクミーティングを開催し、対象債権者（金融機関等）に対して再生計画案の内容を説明するとともに、同計画案への同意を依頼しました。支援協の手続では、すべての対象債権者（金融機関等）から同意（全行同意）を得られれば、同計画案が成立することになるため、すべての対象債権者との間で意見

調整を行い、無事に同意を得ることができました。

9. 事業譲渡の実行

　対象債権者（金融機関等）から再生計画案の同意を得た後、スポンサーに対して事業譲渡を実行しました。本件の事業譲渡では、事業財産、取引債務、従業員を承継対象としており、取引先に迷惑をかけることなく、また従業員の雇用を守りながら事業を承継することができました。また、B社は地方に所在しており、地域経済への損失回避・地域雇用の確保といった意義も認められました。

10. 特別清算の申立て、弁済と免除

　その後、B社は特別清算の申立てをし、その手続のなかで再生計画に則った弁済をし、残債務の免除を受けて、事業の清算を完了させました。

第3節　事業再生ADR

1. 事業再生ADRとは

　事業再生ADRとは準則型私的整理手続のひとつであり、一般社団法人事業再生実務家協会（JATP）が主宰する手続です。同手続は産業競争力強化法に根拠を有し、事業価値の著しい毀損によって再建に支障が生じないよう、法的手続によらずに金融機関等の債権者と債務者の合意に基づき、債務（主に金融債務）の猶予・減免等によって事業の再建を目指すためのものです。

　事業再生ADRを利用できる債務者については、業種・規模・法人形態等による制限はなく（ただし、事業者でない個人債務者は利用対象外）、中小企業再生支援協議会スキームの支援対象外である大規模事業者等も利用対象に含まれます。実務上は比較的大規模な中小企業や大企業による利用が多いようです。

2. 手続の概要・流れ

　事業再生ADRの利用申請をした債務者が事業再生計画案を策定すると、公平中立な手続実施者が当該計画案の公正性や妥当性、経済合理性を調査します。その後、債権者会議が合計3回行われ、その過程を通じて債務者は金融機関等の債権者との間で意見調整を図っていきます。そして第3回目の債権者会議において、全対象債権者が上記手続実施者の調査結果等を踏まえて事業再生計画案に同意すれば、同計画は成立します。

　事業再生ADRは法的手続と異なり、原則として非公開の手続であり（※2）、また商品取引債権を手続に取り込まないため、事業価値の毀損を最小限に抑えることができます。金融機関等の立場からしても、債務者の

事業価値の毀損防止は債務者の収益性を高めたり、スポンサーへの事業譲渡代金の低下防止に資するため、金融債権に対する弁済率を極大化する点でメリットがあります。

(※2) 上場会社における適時開示の必要性その他留意点は、事業再生実務家協会（編）『事業再生ADRのすべて（第2版）』商事法務109頁以下参照

3. プレDIPファイナンスの優先的取扱い

　法的手続申立後の融資をDIPファイナンスと呼ぶことから、私的整理中の新規借入をプレDIPファイナンスと呼ぶことがあります。もっとも、金融機関としては、万が一、私的整理が頓挫して民事再生・会社更生に移行した場合に、当該貸付金が倒産債権になることを懸念して、担保設定がない限り、当該融資に慎重にならざるを得ません。そこで、事業再生ADRの手続においては、プレDIPファイナンスの実施にあたり、当該債権の優先的取扱いについて所定の確認手続をとる制度が設けられています。そして、かかる確認手続が踏まれた場合、債務者が民事再生・会社更生に移行しても、再生・更生裁判所は当該確認を「考慮」して、再生・更生計画におけるプレDIPファイナンス債権の優先性を尊重するものとされています（産競法56条ないし58条）。このようなプレDIPファイナンス債権の優先的取扱いが制度的に規定されるのは事業再生ADRの手続のみなので、プレDIPファイナンスの必要はあるものの余剰価値がある担保がない事案等において、事業再生ADRの利用は有用といえます。

第4節　民事再生

1. 想定事例

　本節では、民事再生法の適用によって事業を再生した製造業を営む中小企業（以下「C社」）の事例を紹介します。本件では企業再生手続の選択にあたり、事業価値の毀損が少ない私的整理の選択も検討しましたが、①私的整理では取引債務の支払を継続する必要があるが、C社は役員・従業員からの借入等によって毎月の資金繰りがぎりぎり回っている破綻寸前の状態であり、取引債務の支払継続すら困難な状況であったこと、②スポンサー候補者が存在し、民事再生申立て後の支援を表明してくれたことから、民事再生手続を選択しました。そして、C社は民事再生申立て後、スポンサー候補者からDIPファイナンスを受けながら資金繰りを維持しつつ、再生債務者の事業資産・取引債務・従業員をスポンサーに承継した上で、再生計画に基づき事業譲渡代金を主たる弁済原資として金融債権者等の再生債権者への弁済を実現しました。なお、C社の概要は次表10のとおりです。

（表10） C社の概要

利用手続	民事再生法（スポンサー型）
業種・売上高・従業員数	製造業・売上高約6億円、従業員約60名
債権者数（構成）	約100社（金融機関、取引先、役員等）
負債総額	約10億円（うち金融債務が約6億円）
株主の構成	創業者一族
再生計画に基づく弁済の弁済率	約10%
申立てから計画認可、手続終結までの期間	申立てから計画認可まで約7カ月、手続終結まで約1年

　また、民事再生法における民事再生手続の流れは、概ね下表11のとおりです。

（表11） 民事再生手続の流れ

申立て・債権者への説明
監督委員の選任
開始決定
債権調査・財産評定
再生計画案の策定、債権者集会（投票）
再生計画の履行・手続終結

2. 申立て・債権者への説明

　C社は裁判所に民事再生法の適用を申立てるとともに、申立日のうちに金融機関・取引債権者・得意先等の関係者に一斉にその旨を連絡しました。また申立て後、情報交換の場として債権者説明会を開催し、申立ての経緯、財務状況、再生計画の基本方針、今後の見通し等を説明しました。債権者説明会では再生申立てによって信用不安が生じないように、特に破産と民事再生の違いを強調して取引継続の依頼をすることを心掛けました。

3. 監督委員の選任

　民事再生の場合、通常はDIP型（手続開始後も、従来の経営陣がそのまま経営を維持する制度）がとられますが、民事再生を申立てると原則として、裁判所から再生債務者を後見的に監督するために監督委員（通常、会社の事業再建に精通した弁護士）が選任されます（民再法54条1項）。

4. 債権調査・財産評定

　民事再生手続の開始決定後、債権者に対して再生手続開始書面と債権届出書の雛型を送付し、債権者から届出期間内に債権届出書を提出してもらい、再生債務者がどのような債務を負っているかを調査します。債権者からの届出債権や、再生債務者自身が認識している債権（自認債権）の内容は、「認否書」にまとめて裁判所に提出します。もし再生債務者の認識と異なる内容の債権の届出があれば、認否書において「認めない」旨の認否をし、場合によっては裁判所の手続を通じて別途、確定させます。

　また、再生債務者は会計士等の協力を得つつ、再生債務者の財産の再生手続開始決定時の価額を評定して、「財産評定書」にまとめて裁判所に提出します。本件では特に問題はありませんでしたが、法人の財務状況を記載した会計帳簿が不正確である場合は財産評定を通じて再生債務者の財務状況を正確・適正に把握することが求められます。

　これらの手続を通じて、再生手続開始決定時点の再生債務者の資産・負債総額の両方が調査されます。

5. スポンサー候補者の募集・選定等

（1）募集・選定と事業承継

　本件ではC社の自主再建が困難であったことから、スポンサー候補者を募集・選定しました。スポンサー候補者は金融機関・取引先からの紹介、FA業者の利用、経営者の人脈等によって選ばれますが、いずれにせよ公正・公平な手続を経る必要があります。

　本件では幸いにしてスポンサー候補者があらわれ、再生債務者の事業全体（取引先との契約関係や工場を含む不動産・動産類等）、金融債務等を除いた債務（取引債務等）、全従業員を承継することができました（なお、事業譲渡等にあたっては監督委員の同意（民再法54条2項）、裁判所の許可（同法42条1項）、債権者からの意見聴取（同条2項）等に留意が必要です）。

（2）抵当権（別除権）の処理

　本件では、スポンサーへの事業譲渡の対象資産であるC社の所有工場に対して、金融機関が根抵当権（別除権）を設定していました。かかる担保権が設定されたままでは、スポンサーに事業譲渡することができないため、担保権者との間で事業譲渡代金の一部から担保不動産の評価額を支払うことと引き換えに担保権を外してもらう別除権協定を締結して対応しました。

6. 再生計画案の策定、債権者集会（投票）

　本件では、スポンサーからの事業譲渡代金を主たる弁済原資とする再生計画案（弁済後は、再生債務者は解散・清算予定とする内容）を策定しました。再生計画は民事再生法上、再生計画案が①債権者の頭数の過半数、かつ②債権者の議決権額（債権額）の2分の1以上の賛成によって可決され（民再法172条の3第1項）、債権者平等違反等の不認可事由がない場合に裁判所によって認可（同法174条）され、同認可が確定することで効力を生じます。

　本件では、スポンサーへの事業譲渡前に金融機関等に事前に相談して再生計画案の基本方針について了解を得ていたので、債権者からの賛成を比較的スムーズに得ることができました。

7. 民事再生の終結・清算

　再生計画に基づいて債権者に弁済した後に再生手続を終結させ、無事にC社を解散・清算することができました。

第5節　会社更生

1. 会社更生とは

　会社更生は民事再生と同様、再生型の法的倒産手続の一種です。民事再生手続は個人及び法人一般が適用対象であるのに対し、会社更生手続は適用対象が「株式会社」のみに限定されており、民事再生手続の特別手続としての性質を有します。会社更生は債権・担保権・株主権の制約、組織再編行為などを伴いながら抜本的な事業の更生を図る手続であり、さまざまな特色があります。下記では、そのなかでも特に代表的なものについて説明します。

(1) 担保権の取扱い

　会社更生においては、一般債権者のみならず、担保権者も更生手続に取り込み（更生法2条12項、同条10項（※3））、その権利行使を制限しながら（同法47条1項、50条1項）、更生手続を進め、更生計画においてその権利内容を変更することが可能です（同法168条1項1号、203条1項2号）。民事再生では原則として担保権が同手続の影響を受けないのに比べ、会社更生は担保権者の権利に対しても制限を加え得る強力な手続といえます。

（※3）「更生債権等」の定義のなかに「更生担保権」が含まれています

(2) 管財人

　会社更生においては、破産における破産管財人と同様、更生管財人が選任されます。更生管財人には会

社財産の管理処分権のほか、事業の経営権が与えられます。民事再生手続において、原則としてDIP型がとられ、再生債務者が財産の管理処分権を失わず、経営陣もそのまま残ることとは対照的です（ただし、現経営陣の経営関与によって会社更生の適正な遂行が損なわれないような場合には、現経営陣が管財人または管財人代理になって経営に関与し続けるDIP型会社更生がとられることもあります）。

なお、大規模な会社更生事件では、法律管財人（保全管理人であった弁護士がそのまま選任されることが多いです）と事業（経営）管財人の2種類の管財人が選任されることがあり、前者は更生計画案の策定等を行い、後者は事業経営を行うなど役割分担がなされます。

（3）資本構成・会社組織の変更

会社更生においては、更生計画により資本構成・会社組織の変更を行うことができます（更生法167条2項）。また、会社更生手続では一般的に100％減資を行うことが多く、その場合、株主は株主権を失うことになります。そのため、同族経営の株式会社等で株式の保有に強い利害がある場合には会社更生は不向きな手続といえます。

2. 取引先・融資先が会社更生を開始した場合の対応

会社更生手続は手続費用が高額であり、一般に比較的規模が大きな会社が利用する傾向にあります。以下、取引先・融資先の株式会社について会社更生手続が開始された場合、債権者としてどのような行動をとるべきかについて説明します。

（1）弁済・担保権実行の禁止

まず、取引先・融資先に会社更生手続が開始された場合、更生計画案によらなければ、原則として更生債権の弁済を受けることはできません。また上記のとおり、担保権についても担保権実行が禁止・中止されます。

（2）弁済・担保権実行の禁止の例外

もっとも、会社更生手続の目的である会社の事業の維持更生のために必要である場合や、更生会社を主要な取引先とする中小企業者の利益保護を図る必要がある場合には、弁済禁止の例外が認められています。具体的には、①少額の更生債権等を早期に弁済することにより、更生手続を円滑に進行できる場合、②少額の更生債権等を早期に弁済しなければ更生会社の事業継続に著しい支障を来す場合、③更生会社を主要な取引先とする中小企業者が当該弁済を受けなければ事業継続に著しい支障を来すおそれがある場合については、裁判所の許可のもと、更生計画によらずに弁済を受けることができます。実際、会社更生の場合、この少額債権等の弁済が行われることが多く、また、更生会社の事業規模が大きいため、債権額が相当大きな場合でも「少額の更生債権等」と認められることがあるため、かかる少額債権等の実施の有無・内容については注

視しておく必要があります。

　また更生担保権について、担保権の対象である財産が、更生会社の事業の更生のために必要でないことが明らかである場合、裁判所の決定により、担保権実行の禁止の解除を受けることができます（更生法50条7項）。ただし、かかる担保実行禁止の解除を受けたとしても、当該担保権実行による配当等は実施されず（同法51条1項）、配当等に充てるべき金銭は管財人に交付され（同条2項）、更生計画に基づいて更生担保権者は弁済を受けることができるにとどまります（同法167条1項6号イ）。

第6節　企業再生と経営者の連帯保証債務

1．事案の概要

　主たる債務者である企業について再建手続をとり、主たる債務を整理したとしても、それだけでは経営者の保証債務は消滅せず（※4）、むしろ主たる債務者である企業の再建手続を理由として保証債務が顕在化することが多くあります。本節では、主たる債務者である企業が民事再生手続の申立てを行い、経営者（以下「D」）が当該企業の金融債務を連帯保証している場合に、当該保証債務を中小企業再生支援協議会において経営者保証ガイドラインを用いて整理するケースを説明したいと思います。

（※4）保証債務の付従性の例外として、民再法177条2項、更生法203条2項、会社法571条2項参照

2．事前調整

　本件では、主たる債務者である企業について民事再生手続が先行していました。そのため、当該再生手続において金融機関の担当者と面会する際に、Dの保証債務の整理についても情報を頭出しして、保証債務の整理について金融機関と意見交換しながら準備を進めることができました。

　なお、本件のように主たる債務者である企業の破産・民事再生等の法的債務整理手続が先行し、残った経営者の保証債務のみを別途整理する「単独型」の場合、まずは主たる債務者の手続遂行に注力し、再生計画等の成立・弁済率等について一定の目途が立った段階で保証債務の整理に着手することがあります。もっとも、保証人がインセンティブ資産を残すためには、主たる債務の整理手続の終結（※5）までに保証債務の整理を開始する必要があるため（経営者保証ガイドライン7（3）③）、スケジュールには十分に注意する必要があります。

（※5）「主たる債務の整理手続の終結」とは、主たる債務の整理が準則型私的整理手続による場合については、主たる債務の全部または一部の免除等に関して成立した関係者間の合意の効力が発生した時点をいいます。また、主たる債務の整理が法的債務整理手続による場合については、主たる債務に関する再生計画等が認可された時点またはこれに準ずる時点をいいます（『「経営者保証に関するガイドライン」Q&A』Q7-21）。

3. 返済猶予等の要請

　中小企業再生支援協議会において保証債務を整理する場合、保証人は窓口相談を経て同協議会に利用申請書を提出します。そして、同協議会が支援相当であると判断した場合、弁済計画策定支援（第二次対応）決定がなされ、対象債権者に対して返済猶予等の要請が行われます。

4. 弁済計画案の策定

　中小企業再生支援協議会の統括責任者は、統括責任者や統括責任者補佐のほか、外部専門家から構成される個別支援チームを編成し、保証人による保証債務の弁済等に関する弁済計画案の策定の支援を行います。弁済計画案の内容は、先述（第Ⅱ編第4章第5節3）した経営者保証ガイドラインの規定に沿ったものとなります。具体的には、対象債権者にとって経済合理性が期待できること、保証人に免責不許可事由が認められないこと等の一定の要件を充足する場合に、保証人の個人財産のうち、①破産手続における自由財産に相当する財産、②一定期間の生計費に相当する預貯金、③華美でない自宅不動産、を保証人の残存資産に含むことができるケースがあります。

　また、保証人が作成した弁済計画案については、個別支援チームの一員であり、保証人との間に特別の利害関係がない弁護士が、その内容の相当性及び実行可能性を調査して、調査報告書を作成の上、対象債権者に提出します。この調査報告書には、①弁済計画案の内容、②弁済計画案の実行可能性、③経済合理性、④破産手続における自由財産及び担保提供資産に加えてその余の資産を残余資産に含める場合にはその相当性、に係る事項が含まれており、かかる調査によって、弁済計画案の内容が適正であり、対象債権者の利益を不当に害するものでないかが確認されます。

　さらに、個別支援チームは保証人による資力に関する情報の開示等を通じ、保証人の資産及び債務の状況を把握するものとされており、保証人は開示した当該情報の正確性について対象債権者に表明保証を行う必要があります。

5. 債権者会議（バンクミーティング）の開催と弁済計画の成立

　保証人らにより弁済計画案が作成された後、すべての対象債権者が出席する債権者会議（バンクミーティング）が開催されます。当該会議では対象債権者全員に対し、弁済計画案の調査結果が報告されるとともに、弁済計画案の説明、質疑応答及び意見交換が行われます。こうした弁済計画案の内容の説明等を経て、対象債権者は同意・不同意の意見を提出します。弁済計画の成立は、対象債権者全員からの同意（全行同意）が要件とされており、対象債権者全員からの同意（全行同意）を得て弁済計画が成立すると、当該計画の内容に従って対象債権者に弁済を行い、その余の保証債務の免除を受けることになります。

　本件では、Dは主たる債務者の民事再生手続の申立てを早期に決断し、全事業をスポンサーに事業譲渡したことにより、その事業価値の劣化を未然に防止し、事業譲渡対価を主たる弁済原資として、再生計画に基づ

き主たる債務者の債権者に弁済を実施できました。他方で、主たる債務者の破産配当率の試算は0%でした。そのため、Dによる早期の主たる債務者の民事再生手続の着手の決断により、主たる債務者を破産させた場合と比較して、対象債権者への弁済額は、主たる債務者に係る再生計画に基づく弁済額分が増加したといえます。このようにDによる主たる債務者の民事再生の早期決断による弁済額の増加があったことで、対象債権者にとっての経済的合理性が認められ、Dは持家や自由財産（現金99万円）を超える預貯金約200万円を残存資産とする内容の弁済計画案を策定し、同計画案について対象債権者全員からの同意を得ることができました。

企業倒産における
会計士の役割

第Ⅳ編　企業倒産における会計士の役割

第1章　公認会計士の役割

第1節　公認会計士の業

　公認会計士法は、2条において「公認会計士の業」として以下のふたつを定めています。

(1) 監査証明業務（1項業務）

　　公認会計士は、他人の求めに応じ報酬を得て、財務書類の監査または証明をすることを業とする（公認会計士法2条1項）。

(2) 財務支援・助言等業務（2項業務）

　　公認会計士は、前項に規定する業務のほか、公認会計士の名称を用いて、他人の求めに応じ報酬を得て、財務書類の調製をし、財務に関する調査もしくは立案をし、または財務に関する相談に応ずることを業とすることができる（公認会計士法2条2項）。

第2節　専門家としての公認会計士が果たすべき役割

1．公認会計士の行う業

　財務書類の監査証明業務は、公認会計士または監査法人（以下「公認会計士等」）及び外国監査法人等のみが実施できます。したがって、公認会計士はその公認会計士法上の資格をもって、第一義的に会計監査を業として行います。企業倒産と会計監査の関係については次章で詳述します。また、公認会計士はその財務・会計の知見をもって、前節 (2) の財務支援・助言等業務を業として行いますが、企業倒産の各局面における該当業務については第3章以下で詳述します。

2．公認会計士が就任する機関

　公認会計士はその有する財務・会計・監査の知見をもって、会社等の機関に就任する場合があります。継続企業における社外取締役、社外監査役、監査等委員または会計参与等への就任が該当します。企業倒産の各局面においても、さまざまな機関に就任する場面が多くあります。これにつきましては、第8章で詳述します。

第2章　企業倒産と公認会計士監査

第1節　企業に対する公認会計士監査

　企業に対する法定の公認会計士監査には、次の2種類があります。

(1) 会社法監査

　　会計監査人設置会社（※1）においては、会社法435条2項所定の各事業年度に係る計算書類（※2）は、法務省令（※4）で定めるところにより、会計監査人（※5）の監査を受けなければなりません（会社法436条2項1号）。

(2) 金融商品取引法監査

　　特定発行者（※9）が、金商法の規定により提出する財務計算に関する書類（※14）には、その者と特別の利害関係のない公認会計士等の監査証明を受けなければなりません（金商法193条の2第1項）。

（※1）会計監査人設置会社には、次の種類がある
　　　①任意設置会社
　　　　株式会社は、定款の定めによって、会計監査人を置くことができる（会社法326条2項）
　　　②強制設置会社
　　　　(i) 機関設計による強制設置
　　　　　監査等委員会設置会社（会社法第4章第9節の2）及び指名委員会等設置会社（会社法第4章第10節）は、会計監査人を置かなければならない（会社法327条5項）
　　　　(ii) 会社規模による強制設置
　　　　　大会社（※8）は、会計監査人を置かなければならない（会社法328条）
（※2）貸借対照表、損益計算書の他、株式会社の財産及び損益の状況を示すために必要かつ適当なものとして法務省令（※3）で定めるもの
（※3）計規第三編の規定に従い作成される株主資本等変動計算書及び個別注記表をいう（会社規則116条3号、計規59条1項）
（※4）計規121条、計規第Ⅳ編
（※5）株式会社の計算書類等（※6）を監査し、法務省令（※7）で定める会計監査報告を作成する株式会社の機関（会社法396条1項）
（※6）会社法第5章第2節に定める計算書類及びその附属明細書、臨時計算書類並びに連結計算書類
（※7）計規126条
（※8）大会社とは、次に掲げる要件のいずれかに該当する株式会社をいう（会社法2条6号）
　　　イ　最終事業年度に係る貸借対照表に資本金として計上した額が5億円以上であること
　　　ロ　最終事業年度に係る貸借対照表の負債の部に計上した額の合計額が200億円以上であること
（※9）金融商品取引所に上場されている有価証券の発行会社その他の者で政令（※10）で定める者
（※10）公認会計士等の監査証明を必要とする者は、次の①または②に掲げる者（※11）とする（金商令35条1項）
　　　①金商法第4条第1項から第3項までの規定による届出をしようとする者
　　　②下記の金商法第24条第1項各号に掲げる有価証券の発行者
　　　－　金融商品取引所に上場されている有価証券
　　　二　流通状況が前号に掲げる有価証券に準ずるものとして政令（※12）で定める有価証券
　　　三　その募集または売出しにつき金商法第4条第1項本文、第2項本文もしくは第3項本文または同法第23条の8第1項本文もしくは第2項の規定の適用を受けた有価証券
　　　四　当該会社が発行する株券等で、当該事業年度または当該事業年度の開始の日前4年以内に開始した事業年度のいずれかの末日におけるその所有者の数が政令（※13）で定める数（1000）以上であるもの
（※11）金商法2条1項17号に掲げる有価証券で同項1号から3号までまたは6号に掲げる有価証券の性質を有するものの発行者を除く
（※12）金商令3条の6第2項

(※13) 金商令3条の6第4項
(※14) 貸借対照表、損益計算書その他の財務計算に関する書類で内閣府令 (※15) で定めるもの
(※15) 監査府令1条

第2節　倒産－再生ロードマップと会計及び監査

　序説で掲げた図2倒産－再生ロードマップ上に、会計及び監査の位置づけの遷移を重ね合わせたのが下図24です。

〈図24〉 倒産－再生ロードマップと会計及び監査の位置づけの遷移

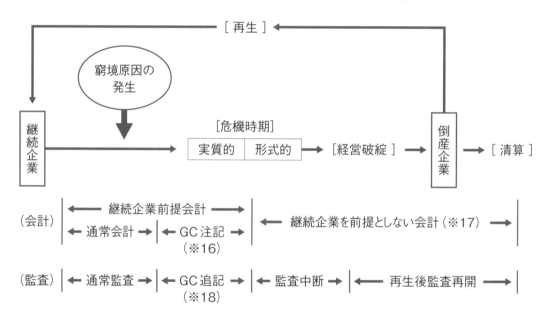

(※16) Going Concern (ゴーイングコンサーン) 注記、「継続企業の前提に関する注記」とは、継続企業の前提が適切であるかどうかを総合的に評価した結果、貸借対照表日において単独でまたは複合して継続企業の前提に重要な疑義を生じさせるような事象または状況が存在する場合であって、当該事象または状況を解消しまたは改善するための対応をしてもなお継続企業の前提に関する重要な不確実性が認められるときに財務諸表に付すべき下記の注記をいう (監保報第74号)
　　① 継続企業の前提に重要な疑義を生じさせるような事象または状況が存在する旨及びその内容
　　② 当該事象または状況を解消し、または改善するための対応策
　　③ 継続企業の前提に関する重要な不確実性が認められる旨及びその理由
　　④ 財務諸表は継続企業を前提として作成されており、当該重要な不確実性の影響を財務諸表に反映していない旨
(※17) 「継続企業を前提としない会計」については第3章で詳述
(※18) GC追記とは、(※16) のGC注記を付さなければならない状況の企業における公認会計士による会計監査上の追記事項をいいます。GC注記に関する監査上の評価区分に応じて、下表のとおりの3区分となります (監基報570 《付録 継続企業の前提に関する監査報告書の文例》 に基づき筆者が作成)

（表12） 継続企業の前提に関する監査報告書の相違要約表

継続企業の前提に関する重要な不確実性	継続企業を前提とした財務諸表の作成	GC注記	監査報告書上の記載区分	
			継続企業の前提に関する重要な不確実性の区分	監査意見区分
有り	適切	適切	あり	無限定適正
		不十分	なし	限定付適正
		無し		不適正

　継続企業の前提に関する重要な不確実性があるなかで、継続企業を前提とした財務諸表を作成する場合には、（※16）のGC注記すなわち「継続企業の前提に関する注記」を付さなければなりません。当該注記が不十分な場合には監査意見に"限定"が付き、当該注記が付されていない場合には監査意見は"不適正意見"となります。また、当該注記が適切に付されている場合に限り、監査意見は"無限定適正"となります。この場合であっても、監査報告書上「継続企業の前提に関する重要な不確実性の区分」に記載を要しますが、監査意見が限定付適正または不適正となる場合には、その記載意義を喪失するゆえに、逆に当該記載は不要となります。「継続企業の前提に関する重要な不確実性の区分」の適切な記載の例示は、下図のとおりです。

〈図25〉「継続企業の前提に関する重要な不確実性の区分」の記載例

継続企業の前提に関する重要な不確実性

　継続企業の前提に関する注記に記載されているとおり、会社は、×年4月1日から×年3月31日までの事業年度に純損失××百万円を計上しており、×年3月31日現在において○○百万円の債務超過の状況にあることから、継続企業の前提に重要な疑義を生じさせるような事象または状況が存在しており、現時点では継続企業の前提に関する重要な不確実性が認められる。なお、当該事象または状況に対する対応策及び重要な不確実性が認められる理由については当該注記に記載されている。財務諸表は継続企業を前提として作成されており、このような重要な不確実性の影響は財務諸表に反映されていない。
　当該事項は、当監査法人の意見に影響を及ぼすものではない。

第3節　法定監査の中断

1．法定監査強制条件の解消による中断

　法定監査は前記（※1）の会社法監査または（※10）の金融商品取引法監査の条件を充足している限り、中断されることはありません。しかしながら、会社が経営破綻する局面においては、（※1）の中心的な要件である「資本金5億円以上または負債200億円以上（※8）」が解消され会社法監査は中断されるケースが多いと思われます。また、（※10）の中心的な要件である「金融商品取引所に上場されている有価証券」についても、経営破綻企業は上場廃止となるために外れます。したがって、この場合には金融商品取引法監査は中断されます。

2．監査人の辞任による中断

　図24における窮境原因の拡大によって実質的危機時期に至ると、前節に記載のとおり、会計・監査上「継続企業の前提に関する重要な不確実性」が生じます。当初は表12のとおり「継続企業の前提に関する重要な不確実性の区分」に適切に記載することによって、監査意見は“無限定適正”が維持されますが、さらに窮境原因の拡大が進むにつれ“限定付適正意見”となり、経営破綻に至ると“不適正意見の表明”または“意見を表明しないこと”ひいては監査契約を解除することに繋がっていきます。すなわち、監査人自らが辞任することによる監査の中断です。

第4節　企業再生後の法定監査の再開

　前節のとおり中断される可能性のある監査契約ですが、経営破綻した企業が再生に向かう過程において、法定監査が再開される場合があります。再生過程においていったん減資により減少した資本金が（スポンサーからの金銭出資またはDES（第Ⅵ編第2章参照）等により）5億円を超える場合や負債が200億円を超える場合には、当該年度の翌事業年度から会社法監査が再開されます。また、スポンサーからの増資が（※10）の①（いわゆる“公募”）に該当する場合や、その増資の結果、（※10）②の三もしくは四に該当することとなった再生企業は、たとえ“非上場”であっても、金融商品取引法上の特定発行者（※9）に該当し、金商法第193条の2第1項に基づく金融商品取引法監査を受けなければなりません。仮に監査の中断原因の発生とそれを打ち消す増資等の再生支援が同一事業年度に生じた場合には、外形的には公認会計士等による会計監査は中断しません。このようなケースは、現経営陣が実質的な経営権を維持する民事再生法等によるDIP型再生に限られます。

第3章　企業倒産と会計

第1節　倒産—再生ロードマップの各ステップにおける会計

倒産—再生ロードマップ（序説前掲の図2）の各ステップにおける会計区分は、下図26のとおりです。

〈図26〉倒産—再生ロードマップの各ステップにおける会計区分

継続企業	危機時期		経営破綻	倒産企業	
	実質的	形式的		清算型	再生型
GC前提	GC疑義注記	GC非前提			GC前提

（1）GC前提会計

「継続企業（Going Concern：GC）の前提」に基づく、通常会計。

（2）GC疑義注記付会計

Going Concern（ゴーイングコンサーン）注記、「継続企業の前提に関する注記」（詳細は前章※16参照）を付しながらの通常会計を指します。

（3）GC非前提会計

「継続企業を前提としない会計」をいいます。詳細は次節参照。

第2節　継続企業を前提としない会計

1. 継続企業の前提が成立していない会社等における資産及び負債の評価について

「継続企業の前提」に基づく通常会計に関して、日本公認会計士協会発出の監基報570は次のとおり記載しています（監基報570I2）。

「継続企業の前提に基づくことが適切な場合、企業の資産及び負債は、通常の事業活動において回収または返済できるものとして計上されている」

この表現に基づき「継続企業を前提としない会計」を逆説的に申し上げますと、「企業の資産及び負債を、**通常の事業活動において回収または返済できないものとして計上する**」会計となります。この会計を体系的にまとめているのが、日本公認会計士協会会計制度委員会研究報告第11号「継続企業の前提が成立してい

ない会社等における資産及び負債の評価について」（以下「会研報第11号」）です。

2. 継続企業の前提が成立していない会社の範囲

会研報第11号によれば「継続企業の前提が成立していない会社」とは、"**資産及び負債の評価替えが必要と判断される会社**"を指し、「継続企業の前提が成立していない会社の範囲」は以下のとおりとされます（会研報第11号5（1））。

(1) 事実上消滅することとなる会社（清算型倒産企業）

解散企業（及び第Ⅱ編第4章に掲げる破産会社等の清算型倒産企業）

(2) 非DIP型の再生型倒産企業

更生会社（管理型）

3. 継続企業を前提としない会計への転換点

継続企業を前提としない会計への転換点は「企業の資産及び負債を、通常の事業活動において回収または返済できなくなる」タイミングに合致します。それは、上記2（1）の会社の場合には、解散を決議した時点（及び破産等の決定が出た時点）となり、上記2（2）の会社の場合には、更生手続の開始決定を受けた時点となります。

4. 継続企業を前提としない会計への転換手続

"継続企業を前提とする会計"＝"通常の事業活動において回収または**返済できる前提**で資産及び負債の評価を行う会計"から"継続企業を前提としない会計"＝"通常の事業活動において回収または**返済できない前提**で資産及び負債の評価を行う会計"への転換時点においては、"**資産及び負債の評価替えが必要**"となります。この評価替えを**「財産評定」**といいます。この「財産評定」を経て「企業の資産及び負債の評価額」は、いわゆる継続企業価値（ゴーイングコンサーン・バリュー：Going Concern Value）から清算価値（クリアリング・バリュー：Clearing Value）へと転換されます。このあたりの詳細は第5章で述べます。財産評定により清算価値に置き換えられた資産・負債は、上記2（1）の清算型倒産企業の場合には、爾後の清算手続としての債務弁済のための換価処分の前提とされます。また、スポンサー等による新たな会社財産等の取得を擬制する上記2（2）の非DIP型の再生型倒産企業の場合には、再生企業としての**「継続企業を前提とする会計を再開」**するための開始貸借対照表（開始バランス）に格納されます。これらに対して、**DIP型の再生型倒産企業**の場合における**「資産評価」**の位置付けは、大きく異なります。何となれば、DIP型の再生型倒産企業の場合には、"継続企業を前提としない会計への転換"が行われず、"継続企業を前提とする会計"が連続するなかでの「資産評価」となるからです。このあたりの事情は次節で触れます。

第3節　DIP型の再生型倒産企業における会計

　倒産債務者が経営権を維持しながら企業再生手続を行う再生型倒産スキームを、DIP（Debtor In Possession）型といいます。本書で検討対象としているDIP型の再生型倒産スキームは以下の5つです。

（1）法的整理

　　①会社更生（DIP型）

　　②民事再生（原則型）

（2）準則型私的整理

　　①中小企業再生支援協議会スキーム

　　②事業再生ADR

　　③再生支援型特定調停

　上記（1）①以外のDIP型の再生型倒産スキームにおいては、企業清算のための資産換価処分も、スポンサーなどへの擬制上の企業譲渡も行われません。したがって、前節で述べたとおり、切れ目なく"継続企業を前提とする会計"が実施されます。ただし、再生型とはいえ、経営破綻企業は経営破綻企業ですから、資産価値がまったく毀損することなく無傷であるわけではありません。そのため、「財産評定」または「資産評価」に基づく「実態貸借対照表」を作成して、新たに"継続企業を前提とする会計"をリスタートするための開始残高としなければなりません。このあたりの詳細は、次章第2節及び第3節で詳述します。

第4章　危機時期における会計士の役割

第1節　経営改善支援

1. 危機時期企業に対する会計士による経営改善支援

　第1編第2章第4節前出の〈図16〉危機時期企業における資金繰りの"負のスパイラル"を再掲します。

〈図16〉窮境企業における資金繰りの "負のスパイラル"

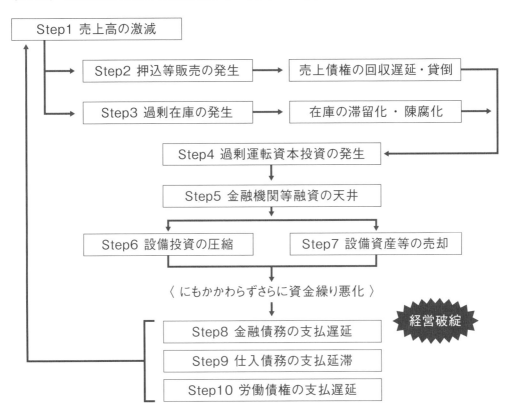

　上図のような"負のスパイラル"に落ち込んだ危機時期企業に対する会計士の役割は、"負のスパイラル"をどこかで押しとどめて逆回転させ、経営破綻に至らないようにすることです。すなわち、"実質的危機時期"にある企業が、"形式的危機時期"に遷移することを防ぐことが、その役割なのです。"負のスパイラル"に落ち込んだ危機時期企業に対して、会計士が行い得る経営改善支援は、大きく次のふたつに区分されます。

（1）損益面の経営改善支援

（2）財務面の経営改善支援

ここで、第Ⅰ編第2章第4節の〈図15〉"財務三表"の関係を再掲します。

〈図15〉"財務三表"の関係

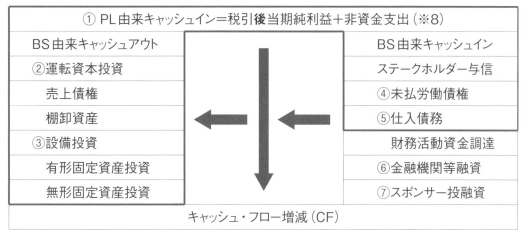

① PL由来キャッシュイン＝税引**後**当期純利益＋非資金支出（※8）		
BS由来キャッシュアウト		BS由来キャッシュイン
②運転資本投資		ステークホルダー与信
売上債権		④未払労働債権
棚卸資産		⑤仕入債務
③設備投資		財務活動資金調達
有形固定資産投資		⑥金融機関等融資
無形固定資産投資		⑦スポンサー投融資
キャッシュ・フロー増減（CF）		

（※8）減価償却費、のれん償却、諸引当金繰入額等

 キャッシュのフロー

　上図15のうち、太枠で囲まれた部分がフリーキャッシュ・フローを示していますが、（1）の「損益面の経営改善支援」は太枠内の①に関する改善支援に該当します。これに対して、（2）の「財務面の経営改善支援」は上図の②〜⑦に関わる改善支援を指します。そのうち、"財務活動資金調達（⑥及び⑦）の改善支援"に関しては、本稿第Ⅵ編において詳述しますので、そちらをご参照ください。

2. 損益面の経営改善支援

　"実質的危機時期"にある企業に対して、会計士が行い得る損益面の経営改善支援には、以下の3つがあります。

（1）売上高の増加支援

　　左図16のStep1に対する改善支援については、会計士が企業に代わって商品を売り歩くわけにもまいりません。ビジネスモデルやマーケティング戦略の見直し、会計士自身のネットワークを通じた販路開拓のためのビジネスマッチングの実施等の支援が行えます。

（2）当期純損失の縮小支援

　　左図16のStep2の発生を押しとどめるために資する改善支援でもあります。人件費・物件費等の

経費削減策のアドバイスや連結納税制度の採用、減資や組織再編による法人税・地方税の縮減の指導等の支援が行えます。

(3) 損益分岐点の引き下げ支援

　　損益分岐点 (第Ⅰ編第1章第2節参照) の引き下げ支援としては、価格政策による限界利益率の改善や固定費削減政策の立案並びに政府の「雇用調整助成金」や「家賃支援給付金」等の補助金の受給に関する指導等が行えます。

3. 財務面の経営改善支援

　"実質的危機時期"にある企業に対して、会計士が行い得る財務面の経営改善支援には、以下の3つがあります。これらは図16のStep3〜9までに対応する改善支援といえます。

　(1) 営業キャッシュ・フローに係る"BS由来キャッシュアウト及びキャッシュイン"の改善支援

　(2) 投資キャッシュ・フローに係る"BS由来キャッシュアウト及びキャッシュイン"の改善支援

　(3) 財務キャッシュ・フロー (財務活動資金調達) の改善支援

　　このうち、上記 (3) に関しては本稿第Ⅵ編で詳述しますので、そちらをご参照ください。

　(1) 営業キャッシュ・フローに係る"BS由来キャッシュアウト及びキャッシュイン"の改善支援

　　図15の"②運転資本投資"と④及び⑤の"ステークホルダー与信"の領域の改善支援を指します。

　　②運転資本投資に含まれる"売上債権"及び"棚卸資産"のコントロール・ポイントは以下のとおりです。

　　イ　売上債権に関するコントロール・ポイント

　　　(i) 受注時の与信管理

　　　(ii) 販売時のサイト管理

　　　(iii) 回収時の売掛年齢管理、受取手形内容・サイト管理

　　　(iv) 滞留債権の回収・貸倒等処理管理

　　ロ　棚卸資産に関するコントロール・ポイント

　　　(i) 発注時の適正在庫水準管理

　　　(ii) 在庫の品質保全管理

　　　(iii) 在庫の物理的・機能的・性能的な品質水準管理

　　　(iv) 在庫の滞留・陳腐化管理

　　　(Ⅴ) 在庫の廃棄管理

　会計士は上記のコントロール・ポイントをターゲットとした内部統制システム等の構築・運用に関する助言・支援及び監査等による改善支援を行うことができます。

　次にステークホルダー与信のうち、"④未払労働債権"に関しては、専ら弁護士・社会保険労務士の業務

対象領域であるため、会計士の行い得る改善支援としては、自らのネットワーク内のそれらの専門家を紹介するにとどまります。これに対して、ステークホルダー与信のうち"⑤仕入債務"に関しては、与信上の信用を毀損しないように支払サイトを延伸するべく改善支援を行わなければなりません。そのための最新の手法は、期日後現金（※20）と電子記録債権（※21）の組み合わせです。

（※20）締切支払の期日に支払手形を振り出さずに、手形サイトと同じ期間経過後に振込により支払う方法。支払手形の発行コストを縮減するために開発された支払手法だが、長期間にわたり、債権者の手許に支払手形等のエビデンスが到来しないため、弱小債権者の資金繰りを圧迫していた

（※21）上記（※20）の問題点を解決するため2007年に施行されたのが、電子記録債権法である。同法によれば、"電子記録債権"とは『その発生または譲渡についてこの法律の規定による電子記録を要件とする金銭債権』と定義される。そして、この電子記録債権者は、その有する電子記録債権を譲渡することにより、上記（※20）の期日後現金の支払い期日よりも前に、その有する債権を資金化することができる。財務的には、受取手形の割引と同様の効果をもたらす仕組みである

（2）投資キャッシュ・フローに係る"BS由来キャッシュアウト及びキャッシュイン"の改善支援

図15の"③設備投資"の領域の改善支援を指します。この領域における"キャッシュアウト及びキャッシュイン"の改善は、図16の「Step6 設備投資の圧縮」⇒「Step7 設備資産等の売却」で進みますが、無思慮にこのStepを進めますと生産能力を一方的に毀損して、図16の"負のスパイラル"を加速することになりかねません。そこで、単純な資産売却ではなく、資産流動化法に基づく手法を用いることによって、資産の使用権を維持しながら資金調達を行うことが考えられます。それが下図27の"セール&リースバック取引"です。詳細については、第Ⅵ編第4章第3節をご参照ください。

〈図27〉 "セール&リースバック取引" スキーム図

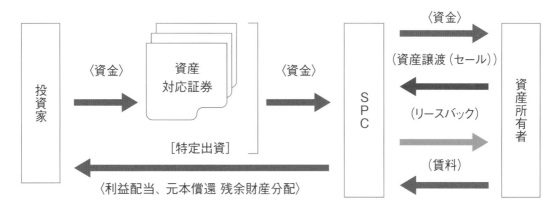

これらの図15の①〜⑤の各領域の改善が相まって、個別企業としての収支分岐点（第Ⅰ編第1章第3節参照）の引き下げが可能となり、図16の「危機時期企業における資金繰りの"負のスパイラル"」を押しとどめる効果が期待されますが、それが成らなかった場合には、実質的な危機時期を卒業して、形式的な危機時期へと歩を進めることとなります。

第2節　法的整理における倒産申立等への関与

1. 各倒産スキームの整理

　"倒産"には、倒産企業を終局的に消滅させてしまう「清算型倒産スキーム」と倒産企業をふたたび"継続企業(ゴーイングコンサーン)"に復帰させる「再生型倒産スキーム」があります。そして、それぞれに「法的整理」と「私的整理」が適用されます。本書では、事実上の倒産(夜逃げ)、破産、特別清算、特定調停、純粋私的整理、中小企業再生支援協議会スキーム、事業再生ADR、民事再生及び会社更生の各スキームの法務面について、第Ⅱ編及び第Ⅲ編で詳述しています。そして本節では、これらのスキームにおける倒産申立等のタイミングでの会計士による支援について記述します。まず上記各スキームを整理したのが、下表13です。

(表13)　各倒産スキームの整理表

区分		清算型倒産スキーム	再生型倒産スキーム
法的整理		破産	民事再生
		特別清算	会社更生
私的整理	純粋	事実上の倒産 (夜逃げ)	純粋私的整理
	準則型		中小企業再生支援協議会スキーム
			事業再生ADR
		廃業支援型特定調停	再生支援型特定調停

2. 倒産申立等への会計士の関与

　上表中、法的整理に属するスキームはすべて裁判所への申立が必要です。その際には必ず申立書への債権者一覧と財務関係書類の添付が義務付けられます。また、私的整理でも準則型私的整理の場合には法定の各関係機関に対して、純粋私的整理でも主要債権者やスポンサー等の関係者に対して、債権者一覧と財務関係書類等を提出しなければなりません(ただし、"夜逃げ"の場合は除きます)。申立書の主要部分や債権者一覧等は法律専門家の主導下で作成されますが、申立書上の財務関連情報や別添の財務関係書類に関しては、財務・会計専門家、特に公認会計士がその作成に関与するのが最も適当と考えられます。

3. 法的整理における申立手続に係る会計士の関与

　法的整理における申立手続に係る財務関連情報の記載や別添の財務関係書類は、次表のとおり整理されます。これらの作成支援に関しては、公認会計士の関与が期待されるところです。

（表14）　法的整理における申立書に記載する財務関連情報と根拠条文

	スキーム	申立書に記載する財務関連情報	根拠条文
清算型	破産	債務者の収支・資産・負債状況	破規13条2項1号
	特別清算	債務超過の疑いがある事（※22）	会社法510条2号
再生型	民事再生	再生債務者の資産・負債状況	民再規13条1項3号
	会社更生	被申立会社の資産・負債状況	更生規12条1項4号

（※22）特別清算は、通常清算手続中の清算株式会社に債務超過の疑いと他の事由（会社法510条）があるときに、清算人他の申立（会社法511条）に基づく裁判所の「特別清算開始の命令」（会社法514条）により、通常清算から移行する形で実施される

（表15）　法的整理における申立書に添付する財務関係書類と根拠条文

スキーム	添付する財務関係書類等	根拠条文
破産	決算書（附属明細書含む）・財産目録	破規14条3項4号、6号
特別清算	財産目録等	会社法521条
民事再生	BS・PL・財産目録・資金繰表	民再規14条1項4～6号
会社更生	BS・PL・財産目録・資金繰表	更生規13条1項2,7,8号

4．法的整理における申立書に添付する財務関係書類

　法的整理における申立時点で添付する財務関係書類の内容的な特徴は、倒産申立原因の"疎明資料"と位置付けられることです。各法的整理とその申立時要疎明事項との対応関係は、下表16のとおりです。

（表16）　各法的整理とその申立時要疎明事項との対応関係

スキーム	申立権者等		申立時要疎明事項	支払不能	債務超過	その他
破産	自然人債務者		破産原因 （破産法15条～17条）	✓	—	—
	法人	（※23）		✓	—	—
		上記以外		✓	✓	—
特別清算	（※24）		特別清算開始原因 （会社法510条）	—	✓	（※25）
民事再生	債務者（※26）		再生手続開始原因 （民再法21条）	✓	✓	（※27）
	債権者（※26）			✓	✓	—
会社更生	株式会社		更生手続開始原因 （更生法17条1項）	✓	✓	（※28）
	債権者（※29）			✓	✓	—
	株主（※30）			✓	✓	—

(※23) 合名会社及び合資会社
(※24) 特別清算の申立権者は、清算株式会社の債権者、清算人、監査役または株主（会社法511条1項）。債務超過のおそれがあるときには、清算人は特別清算の申立義務を負う（会社法511条2項）
(※25) 清算の遂行に著しい支障を来すべき事情があること（会社法510条1号）
(※26) 自然人及びすべての法人
(※27) 債務者が事業の継続に著しい支障を来すべきことなく弁済期にある債務を弁済することができないとき（民再法21条1項後段）
(※28) 弁済期にある債務を弁済することとすれば、その事業の継続に著しい支障を来すおそれがある場合（更生法17条1項2号）
(※29) 当該株式会社の資本金の額の1/10以上に当たる債権を有する債権者（更生法17条2項1号）
(※30) 当該株式会社の総株主の議決権の1/10以上を有する株主（更生法17条2項2号）

　法的整理における申立書に添付する財務関係書類の概要を整理したのが、下表17です。

（表17）　法的整理における添付財務関係書類の概要整理表

法的整理スキーム		貸借対照表	損益計算書	附属明細書	財産目録	資金繰表
清算型	破産	（※31）			（※32）	—
	特別清算	（※33）	—	—	（※33）	—
再生型	民事再生	（※34）	（※34）	—	（※34）	（※34）
	会社更生	（※34）	（※34）	—	（※34）	（※34）

(※31) 貸借対照表及び損益計算書並びに附属明細書（直近2年分を疎明資料として提出（大阪地裁書式集））
(※32) すべての資産の帳簿価額と回収見込額を併記。これに基づき、申立書の資産状況を記載。財産目録の様式例は、下図28のとおり（大阪地裁書式集に基づき筆者が作成）
(※33) 通常清算において作成を要する財産目録及び貸借対照表（会社法492条1項）を援用する（会社法521条）。財産目録に記載される財産及び貸借対照表に計上される資産の評価は、原則として「清算の開始原因（会社法475条各号）」日現在の“処分価格”に拠らなければならない（会社規則144条及び145条）
(※34) ①過去3年分の貸借対照表、損益計算書
　　　②申立時の財産目録（図28に準じて作成）
　　　③申立時1年前の資金繰実績表及び向こう6カ月の資金収支予定表

〈図28〉　破産申立時の添付「財産目録」の様式例

(単位：千円)

No.	科目	帳簿価額	回収見込額	備考（評価増減額理由）
1	現預金	3,713	1,178	相殺主張見込まれる
2	受取手形	3,000	2,000	相手方倒産
3	在庫商品	800	0	不良在庫
4	不動産	31,000	3,000	抵当権設定あり
5	保険解約返戻金	400	200	契約者貸付あり
	〜省略〜			
	合計	60,512	12,089	

表17を観ていただきますと、「**処分価格に拠る財産目録**」が、清算型であれ再生型であれ法的整理申立時に共通の添付資料であることがわかります。ただし、当該財産目録は倒産原因の存在を疎明するための資料ですから、それに記載される財産に付される“処分価格”は「**財産評定（第5章参照）**」前の概算額です。ただし、特別清算の申立においては、通常清算手続で作成済の「清算貸借対照表」を添付します（※33参照）ので、例外的に「**財産評定**」後の“処分価格”が付されることになります。これに対して、その他の法的整理申立時において添付される「貸借対照表」はすべて継続企業の前提に基づき作成された“通常の貸借対照表”です。“損益計算書”もまたしかりです。また、再生型の法的整理スキームの場合には、財産・損益状況をあらわす財務関係書類以外に、再生可能性を疎明するための資料として「**資金繰表**」の添付が求められます。いずれにしましても、これらの財務表を適時適確に作成するためには、財務・会計の専門家である会計士の支援を仰いでいただくのが早道かと思われます。

5. プレパッケージ型の申立手続における財務関係書類

　前項では、各法的整理における原則的な申立手続上求められる財務関係書類について述べましたが、本項においてはいわゆる“プレパッケージ型”の申立手続における財務関係書類について触れます。日本公認会計士協会発出の「経営研究調査会研究報告第62号『早期着手による事業再生の有用性について』2018年2月20日日本公認会計士協会（以下「研究報告第62号」）」によれば、“プレパッケージ型”とは、以下のとおりとされます。

> 　たとえば、法的整理であっても、＜中略＞**プレパッケージ型手続**があげられる。以下でプレパッケージ型手続の概要や特徴を説明する。
> 　プレパッケージ型手続とは、**法的整理手続の申立前に再生計画を実行支援するスポンサーの選定**や、債権者間で**具体的な再生計画案に対しておおむね合意をしておく**ことで、迅速に法的整理手続を進め、事業毀損を可能な限り防ぐ進め方である。通常の法的整理手続を利用する場合、手続が迅速に進められても認可決定までに半年～1年程度要し、この間に事業毀損が進み事業価値が劣化するため、債権者への弁済額は減り、再生見込みも下がる等問題点が少なくない。よって、通常手続で問題となる事業毀損を最小限にとどめるひとつの方法として、プレパッケージ型がある。

　この“プレパッケージ型”の申立手続については、民再法上、以下のとおり規定されています。

> （再生計画案の事前提出）
> 第164条　再生債務者等は、前条第1項の規定にかかわらず、再生手続開始の申立て後債権届出期間の満了前に、再生計画案を提出することができる。

"プレパッケージ型"とはすなわち、"再生手続開始の申立時"と同時に暫定的な再生計画（案）を提出する手続を指します。そのためには、主要債権者である金融機関や、場合によってはスポンサー等のステークホルダーと事前に水面下での交渉をしておく必要があります。すなわち、"プレパッケージ型"の民事再生申立手続においては、当該申立時点でステークホルダーによる大方の同意に基づく**「暫定的な再生計画案の作成・提出」**が求められるのです。「再生計画」の作成に関しては、第6章及び第7章で詳述しますので、そちらをご参照いただくとして、"プレパッケージ型"の民事再生申立手続においてこそ、会計士の支援が強く求められるところであろうかと思われます。

また、前出の研究報告第62号によれば、日本公認会計士協会はこの"プレパッケージ型"の民事再生申立手続も含めた"早期に着手する事業再生"と従前の事業再生を以下のとおり比較しています。

　早期の段階で企業が再生への取組に着手することができれば、過剰債務に陥ることを未然に防ぎ、多大な時間やコストをかけることなく再生を果たすことができ、再生のための企業の選択肢も多い。この早期の段階で、企業が自ら経費削減や、不採算事業からの撤退など経営改善に取り組むことを、本研究報告では**「早期着手による事業再生」**と定義することとする。

　一方で、この取組を行わず放置し、問題点を先送りにした場合には、業績不振が更に拡大し、過剰債務体質に陥り資金繰りが逼迫することとなる。このため、過剰債務に陥った企業に対しては、有用な経営資源や収益性の高い事業と不採算事業を切り離し、迅速な処理により事業価値の毀損を最小限にとどめることが再生のために重要となる。本研究報告では、こうした事業再生を行うことを**「伝統的な事業再生」**と定義している。

ここでいう「伝統的な事業再生」手続が従来型の"法的整理"を指しているのに対して、「早期着手による事業再生」とは前述の"プレパッケージ型"の民事再生手続並びに「私的整理」を指しています。時代の要請はやはり「早期着手による事業再生」にあるものと思われます。

第3節　私的整理における債権関係の調整依頼等への関与

1. 私的整理における主要債権者等の同意を得るための会計士の支援

　私的整理は法的整理と異なり裁判所への申立手続という法律行為がありません。その代わりに、主要債権者でありプロ債権者である金融機関との厳しい交渉を乗り越えなければなりません。そういう意味では、法的整理よりもむしろ私的整理においてこそ、財務・会計の専門家である会計士の支援の必要性が高いと思われます。前掲表13に記載のとおり、本書で取り扱う"私的整理スキーム"は、事実上の倒産（夜逃げ）、純粋私的整理、中小企業再生支援協議会スキーム、事業再生ADR及び特定調停の5つです（「特定調停」には"廃業支援型"と"再生支援型"があります）。このうち、"夜逃げ"は主要債権者等の同意を得ていないので論外として、

本項では残り4つの私的整理スキームにおける"主要債権者等の同意を得る"ための会計士の支援について記述します。

　私的整理には"純粋私的整理"であれ、"準則型私的整裡"であれ、以下の共通点があります。

　　共通点①：裁判所が関与しない点（"特定調停"に関しては関与する）
　　共通点②：再生型倒産整理である点（"廃業支援型特定調停"は例外）
　　共通点③：商取引債権者を含めず金融債権者とのみ整理手続を行う点
　　共通点④：上記③ゆえに、整理手続の密行性が確保される点
　　共通点⑤：上記③ゆえに、整理手続による事業性の毀損が軽度な点

　上記の共通点③において金融債権者から同意を取り付けるための手続の中核を成すのが、法務・事業・財務・税務の各分野におけるデューデリジェンス（DD）です。そのDD手続のうち、財務DDを担当すべきなのが公認会計士に他なりません。この財務DD実施の主要な目的は、以下のとおりです（ただし、"廃業支援型特定調停"において必要とされるのは目的①のみ）。

　　目的①：清算貸借対照表の作成
　　目的②：実態貸借対照表の作成
　　目的③：キャッシュ・フロー計算書の作成

　これらの目的について以下、順を追って説明していきます。

2．清算貸借対照表の作成

　清算貸借対照表とは、その記載するすべての財産を、清算価値により財産評定（詳細は第5章第1節参照）した上で作成する貸借対照表です。企業を清算する場合の債権者への弁済可能額を算定し、その弁済手順を特定するために作成します。破産、特別清算及び廃業支援型特定調停のような"清算型倒産スキーム"においては、この「清算貸借対照表」とその財産明細である「財産目録」が最終目的的な財務報告表と位置付けられます。これに対して"再生型倒産スキーム"においては、後述する「実態貸借対照表」が主たるバランス・シートであって、「清算貸借対照表」は下記（方程式4）が成立しているか否かを検証するために補助的に作成されます。

（方程式4）清算価値保障原則方程式
　　　　　再生価値＞清算価値

　倒産企業が"清算"ではなく"再生"の方途を認められるための財産評定上の大原則として、「再生価値」は必ず「清算価値」を上回らなければならないという倒産法上の一般原則（清算価値保障原則）が厳然と存在します。これが満たされない企業再生は、債権者を害することとなり認められません。DIP型の企業再生手続を進めるためには、倒産企業の経営者は、この方程式が成立していることを証明しなければなりません。この見地から、倒産企業の経営者は財産評定により"清算価値"を算定して「清算貸借対照表」を作成し、「再生価値」がそれを上回っていることを証明して、「再生計画」に対する裁判所による認可または金融債権者等の同意を得なければならないのです。

　ここで参考に、序説で掲げた図4を再掲します。

〈図4〉 倒産企業である株式会社の清算貸借対照表

資産の部		負債の部	
流動資産		**別除債権**	
現金預金		有担保借入金	
有価証券		リース債務	
受取手形		**財団債権**	
売掛金		買掛金	
棚卸資産		短期借入金	
固定資産		未払税金	
有形固定資産		**破産債権**	
土地		優先債権	
建物		一般債権	
その他償却性資産		劣後債権	
建設仮勘定		少額債権	
無形固定資産		**資本の部**	
リース資産		資本金	
営業権		普通株式	
その他無形固定資産		優先株式	
投資その他の資産		資本剰余金	
投資有価証券		**未処理損失**	
資産合計	100	負債及び資本合計	100

左記の清算貸借対照表における各部の意義とそれぞれに属する科目の取扱いは以下のとおりです。

（1）資産の部

＝債権者への弁済財源

債権者への弁済可能額を算定するために、すべての資産に関して清算価値による財産評定を行い、それに基づき換価処分を実施して、弁済財源を確保します。前段の"財産評定"が会計専門家の職務領域（第5章で詳述）であり、後段の"換価処分の実施と弁済財源の確保"が法律専門家の職務領域です。

（2）負債の部

＝債権者への弁済順序と弁済可能額

債権者ごとの法的立場に応じて、その弁済順序と弁済可能額は異なります。このあたりの詳細に関しては、第Ⅱ編をご参照ください。

（3）資本の部

＝債務超過状態において、株式は経済価値を喪失

債務超過が確定した会社においては、資本は消失します。

3. 実態貸借対照表の作成

本書の検討対象である倒産スキームのうち、以下の準則型私的整理スキームにおいては、**一定の基準に基づく実態貸借対照表の作成**が求められます。

①中小企業再生支援協議会スキーム

②事業再生ADR

③再生支援型特定調停

なお、純粋私的整理においても実態貸借対照表の作成が求められると考えられますが、その作成基準は純粋私的整理当事者の任意的合意に委ねられるものと思われますので、本項での検討対象からは除外します。したがって、ここでの実態貸借対照表の作成意義は次のとおりです。

イ　事業継続した場合の財産価値が、清算価値を上回ることの検証

ロ　継続事業の前提としての開始残高の確定

ハ　再生計画もしくはキャッシュ・フロー計算書作成の基礎

　準則型私的整理においては、前述の"法務・事業・財務・税務の各DD"を一括実施して「再生計画案」を取りまとめた上で、金融債権者とのリスケジューリングまたは債務減免交渉やスポンサーとの出資交渉を行います。そして、「実態貸借対照表」は「キャッシュ・フロー計算書」とともにこの「再生計画案」のコアとなる財務表と位置付けられるのです。清算貸借対照表における資産評価の基準が、「処分価値（資産価値）」で一律であるのに対して、実態貸借対照表の作成基準、資産評価の基準はさまざまですので、次章であわせて検討します。

　ここで3種の"貸借対照表"の大要を比較したのが、ト表18です。

（表18）　3種の"貸借対照表"の大要比較

貸借対照表の各部		継続BS（※35）	清算BS（※35）	実態BS（※35）
資産の部		継続価値評価	処分価値評価	再生価値評価（※36）
負債の部	法的整理		全負債減免措置	同左
	私的整理		全負債減免和解	一部負債減免和解
資本の部	債務超過	資本価値消失	資本価値消失	資本価値消失
	上記以外	資本価値維持		資本価値維持

（※35）各々、「継続企業の貸借対照表」「倒産企業の清算貸借対照表」「再生企業の実態貸借対照表」の略称
（※36）実態BSの再生価値評価は、各再生スキームにより異なる（次章参照）

4. キャッシュ・フロー計算書の作成

　事業性の毀損を最小限に抑えた事業計画に基づく損益計画並びに前項の"実態貸借対照表"から導出される正常な営業キャッシュ・フローにより、金融債権者との同意内容をクリア可能な「フリーキャッシュ・フロー」が確保されることを疎明できる程度の"キャッシュ・フロー計算書"の作成が不可欠とされます。これが、当該私的整理の同意内容によって、事業が継続可能であることの何よりの証左となるからに他なりません。

第5章　倒産企業における財産評定と資産評価

第1節　財産評定と資産評価

1．財産目録と貸借対照表

　窮境原因が発生して経営破綻局面に陥った企業においては、どんな形の"整理"であれ、債権者との弁済交渉が必要となります。このときの債務者に対する説得材料や裁判所に対する疎明資料として最も重要となるのが、財産目録や各種の貸借対照表です。財産目録（本編第4章第2節図28参照）は、継続企業たる株式会社において年々作成される通常の決算書には含まれない財務表であり、法的整理の申立時に裁判所に提出する疎明資料として特別に作成されます。したがって、裁判所への申立がそもそも行われない私的整理（特定調停を除く）においては作成の必要はありません。この財産目録に記載される"資産の処分価格"は、正式な財産評定前の概算価格であり、法的整理の開始決定後にあらためて正式な財産評定が行われて、清算や再生に向けた各種の貸借対照表が作成される運びとなります。

2．財産評定と資産評価

　財産評定は前項記載のとおり、法的整理において開始決定あるいは命令後に、各々の法律の評定価格の考え方に基づき行われる財産（資産及び負債）の評価です。これに対して資産評価は、準則型私的整理において行われる財務デューデリジェンス（DD）に含まれる"資産及び負債の時価評価手続"を指します。ここにおける「時価」の基準は、私的整理が準拠する各々の準則により異なります。

第2節　法的整理における財産評定

1．評定価額の考え方

　法的整理の各スキームで実施される財産評定で用いられる"評定価額の考え方"は、次表のとおりです。

（表19）　法的整理の各スキームの財産評定で用いられる評定価額の考え方

スキーム		評定価額の考え方	根拠条文
清算型	破産	破産手続開始のときにおける価額	破産法153条1項
	特別清算	清算開始原因への該当日における処分価格	会社規則144条2項
再生型	会社更生	更生手続開始のときにおける時価 異なる評価基準（※37）による評価	更生法83条 更生規51条1項
	民事再生	再生手続開始のときにおける価額 事業を継続するものとしての評定も可	民再法124条1項 民再規56条1項

（※37）「継続企業価値」または「清算価値」を指す（事業再生研究機構財産評定委員会（編）『〈新しい会社更生手続の「時価」マニュアル〉』商事法務 44頁参照。以下「前掲書」）

2. 破産手続開始のときにおける価額

　　清算型の倒産手続である破産手続における財産評定で用いられる"評定価額"は、破産手続開始時における処分価格です。そして、破産手続の主たる目的は早期の資産換価と債務弁済にありますので、以下の引用のとおり、厳密な財産評定は求められません。

　　「破産財団の場合は最終的にはすべて換価される財産であって、財産評定上の数字は現実の配当財源を確定するものではないから、＜中略＞厳密な財産評定を実施しなければならないという要請に乏しい」
出典：別冊NBL編集部（編）『新破産法の実務Q&A』（Q51）商事法務

3. 特別清算開始命令時における評定価額

　　破産が"汎用的な清算手続"であるのに対して、特別清算は特別清算開始原因（会社法510条）が生じた清算株式会社（会社法476条）に限り行われる特別な清算手続です。このため、特別清算手続はその前段階である"清算株式会社"として粛々と進めてきた清算手続を引き継ぐこととなります。したがって、"特別清算開始命令時における評定価額"は、"清算開始時における評定価額"すなわち「清算開始原因への該当日における処分価格」（会社法492条1項、会社規則144条2項）を引き継ぐこととなります（会社法521条）。

4. 会社更生手続における財産評定等

　　会社更生法は財産評定等について以下のとおり定めています。

（1）財産評定

　　　　管財人は、更生手続開始後遅滞なく、更生会社に属する一切の財産につき、その価額を評定しなければならない（更生法83条1項）。

（2）第83条時価

　　更生手続開始時の財産評定は、当該時点の時価（第83条時価）によるものとする（更生法83条2項）。

（3）更生手続開始時貸借対照表等

　　管財人は、（1）による評定を完了したときは、直ちに更生手続開始のときにおける貸借対照表及び財産目録を作成し、これらを裁判所に提出しなければならない（更生法83条3項）。

（4）更生計画認可決定時貸借対照表等

　　更生計画認可の決定があったときは、管財人は、更生計画認可の決定のときにおける貸借対照表及び財産目録を作成し、これらを裁判所に提出しなければならない（更生法83条4項）。

（5）上記（4）の更生計画認可決定時における貸借対照表及び財産目録に記載し、または記録すべき財産の評価については、法務省令（※38）の定めるところによる（更生法83条5項）。

　　（※38）更法規1条〜3条

5. 民事再生手続における財産評定等

民事再生法は財産価額の評定等について以下のとおり定めています。

（1）財産評定

　　再生債務者等は、再生手続開始後遅滞なく、再生債務者に属する一切の財産につき再生手続開始のときにおける価額を評定しなければならない（民再法124条1項）。

（2）財産評定の基準等

　　上記（1）の評定は、財産を処分するものとしての清算価値に拠らなければならない。ただし、必要がある場合には、あわせて、全部または一部の財産について、再生債務者の事業を継続するものとしての継続企業価値に拠り評定することができる（民再規56条1項）。

（3）再生手続開始時貸借対照表等

　　再生債務者等は、（1）による評定を完了したときは、直ちに再生手続開始のときにおける貸借対照表及び財産目録を作成し、これらを裁判所に提出しなければならない（民再法124条2項）。この財産目録及び貸借対照表には、その作成に関して用いた財産の評価の方法その他の会計方針を注記するものとする（民再規56条2項）。

6. 会社更生と民事再生における財産評定等の比較

以上の検討を踏まえて、会社更生と民事再生における"財産評定"及び"貸借対照表等の作成"に関する相違点を比較したのが次表です。

（表20）　会社更生と民事再生における財産評定等の比較表

	会社更生	民事再生
財産評定上の基準価額	時価（第83条時価）	原則として処分価格
手続開始時貸借対照表	作成必要	同左
計画認可時貸借対照表	同上	作成不要

　会社更生は原則として"管理型"の再生手続であり、民事再生は原則的に"DIP型"の再生手続です。したがって会社更生においては、申立時の経営陣から更生会社の機関へと経営のバトンが手渡されますので、少なくとも擬制的には全部営業譲渡されたものと認識されます。このために、更生事業の期首残高を搭載した"計画認可時貸借対照表"の作成が求められます。これに対して、会社機関の連続性が保たれる民事再生においては、例外的な"管理型"手続で運用される場合であっても会計上の連続性は保たれるため、科目ごとの「財産評定上の基準価額」への置き換えは必要ですが、貸借対照表全体を置き換えるための"計画認可時貸借対照表"の作成は法的には特に求められていません。

第3節　会社更生における財産評定と貸借対照表の作成

1．会社更生における財産評定等

（1）会社更生における財産評定等

　　会社更生における財産評定と貸借対照表の作成は、前節4で既述のとおり、下図29の手順で行われます。

〈図29〉　会社更生における財産評定等の手順

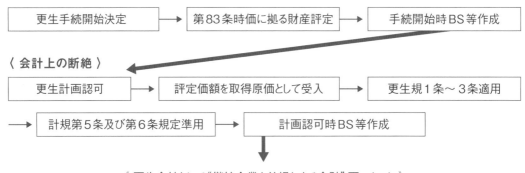

(2) 第83条時価

　更生手続開始決定時点における財産評定額は、「更生手続開始時点の時価」によるものとされます（更生法83条2項）。これを一般に"第83条時価"といいますが、法はその「時価」概念を具体的に定義していません。このため、それが「会計上時価＝公正価値」であるのか「処分価格＝清算価値」であるのかについては、従来より議論のあるところです。ただし、企業全体を評価する「継続企業価値」については、異なる時点（更生計画認可時）において、裁判所が必要と認めるときに評定するものとされます（更生規51条1項）ので、"第83条時価"には該当しないものとされます（前掲書76頁）。

　更生法においては、「時価」という語が異なる2カ所で登場します。1カ所目は更生法2条10号における以下の箇所です。

　「この法律において『更生担保権』とは、＜中略＞当該担保権の目的である財産の価額が更生手続開始のときにおける時価＜中略＞によって担保された範囲のものをいう」

そして、2カ所目は、上述の"第83条時価"を定めた下記の更生法83条「財産の価額の評定等」の1項及び2項の箇所です。

　「管財人は、更生手続開始後遅滞なく、更生会社に属する一切の財産につき、その価額を評定しなければならない（更生法83条1項）。

　前項の規定による評定は、更生手続開始のときにおける時価によるものとする（更生法83条2項）」

　この2カ所の異なる目的、「担保目的の価額」と「財産評定の評価基準」において、まったく同一の"更生手続開始のときにおける時価"というテクニカル・タームが採用されていることが、従来よりの議論の所以です。そもそも、会社更生における財産評定の機能・目的は、以下のふたつに集約されます（前掲書77頁）。

　①更生会社の資産状態を正確に把握し、更生会社の会計に具体的基礎を与えること

　　　☞「会計上時価＝公正価値」がフィット

　②更生担保権の範囲を画すること　　☞「処分価格＝清算価値」がフィット

　前掲の図29上をゴールから"第83条時価に拠る財産評定"まで溯上するとご理解いただけますように、更生法に基づく財産評定は「会社法計算規則の定める平時における財産の評価基準の"特則"」と位置付けられ、"更生手続開始のときにおける時価"は「会計上時価＝公正価値」が適当であるとされます（前掲書81頁）。ただし、ここで上記②の財産評定の機能・目的も満たして、更生担保権者の当該会社更生への賛同を得るためには、「会計上時価＝公正価値」が第4章に掲載した下記方程式を充足させておく必要があります。

（方程式4）清算価値保障原則方程式

**　　　　再生価値＞清算価値**

　再生価値＝公正価値＝会計上時価が、清算価値＝処分価格を上回っている限りにおいて、会社更生における財産評定の評価基準を「会計上時価＝公正価値」とすることで、更生担保権者の会社更生上の権利を侵害することにはならないからです。

2. 会社更生における貸借対照表

（1）会社更生における3つの貸借対照表

　会社更生において、貸借対照表は以下のとおり3度登場します。

　　① 更生申立時BS・・・更生申立前の継続企業としての貸借対照表

　　　　＜財産評定＞　⇒　「会計上時価＝公正価値」による再評価

　　② 更生開始決定時BS ── 資産の評価基準：公正価値
　　　　　　　　　　　　　　　 負債の評価基準：更生法に基づく更生債権等

　　③ 計画認可決定時BS ── 資産の評価基準：計規第5条
　　　　　　　　　　　　　　　 負債の評価基準：計規第6条

　上記①～③の貸借対照表のうち、①と②の間は＜財産評定＞により会計上断絶していますが、②と③は下図のとおり、密接不可分の関係にあります。

〈図30〉 更生開始決定時BSと計画認可決定時BSの関係

資産の部	負債の部
公正価値評価	更生法に基づく 更生債権等
債務超過	

資産の部	負債の部
計規第5条評価	更生債権等含め 計規第6条評価

取得原価 ▲ として受入

（注）作図上の都合により、“資本の部”は捨象しています。

3. 更生手続開始決定時貸借対照表の作成

（1）“公正価値評価”に関する評価基準

　更生手続開始決定時貸借対照表の“負債の部”には、更生法に基づき届出・調査されて認められた更生

債権等が格納されます。その詳細については、第Ⅲ編第3章第5節をご参照ください。これに対して、"資産の部"には公正価値を評価基準とする「財産評定」後の資産が計上されます。我が国において、"公正価値評価"に関する統一的な評価基準は存在していません。わずかに、日本公認会計士協会より発出されている以下のふたつの研究報告が存在しているにとどまります。

①財産の価額の評定等に関するガイドライン（中間報告）（2007年5月16日改正 日本公認会計士協会経営研究調査会研究報告第23号）
（以下「財産評定ガイドライン」）
②財産評定等に関するQ&Aと事例分析（2007年5月16日 日本公認会計士協会経営研究調査会研究報告第31号）

　とはいえ、上記①及び②をあわせると都合200頁を超える研究報告になるので、ここでは上記の財産評定ガイドラインの構成やそのなかでの"第83条時価"の考え方の骨子についてかいつまんでご説明いたします。

(2) 財産評定ガイドラインの位置づけ
　まず、（中間報告）という用語についてですが、実は多くの中間と称される報告が、事実上の最終報告であることが、私ども"会計士業界"においては往々にしてあります。この中間報告におきましても、その"はじめに"において「将来、倒産実務の変化に対応し、本ガイドラインを改正する必要性もあると考えられることから、本ガイドラインを中間報告とした」と定番の理が書かれていますが、それから足掛け14年が経過した今も最終報告は発出されていません。したがって、本報告が現在のところ最新報告ですので、安心してご利用ください。

(3) 財産評定ガイドラインの構成
　財産評定ガイドラインの構成は、以下のとおりです。

Ⅰ 本ガイドラインの目的と財産評定等に関する法規
Ⅱ 更生手続と財務書類の作成
Ⅲ 更生手続と会計処理
Ⅳ 第83条時価
Ⅴ 事業全体の価値
Ⅵ 処分価額
科目表示
巻末 図表による解説

巻末 記載例による解説

巻末 設例による解説

（4）財産評定ガイドラインにおける第83条時価

　財産評定ガイドラインにおいては、「第83条時価」について以下のとおり記載されています。

Ⅳ　第83条時価

第83条時価を採用するに至った経緯

第83条時価に係る定義

企業会計の時価と市場価格

鑑定価値（鑑定評価額）

不動産鑑定評価基準による価格概念

第83条時価において用いられる価値、価額等の定義

現在価値

回収可能価額

正味売却価額

正味実現可能価額

再調達原価

使用価値

科目別第83条時価

現金預金、金銭債権、将来債権、事前求償権、たな卸資産、集合動産、販売用不動産等、前払費用（長期前払費用を含む）、事業用不動産、工場財団抵当の対象資産、環境修復費用（土壌・地下水汚染の浄化費用等）、土地再評価法適用の土地、投資不動産、遊休資産、リース資産、無形固定資産、知的財産権、有価証券（投資有価証券を含む）、時価のない債券の取扱い、時価のない証券投資信託の取扱い、その他の投資、繰延税金資産及び繰延税金負債、繰延資産

負　債

金銭債務と債権の届出及び調査、退職給付引当金

デリバティブ取引

4．更生計画認可決定時貸借対照表の作成

（1）財産評価（更法規1条〜3条）

　更生計画認可決定時貸借対照表における財産評価については、以下のとおり、更法規第1条〜第3条の

定めるところによらなければなりません（更生法83条5項）。

①財産の評価（更法規1条1項）

　財産の評価については、計規第5条及び第6条の規定を準用する。

②処分予定財産の評価（更法規2条）

　更生計画（更生法2条2項）において更生会社の財産の譲渡をする旨及びその対価、相手方その他の事項が定められているときは、当該財産については、上記①の規定にかかわらず、処分価額を付すことができる。

③更生会社の事業の全部を廃止する場合における評価（更法規3条）

　更生計画が更生会社の事業の全部の廃止を内容とするものである場合には、上記①及び②の規定にかかわらず、更生会社に属する一切の財産につき、処分価額を付さなければならない。

④みなし取得価額（更法規1条2項）

　第83条時価をもって、計規第5条規定適用上の取得価額とみなす。

⑤のれん計上（更法規1条3項）

　更生会社は、更生計画認可決定時貸借対照表の資産の部または負債の部にのれんを計上することができる。この場合においては、当該のれんの価額を付さなければならない。

(2) 資産の評価（計規5条）

　資産については、この省令または法以外の法令に別段の定めがある場合を除き、会計帳簿にその取得価額を付さなければならない（計規5条1項）とされます。計規第5条における"別段の定め"は、下表のとおりです。

（表21）　計規第5条における"別段の定め"

No.	評価カテゴリー		例外的評価額	根拠条文
①	償却資産		相当償却後額	計規5条2項
②	時価下落資産	著しい時価下落	年度末日時価	計規5条3項1号
		減損損失資産	相当減額後額	計規5条3項2号
③	取立不能見込債権		取立不能見込額控除後額	計規5条4項
④	金額が取得価額と相違する債権		適正価格	計規5条5項
⑤	年度末時価評価資産	時価下落資産	年度末日時価または適正価格	計規5条6項1号
		市場価格有り資産		計規5条6項2号
		時価評価適当資産		計規5条6項3号

①償却資産（計規５条２項）

　事業年度の末日において、相当の償却をしなければならない。

②時価下落資産（計規５条３項）

　次の各号に掲げる資産については、事業年度の末日において当該各号に定める価格を付すべき場合には、当該各号に定める価格を付さなければならない。

　　　一　事業年度の末日における時価がそのときの取得原価より著しく低い資産（※39）

　　　　事業年度の末日における時価

　　　（※39）当該資産の時価がそのときの取得原価まで回復すると認められるものを除く

　　　二　事業年度の末日において予測することができない減損が生じた資産または減損損失を認識すべき資産

　　　　そのときの取得原価から相当の減額をした額

③取立不能見込債権（計規５条４項）

　取立不能のおそれのある債権については、事業年度の末日においてそのときに取り立てることができないと見込まれる額を控除しなければならない。

④金額が取得価額と相違する債権（計規５条５項）

　債権については、その取得価額が債権金額と異なる場合、その他相当の理由がある場合には、適正な価格を付すことができる。

⑤事業年度末時価等評価資産（計規５条６項）

　次に掲げる資産については、事業年度の末日においてそのときの時価または適正な価格を付すことができる。

　　　一　事業年度の末日における時価がそのときの取得原価より低い資産

　　　二　市場価格のある資産（子会社及び関連会社の株式並びに満期保有目的の債券を除く）

　　　三　前二号に掲げる資産のほか、事業年度の末日においてそのときの時価または適正な価格を付すことが適当な資産

(3) 負債の評価（計規第６条）

　負債については、この省令または法以外の法令に別段の定めがある場合を除き、会計帳簿に債務額を付さなければならない（計規６条１項）とされます。なお、計規第６条における"別段の定め（事業年度の末日においてそのときの時価または適正な価格を付すことができる）"の対象科目は、以下のとおりです（計規６条２項）。

①退職給付引当金（計規６条２項１号前段）

②その他の引当金（計規６条２項１号後段本文）（※40）（※41）

③株主等に対して役務を提供する場合において計上すべき引当金（計規6条2項1号後段括弧書き）（※40）

(※40) その他の将来の費用または損失の発生に備えて、その合理的な見積額のうち当該事業年度の負担に属する金額を費用または損失として繰り入れることにより計上すべき引当金

(※41) 「我が国の引当金に関する研究資料（日本公認会計士協会 会計制度委員会研究資料第3号 2013年6月24日）」によれば、会社再生時に関連する上記②及び③について、以下のような引当金が【ケース】スタディされています
　　　イ　リストラクチャリングに関連する引当金
　　　　　【ケース19：事業構造改善引当金、事業撤退損失引当金、事業整理損失引当金等】
　　　　　【ケース20：本社移転損失引当金、移転費用引当金、店舗閉鎖損失引当金等】
　　　ロ　株主等に対して役務を提供する場合において計上すべき引当金
　　　　　【ケース25：株主優待引当金】

④払込みを受けた金額が債務額と異なる社債（計規6条2項2号）

⑤上記①〜④に掲げる負債のほか、事業年度の末日においてそのときの時価または適正な価格を付すことが適当な負債（計規6条2項3号）。具体的には、「資産除去債務」や「繰延税金負債」が該当すると考えられます。

第4節　民事再生における財産評定と貸借対照表等の作成

1. 民事再生における財産評定等

（1）民事再生における財産評定等

　民事再生における財産評定と貸借対照表の作成は、第2節5で既述のとおり、下図31の手順で行われます。

〈図31〉 民事再生における財産評定等の手順

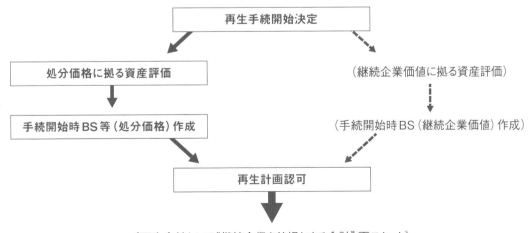

《再生会社として"継続企業を前提とする会計"再スタート》

(2) 処分価格

　再生手続開始決定時点における財産評定額は、「再生手続開始時点の時価」によるものとされます（民再法124条1項）。更生法と異なり、この"時価"については、以下のとおり、民再規56条1項（価額の評定の基準等・法124条）により具体的に定義されています。

　「法第124条（財産の価額の評定等）第1項の規定による評定は、**財産を処分**するものとしてしなければならない。ただし、必要がある場合には、**あわせて**、全部または一部の財産について、再生債務者の**事業を継続するものとして評定**することができる」

　また、企業全体を評価する「継続企業価値」についても、上記のとおり、更生法における**異時点評価**と異なり、**同時点評価**とされています（民再規56条1項但書）。このために、その作成に関して用いた「財産の評価の方法その他の会計方針」を各々の貸借対照表に注記させることとしています（民再規56条2項）。

　民事再生における財産評定の機能・目的は、以下のふたつに集約されます（山岸洋（監修）、田原拓治、平澤春樹、松原幸生（著）『民事再生法と資産評価：企業再生ビジネスへの展望』清文社 13頁）。

　①再生債務者の財産を正確に把握し、事業再生に向けた再生計画を策定するための基礎とすること
　②再生権利者の権利の範囲の確定

　上記の機能・目的は、前節の会社更生の場合と似て非なるものがあります。"会社更生における財産評定"と"民事再生における財産評定"の機能・目的を比較したのが、下表22です。

（表22）"会社更生""民事再生"における財産評定の機能・目的比較

区分	更生または再生のための基礎	債権者の権利確定
更生	更生会社の会計の具体的基礎	更生担保権の範囲を画する
民再	再生計画を策定するための基礎	再生権利者の権利範囲確定

　"債権者の権利確定"の相違については法律家に委ねるとして、"更生または再生のための基礎"における相違についてですが、会社更生の場合には「更生会社の会計の具体的基礎」であるのに対して、民事再生の場合には「再生計画を策定するための基礎」とされます。財産評定ガイドライン15「財産評定等の考え方」によれば、会社更生においては以下のとおり、**財産評定**を画期として、"更生会社の全資産が旧所有者から更生債権者、更生担保権者等に移転したもの"と**擬制**されます。

　「更生手続開始時においては、**更生会社の全資産が旧所有者から更生債権者、更生担保権者等に移転**したものと考えられる。そして、**財産評定**にあたっては、事業の清算を前提とするのではなく、事業の継続を前提

とした個々の資産の時価が付される。次に、更生計画認可時においては、更生債権者、更生担保権者等に移転した更生会社の財産、資源等を、更生計画の下で再構築し、収益性を改善した事業の下に、**新たな会社所有者へ事業全体が譲渡**されたものとして経済実態を擬制できる」

　このため、前節図29上の**＜会計上の断絶＞**が生じます。これに対してDIP型再生の民事再生においては、会社更生のように"全資産が再生債務者から再生債権者等に移転したものと擬制"したり"新たな会社所有者へ事業全体が譲渡されたものとして経済実態を擬制"する必要はありません。したがって＜会計上の断絶＞も生じず、器としての"貸借対照表"の連続性は保たれており、「再生手続開始時貸借対照表」が再生計画認可決定時にも"使い回し"可能となるわけです。

　また、民事再生はDIP型再生であるがゆえに"再生手続開始のときにおける時価"概念に関して、"新たな会社所有者へ事業全体が譲渡されたものとしての経済実態の擬制"を目途とするM&A的な「会計上時価＝公正価値」を採用する必要はありません。倒産企業における資産評価の"王道"である「処分価格＝清算価値」をストレートに採用すれば足りるとされる所以です（民再規56条1項本文）。ただしここにおいて、DIP型再生によりふたたび"継続企業"となる民事再生会社が、その高い事業性に基づく「継続企業価値」を有している場合には、あまりに低い「処分価格＝清算価値」に基づく債権減免を行うことに「再生計画」上問題があります。このため、会社更生の場合と180°反対の意味で、第4章前出の下記方程式4を充足させておく必要があります。

（方程式4）清算価値保障原則方程式
　　　　　　再生価値＞清算価値

　すなわち、「再生価値＝継続企業価値」が「清算価値＝処分価格」を極端に超過していないかの確認をとる必要があるわけです。この理由から、上述の"民再規56条1項但書"の規定が設けられていると思われます。

2. 民事再生における3つの貸借対照表

　民事再生において、貸借対照表は以下のとおり3度登場します。

①民再申立時BS・・・民再申立前の継続企業としての貸借対照表

　　　　　　┌ 資産の評価基準：全面的継続企業価値
　　　　　　└ 負債の評価基準：継続企業としての通常負債

＜民再申立＞　⇒　「通常負債」→「再生債権等」へ転換
＜財産評定＞　⇒　「清算価値＝処分価格」による再評価

②民再開始決定時BSⅠ ── 資産の評価基準：清算価値＝処分価格
└ 負債の評価基準：民再法に基づく再生債権等

③民再開始決定時BSⅡ ── 資産の評価基準：（部分or全面）継続企業価値
└ 負債の評価基準：民再法に基づく再生債権等

　上記①～③の貸借対照表のうち、①と②の間は＜民再申立＞と＜財産評定＞により会計上刷新されており、かつまた②と③は下図のとおり、パラレルの関係にあります。

〈図32〉 ふたつの民再開始決定時BSの関係

②民再開始決定時BSⅠ

資産の部	負債の部
処分価値評価	民再法に基づく 再生債権等
債務超過	

③民再開始決定時BSⅡ

資産の部	負債の部
継続企業価値評価 （※42）	民再法に基づく 再生債権等
債務超過	

（注）作図上の都合により、"資本の部"は捨象しております。
（※42）全面的に適用される場合と部分的な適用にとどまる場合がある（民再規56条1項但書前段）

3. 民事再生手続開始決定時貸借対照表作成時の評価基準

（1）"清算価値＝処分価格"に関する評価基準

　民再開始決定時BSⅠ及びⅡの"負債の部"には、民再法に基づき届出・調査されて認められた再生債権等が計上されます。その詳細については、第Ⅲ編第3章第4節をご参照ください。これに対して"資産の部"には、清算価値を評価基準とする「財産評定」後の資産が計上されます。我が国において、"清算価値評価"に関する統一的な評価基準は存在していませんが、「財産評定ガイドライン」に以下の記載があります。

> Ⅵ 処分価額
> 処分価額の意義と種類
> 予定処分価額（会社更生法施行規則第2条で規定する処分価額）
> 清算処分価額（会社更生法施行規則第3条で規定する処分価額）
> 清算を前提として評価する目的
> 評価する時期
> 科目別処分価額
> 現金及び預金、金銭債権（受取手形・売掛金・貸付金・未収入金等）、事前求償権、たな卸資産、有価証券（子会社・関連会社株式を含む）、前払費用（長期前払費用を含む）、未収収益、不動産（借地権を含む）、

その他償却資産、リース契約、無形固定資産、敷金・保証金・建設協力金、会員権、保険契約、繰延資産、繰延税金資産及び繰延税金負債、金銭債務、退職給付引当金及び解雇手当等、デリバティブ取引

　上記評価基準は「会社更生法」に基づくものであって、そのまま「民事再生会社」の"清算価値評価"に当てはまるものではありませんが、貴重な参考資料ではあります。このあたりの事情に関して、財産評定ガイドラインの"はじめに"に次の記載があります。

　当調査会への諮問事項は、会社更生法に限定しておらず、民事再生法の財産評定や私的整理における同種の問題についても言及する必要があった。しかし、財産評定に関する規定が多く含まれる会社更生法上の会計とその実務をまず明らかにすることを目標とした結果、民事再生法等の財産評定への言及については、別の機会に行うこととした。

　"別の機会"の早い訪れを願うばかりです。

（2）"再生価値＝継続企業価値"に関する評価基準

　民再開始決定時BSⅡの"資産の部"には、継続企業価値を評価基準とする「財産評定」後の資産が計上されます。我が国において"継続企業価値評価"に関する統一的な評価基準は存在していませんが、「財産評定ガイドライン」に以下のとおりの記載があります。

　Ⅴ　事業全体の価値
　事業全体の価値
　事業全体の価値を評価する目的
　評価を実施する時期
　事業全体の価値の評価方法
　事業全体の価値と弁済する更生債権等との関係
　事業全体の価値とのれんの関係
　DCF法による事業価値の算定の意義
　DCF法を採用する場合の基本的留意事項
　キャッシュ・フロー・アプローチ
　将来キャッシュ・フローの見積りと見積期間
　残存価値
　割引率
　乗数法による事業価値の算定の意義

乗数法を採用する場合の基本的留意事項

財務指標

類似上場会社の選択

評価基準日後に見込まれる事業再構築のための支出

　上記評価基準は「会社更生法」に基づくものであって、そのまま「民事再生会社」の"継続企業価値評価"に当てはまるものではありませんが、貴重な参考資料ではあります。なお、上記における"乗数法"は、前著『ウィズコロナ経済における運用と調達』の第Ⅱ編第2章所収の企業価値（EV:Enterprise Value）評価のための方程式7（下記）における考え方と基本的には同じです。

方程式7（EV方程式）

$$EV ＝ EBITDA（※）× Multiple（乗数）＋ Net cash$$

（※）EBITDA＝Earnings Before Interest Tax Depreciation and Amortization
　　　＝利払前税引前減価償却前利益
　　　＝営業利益＋減価償却費

　さらなる詳細に関しましては、前著をご覧ください。

第5節　私的整理における資産評価と貸借対照表の作成

1．本節の検討対象外の倒産スキーム

　まずは第2節で掲げた表13を再掲します。

（表13）　各倒産スキームの整理表

区分		清算型倒産スキーム	再生型倒産スキーム
法的整理		破産	民事再生
		特別清算	会社更生
私的整理	純粋	事実上の倒産（夜逃げ）	純粋私的整理
	準則型		中小企業再生支援協議会スキーム
			事業再生ADR
		廃業支援型特定調停	再生支援型特定調停

前節までで、左表の上段部分の「法的整理」に関して、"財産評定"等に関する検討を行いました。本節では、左表の下段部分の「私的整理」に関する"資産評価"等に関する検討を行いますが、（広義の）純粋私的整理には、清算型の純粋私的整理である"資産評価を行う必要のない「事実上の倒産（夜逃げ）」"と"資産評価の基準がオーダーメイドである「再生型の純粋私的整理」"が含まれます。いずれのスキームにつきましても統一的な資産評価の基準が存在しないため、本節での検討対象外とさせていただきます。

2. 各準則型私的整理における "資産評価" の基準等

準則型私的整理においては、各々の"資産評価"の概念とそれに対応した「評価基準」がセットされています。それを整理したのが下表23です。

（表23） 準則型私的整理における "資産評価" の基準等

準則型私的整理スキーム種類		根拠法	資産評価等の基準等
特定調停	廃業支援型特定調停	特調法 民調法	清算貸借対照表作成（※43）
	再生支援型特定調停		調査嘱託または財務DD（※44）
事業再生ADR		ADR法 産競法	ADR資産評定基準
支援協スキーム（※45）		産競法 基本要領	実態BS作成にあたっての評価基準

（※43）処分価格に基づく清算貸借対照表を作成
（※44）裁判官単独型での再生支援型特定調停においては専門家への調査嘱託が実施され、日弁連スキームによる再生支援型特定調停の場合には事前のDD（財務DD含む）が実施される。当該調査嘱託または財務DDにおいては、一般的に以下の財務書類が作成される
　　　　①再生計画（第6章参照）
　　　　②実態貸借対照表
　　　　③清算貸借対照表
（※45）中小企業再生支援協議会スキーム

金融債権者による債務減免を前提とした再生型私的整理における「資産評価」の目的は、以下のふたつです。

目的1：再生計画の実現可能性の検証

　　　　金融債権者によるリスケまたは債務減免等を織り込んだ再生計画が実現可能であり、商取引債権の減免にまで踏み込む"法的整理"に移行する必要がないことを立証するためのキャッシュ・フロー計画の策定とその前提としての「実態貸借対照表」の作成が求められます。

目的2：「清算価値保障原則」の充足確認

　　　　次の（方程式4）が成立していることの確認のために、処分価格に基づく「清算貸借対照表」の作

成が求められます。

（方程式4）清算価値保障原則方程式

再生価値＞清算価値

　表23の各資産評価等の基準は、目的1の「実態貸借対照表」作成のための基準として定められているものです。表23の特定調停のうち「廃業支援型」の場合は再生を目指さないので、目的1及び2を有さず「実態貸借対照表」の作成を要しません。これに対して、「再生支援型特定調停」において"債務減免"を伴う場合には目的1及び2を充足させる必要があり、「実態貸借対照表」及び「清算貸借対照表」の作成が求められます。そのため、（※46）記載のとおり、専門家への調査嘱託または専門家による財務DDが実施されます。この場合においては、「ADR資産評定基準」または「実態BS作成にあたっての評価基準」が準用されるものと思われます。

3.　"事業再生ADR" "支援協スキーム" における「評価基準」の比較検討

　"事業再生ADR"と"支援協スキーム"における「評価基準」の比較検討を行ったのが、下表24です。

（表24）"事業再生ADR" "支援協スキーム"「評価基準」比較検討表

	事業再生ADR	支援協スキーム
根拠法	産競法	産競法
略称	ADR資産評定基準	実態BS作成にあたっての評価基準
正式名称	産競規第29条第1項第1号の資産評定に関する基準	中小企業再生支援協議会事業実施基本要領 別添「中小企業再生支援協議会の支援による再生計画の策定手順」別紙「実態BS作成にあたっての評価基準」
評価基準	(1) 資産 　①原則：時価（公正な評価額または本基準の評定方法の定めによる） 　②例外：処分価額 (2) 負債 　①原則：一般に公正妥当と認められる企業会計の基準に準拠して評定 　②例外：本基準の評定方法の別段の定め	公正な価額 基本要領 別添「中小企業再生支援協議会の支援による再生計画の策定手順」6(1)

「評価基準」の骨子は以上のとおりですが、両基準の科目別の定めは下表25のとおりです。

（表25）"事業再生ADR" "支援協スキーム"「評価基準」科目別の定め

科目	ADR資産評定基準	実態BS作成にあたっての評価基準
売上債権	原則として、各債権金額から貸倒見積額を控除した価額により評定する。貸倒見積額の算定は次のとおりとする。 イ 一般債権については、原則として過去の貸倒実績率等の合理的な基準により貸倒見積額を算定する。ただし、評定基準日以降の回収実績による算定も可能とする。 ロ 貸倒懸念債権については、当該債権額から担保処分見込額及び保証による回収見込額を控除し、残額について債務者の財政状態及び経営成績を考慮して貸倒見積額を算定する。 ハ 破産更生債権等については、当該債権額から担保処分見込額及び保証による回収見込額を減額し、その残額を貸倒見積額とする。また、清算配当等により回収が可能と認められる額は、担保処分見込額及び保証による回収見込額と同様に取扱う。 ニ 子会社等の関係会社に対する売上債権に係る貸倒見積額については、親会社等として他の債権者と異なる取扱いを受ける可能性がある場合には、これによる影響額を合理的に見積もるものとする。	（受取手形・売掛金・完成工事未収入金） ① 原則として、相手先別に信用力の程度を評価し、回収可能性（注）に応じて減額する額を決定する。 ・信用力の高い先に対する債権は減額不要。 ・不渡手形およびその他回収不能の債権は、当該額を減額する。 ・決算日後に大口販売先の倒産が判明した場合には、実態にあわせて損失見込額の調整を行う。 （注）次の事象が確認できる場合、回収可能性は低い、またはなしと判断する。破産、回収遅延、減額要請、休業、店舗閉鎖、行方不明、等。 ② 関係会社宛売上債権については、清算予定会社宛債権は全額減額し、その他の債権は財務内容を把握し、回収可能性に応じて減額する額を決定する。 ・財務内容の把握の結果、当該関係会社が債務超過である場合には、当該関係会社向け債権を債務超過額まで減額（複数の勘定科目にわたる場合には流動性の低い勘定科目から減額）する。 ・債務超過額が債権の減額合計額を上回っており、当該関係会社の債務保証を行っている場合あるいは追加支援が発生する懸念が大きい場合には、債務保証額あるいは追加支援額を上限として債務超過額に対する債権の減額合計額の不足分を保証債務として負債に計上する。

棚卸資産	イ 商品・製品については、正味実現可能価額から販売努力に対する合理的見積利益を控除した価額により評定する。 ロ 半製品・仕掛品については、製品販売価額から完成までに要する費用、販売費用及び完成販売努力に対する合理的見積利益を控除した価額により評定する。 ハ 販売目的の財貨または用役を生産するために短期間に消費されるべき原材料については、再調達原価により評定する。 ニ 品質低下、陳腐化等により収益性の低下している棚卸資産については、正味売却価額、処分価額または一定の回転期間を超える場合には規則的に帳簿価額を切り下げる方法による価額により評定する。	① 陳腐化したり破損した棚卸資産について評価損を計上していないことが判明した場合には、評価損相当額を減額する。 ② 不良在庫、評価損のある在庫等は適切な評価額に調整する。
販売用不動産等	イ 開発を行わない不動産または開発が完了した不動産は、正味実現可能価額から販売努力に対する合理的見積利益を控除した価額により評定する。 ロ 開発後販売する不動産は、開発後の正味実現可能価額から造成・開発原価等、今後完成までに要する見込額と販売努力に対する合理的見積利益を控除した価額により評定する。 ハ なお、合理的見積利益を見積もることが困難な場合には、合理的見積利益を控除しないことができる。 ニ 売価は、販売公表価格または販売予定価格とするが、当該価格での販売	

	見込みが乏しい場合は、観察可能な市場価格がある場合には当該市場価格とし、観察可能な市場価格がない場合には、不動産鑑定士の不動産鑑定評価額等、一般に公表されている地価もしくは取引事例価格または収益還元価額等の合理的に算定された価額とする。		
前払費用	イ 期間対応等により今後継続する事業の費用削減に資することが明らかである場合には、役務等の未提供部分に相当する支出額により評定する。 ロ 今後継続する事業の費用削減に貢献するとは見込まれない場合には、契約解除により現金回収が見込まれる回収見込額により評定する。		① 原則として全額減額する。 ② ただし、前払家賃、前払利息等のように翌期以降に役務の提供を受けなければ返還されるべき性質の前払費用で、役務提供契約の解除が確定しており、払い戻しによる受取額が算定できる場合は、当該額の減額は不要。 ③ また、オートリース業における自動車保険料、自動車税等、中途解約が不可であるために取引先からの回収を想定できるもの（立替金に近い性格のもの）は、「売上債権」の算定方法に準じて調整する。
貸付金	イ 原則として、各債権金額から貸倒見積額を控除した価額により評定する。 ロ 貸倒見積額は、貸付先の決算書等により財務内容を把握し、貸付先の経営状況及び担保・保証等を考慮した回収可能性に応じて算定する。ただし、決算書等の入手が困難な場合には、「売上債権」に準じて評定することができる。 ハ 子会社等の関係会社に対する貸付金に係る貸倒見積額については、親		（短期貸付金・関係会社短期貸付金・関係会社長期貸付金・長期貸付金） ① 貸付金は、売上債権等に比較して固定化する可能性が高いことに鑑み、原則として、貸付先の決算書入手等により財務内容を把握すること。その上で、回収可能性に応じて減額する額を決定する。具体的には、「売上債権」②関係会社宛債権に準じて調整を行う。 ② ノンバンクで全貸付先の決算書入手が困難な場合は、関係会社宛貸付金

	会社等として他の債権者と異なる取扱いを受ける可能性がある場合には、これによる影響額を合理的に見積もるものとする。 ニ　役員等への貸付金に係る貸倒見積額は、当該役員等の資産や収入の状況、保証債務の状況等を勘案し算定する。この場合、保証債務または経営責任により役員等に経済的負担がある場合等には、保証による回収見込額等と重複しないように留意する。 ホ　従業員に対する住宅取得資金等の貸付金に係る貸倒見積額は、当該従業員の資産の状況、退職金支払予定額等を勘案して算定する。	を除いて、一般の売上債権の算定方法に準じて調整する。 ③　回収可能性が不明確な役員宛貸付金は、全額減額する。 ④　福利厚生のための住宅取得資金等の従業員宛貸付金は、減額不要とする。
未収入金・仮払金・その他流動資産	イ　金銭債権としての性質を有するものは、原則として「売上債権」に準じて評定する。 ロ　仮払金のうち、本来費用処理されるべき額については評定額は零とする。役員等に対する仮払金は役員等に対する貸付金に準じて評定する。	①　調整は「売上債権」の調整方法に準ずる。 ②　仮払金のうち、本来費用処理されるべきものは減額する。
有形固定資産	<事業用不動産> イ　原則として、不動産鑑定士による不動産鑑定評価額及びこれに準ずる評価額（以下「不動産鑑定評価額等」という）により評定する。この場合、不動産鑑定評価等における前提条件、評価方法及び評価額が、本評定基準の評定方法に照らして適合していることを確認する。 ロ　重要性が乏しいなどの理由で、不動	①　再建計画において、継続して使用予定の物件は時価（法定鑑定評価額、またはそれに準じた評価額）に調整する。売却予定の物件は、早期売却を前提とした価格等に調整する。 ②　建設仮勘定は原則として調整不要。但し、建設計画が頓挫している場合、据付が完了していれば建物、機械等は時価で評価し、発注先への前渡金であれば「売上債権」の調整方法に

	産鑑定評価額等を取得する必要がないと判断される場合には、不動産鑑定評価基準（国土交通事務次官通知）における評価手法を適用して評定した額、土地について地価公示等の土地の公的評価額に基づいて適正に評価した額、償却資産について適正に算定した未償却残高等を合理的に算定した価額として評定することができる。 ハ　なお、事業内容等に照らして評定単位について特に留意するものとする。 ＜その他償却資産＞ イ　観察可能な市場価格がある場合には、当該市場価格により評定する。 ロ　観察可能な市場価格がない場合には、原価法による価格（再調達原価を求めた上で当該資産の取得時から評定時点までの物理的、機能的、経済的減価を適切に修正した価額）、収益還元法による価格または適正に算定された未償却残高を合理的に算定された価額として評定する。	準じて調整する。 ・なお、収益還元方式で入居保証金等の要返還額を差し引いて評価した場合は、要返還額を「その他固定負債」等の適切な負債項目から減額する。
無形 固定資産	イ　観察可能な市場価格がある場合には、当該市場価格により評定する。 ロ　観察可能な市場価格がない場合には、専門家による鑑定評価額や取引事例に基づき適正に評価した価格を合理的に算定された価額として評定する。 ハ　類似した資産がなく合理的な評定額を見積もることができない場合には評定額は零とする。	① 借地権は、有形固定資産に準じて調整するが、含み損益を調整する場合は底地の時価に借地権割合を考慮して評価する。 ② 借地権以外の無形固定資産（電話加入権、特許権・商標権等の工業所有権、ソフトウエア等）のうち、価値の見込めないものは全額減額する。

	ニ　本評定前に債務者が有償で取得したのれんは無形固定資産として評定するが、この場合、評定基準日において個別に明確に算定することができるものに限ることに特に留意する。	
リース資産	ファイナンスリース取引に該当する場合で、賃貸借取引に準じた処理が行われている場合に、リース債権を担保債権として取り扱う場合には、リース資産については、未払リース料相当額は負債として計上し、見合いとしてのリース資産を、その他償却資産に準じて評定する。	
有価証券・投資有価証券	イ　観察可能な市場価格がある場合には、当該市場価格により評定する。 ロ　観察可能な市場価格がない場合には、合理的に算定された価額により評定する。この場合、株式については日本公認会計士協会が策定した企業価値評価ガイドラインの評価方法等を参考とする。 ハ　観察可能な市場価格及び合理的に算定された価額が存在しない社債及びその他の債券については、当該債券について償却原価法を適用した価額から貸倒見積額を控除した価額により評定する。	① 市場性のある有価証券は含み損益の調整を行う。 　・原則、算定時点の時価で評価する。 ② 市場性のない株式（出資金）は関係会社株式の調整方法に準じる。 ③ 市場価格が明らかでない社債等は、「売上債権」に準じて評価する。
関係会社株式	イ　観察可能な市場価格がある場合には、当該市場価格により評定する。 ロ　観察可能な市場価格がない場合には、合理的に算定された価額により評定する。この場合、日本公認会計	関係会社株式（出資金を含む）は、原則当該先の財務内容の把握を行い、以下により調整額を算定する。 ・業況不振先の株式は原則全額減額。 ・その他の先の株式は、簿価と簿価ベー

	士協会が策定した企業価値評価ガイドラインの評価方法等を参考とする。	スの持分法評価額のいずれか低い方の金額とする（債務超過先の株式は評価ゼロとなる）。（注）持分法評価額とは、出資先の[純資産額（自己資本額）／発行済株数]×持株数にて算定した株式・出資金の評価額である。
その他投資	イ　長期前払費用については、「前払費用」に準じて評定する。 ロ　敷金については、預託金額から契約により返還時に控除される額、原状回復費用見積額及び賃貸人の支払能力による回収不能額を控除した価額で評定する。 ハ　建設協力金については、「貸付金」に準じて評定する。なお、無利息等一般の貸付金と条件が異なる場合には、建設協力金に関する一般に公正妥当と認められる企業会計の基準に準拠して評定することができる。 ニ　差入保証金については、「貸付金」に準じて評定する。 ホ　ゴルフ会員権等については、会員権相場のあるゴルフ会員権等は、相場による価額により評定する。会員権相場のないゴルフ会員権等は、入会金等に相当する部分は評定額は零とし、預託保証金に相当する部分は額面金額から貸倒見積額を控除した額により評定する。 ヘ　貸倒見積額は預託先の信用状況、経営状況等を考慮して見積もる。 ト　保険積立金については、評定時点において解約したと想定した場合の解	① 長期前払費用は「前払費用」の調整方法に準ずる。 ② ゴルフ会員権のように市場価格があるものは、時価で評価する。 ③ 投資不動産は「有形固定資産」の調整方法に準ずる。 ④ その他については、原則として簿価で評価し、調整は行わない。ただし、オフバランス処理した不動産受益権等は、関係会社株式の調整方法に準じる。

	約返戻金相当額により評定する。 <投資不動産> イ　原則として不動産鑑定評価額等により評定する。 ロ　重要性が乏しいなどの理由により、不動産鑑定評価額等を取得する必要がないと判断される場合には、不動産鑑定評価基準における評価手法を適用して評定した額、土地について地価公示等の土地の公的評価額に基づいて適正に評価した額または償却資産について適正に算定した未償却残高等を合理的に算定された価額として評定することができる。	
繰延税金資産・負債	原則として、繰延税金資産及び負債に関する一般に公正妥当と認められる企業会計の基準に準拠して評定する。この場合、事業再生計画の内容等に基づき回収可能性について特に慎重に判断する。なお、一時差異等の認識にあたっては、本評定基準による資産及び負債の評定額と課税所得計算上の資産及び負債の金額の差額を一時差異とみなすものとする。	・見合いの資産の評価の調整に応じて、必要額を調整する
繰延資産	原則として評定額は零とする。	全額減額することを原則とする。
裏書譲渡手形・割引手形	割引手形買戻債務等を認識して負債計上し、見返勘定として回収見込額を手形遡及権として資産に計上する。または、割引手形買戻債務等から回収見込額を控除した額を債務保証損失引当金として負債に計上する。	調整は「売上債権」の調整方法に準ずる。 ・調整額は負債として計上する。

割賦未実現利益		① 割賦債権に対する貸倒引当金が、割賦債権の長期性を考慮して適正に設定されている場合や、割賦債権に信用力が高い第三者の保証が付されている場合には、割賦未実現利益を減額する。 ② ただし、割賦未実現利益のうち、金利相当分及び事務管理のアフターコスト相当分は将来確実に費用となることが見込まれるため減額しない。
賞与引当金・その他短期引当金・その他長期引当金	イ 引当金の設定対象となる資産及び負債について本基準に基づき評定が行われているときは、関連する引当金の額の見直しを行う。 ロ 関係会社の整理または余剰人員の整理等事業再構築等に要する費用の見積額で、他の資産等の評定額に反映されていない額は事業再生計画に基づき「関係会社支援損失引当金」「事業再構築引当金」等の名称により引当金を計上する。	① 賞与引当金等の支払が確実に発生すると予想される負債性引当金は減額しない。 ② 返品調整引当金のように将来債務に対する引当を行っている場合で、資産側で当該引当と同内容の減額を行った場合は、引当金計上額を限度として、その減額した額と同額の減額を行う。
貸倒引当金	イ 個別引当の設定対象となった債権について、本基準に基づき別途評定が行われているときは、当該債権についての貸倒引当額を取り崩す。 ロ 一般引当の設定対象となった債権について、本基準に基づき別途評定が行われているときは、当該債権についての貸倒引当相当額を取り崩す。	① 回収不能見込額を個別に引当した貸倒引当金については、その見合い債権の評価損を減額している場合に限り、減額する。 ② 見合い債権を特定できない貸倒引当金については、①を除く債権の評価損の範囲内で減額する。

退職給付引当金	イ	退職給付に関する一般に公正妥当と認められる企業会計の基準に準拠して設定するが、未認識過去勤務債務及び未認識数理計算上の差異については評定時に認識して計上または取り崩す。	退職給付債務の積立不足額は全額を負債とみなす。
	ロ	退職が見込まれる従業員がある場合には支給予定額を計上する。	
	ハ	中小企業等で合理的に数理計算上の見積りを行うことが困難である場合には、退職給付に関する一般に公正妥当と認められる企業会計の基準に準拠して簡便な方法を用いることができる。	
保証債務	イ	保証債務については、保証債務の総額を負債として計上し、同額の求償権を資産に計上し貸倒見積額を控除する。貸倒見積額は主債務者の返済可能額及び担保により保全される額等の求償権の回収見積額を控除した額とする。または、保証債務の総額から求償権の回収見積額を控除した額を債務保証損失引当金として負債に計上する。	① 保証債務（注記されていない保証債務も含む）については、単体では債務履行能力に不安がある先に対して保証が必要となることに鑑み、原則として、保証先の決算書入手等により財務内容を把握し、履行可能性に応じて調整額を決定する。具体的には、「売上債権」②関係会社宛債権に準じて調整を行い、必要額を負債に計上する。
	ロ	評定基準日後に保証を履行し、または保証履行を請求されている保証債務が存在する場合にも、イと同様に評定する。	② なお、決算以降に保証履行した、保証履行請求をされている、または保証履行請求される可能性が高い保証債務（注記されていない偶発債務も含む）がある場合、当該額と①で算定した必要額のいずれか大きい金額を負債に計上する。
	ハ	他の債務者の債務の担保として提供している資産がある場合等で、当該資産について担保権が実行される可能性が高い場合についても、保証債務に準じて評定する。	③ 業況不振先に対する担保提供等で履行する恐れの高い偶発債務（注記されていない偶発債務も含む）も負債に計

		上する。
		・この評価基準は、会計上への反映を予定しているものではない。
		・直近決算期の貸借対照表を基に、その後の大きな変動を反映し、極力最新の評価により行うことを原則とする。
		・上記に記載のない科目の調整や、DCF法やEBITDAマルチプル法などその他の合理的な評価方法の適用を妨げるものではない（ただし、その他の評価方法を適用した合理的な理由を付記する）。
デリバティブ取引	イ　市場価格またはこれに準じて合理的に算定された価額により評定する。 ロ　ヘッジ取引については、ヘッジ対象資産及び負債について本基準に基づき評定した場合には、ヘッジ手段であるデリバティブ取引についても本基準に基づき評定する。 ハ　複合金融商品を構成する個々の金融資産または金融負債を一体として評定単位とすることが適当な場合には一体のものとして評定する。	
のれん	法人格の継続を前提とした自らの事業に関するのれんについては、「無形固定資産」ののれんに準じて、評定基準日において個別に明確に算定することができるものに限って評定することができ、それ以外の評定額は零とする。	

その他	イ	本基準に定めのない資産及び負債項目については、「二 評定の原則」に従って合理的な評定方法を採用するものとする。	
	ロ	本基準に定めのないその他の合理的な評定方法がある場合には、その他の合理的な評定方法を用いることができるものとする。その場合には、その他の合理的な評定方法の内容及び採用した理由を明記するものとする。	
	ハ	「一 目的」に照らして、重要性に乏しいと判断した資産及び負債については、本基準と異なる簡便的な評定方法を用いることができるものとする。簡便的な評定方法を用いた場合には、重要性の基準値及び簡便的な評定方法の内容を明記するものとする。	

第6章　私的整理における再生計画の作成支援

第1節　私的整理の検討局面

　コロナ禍において、特に中小企業では資金繰りが悪化し赤字を計上するなどの事態が生じている会社も多く、事業再生を考え始めている経営者は多いと考えられます。一般的に会社の業績が悪いという状況は、売上が前期比で減少している、赤字を計上している、資金繰りが厳しい、債務超過など、幅広い意味合いで使われていますが、実際に業績が悪くなってきている企業の経営者は、具体的にはどのような場合において事業再生の検討が必要になるのか、また事業再生においてどういったことが求められるのかを正確に理解しておく必要があります。

　基本的には、金融機関からの借入の返済に窮するような資金不足が生じており、新規借入が行えないような場合で、金融機関に対して現状の借入に関する条件変更を交渉する段階にある企業が、事業再生の検討が必要となる企業となります。また、事業再生において企業に求められることとしては、5年から10年ほどの再生計画を策定した上で、金融支援（一定期間の返済猶予など）を受けることができれば、数年後には黒字化・債務超過解消・債務償還年数の正常化が可能となり、それが具体的なアクションプランにより相当な確度で実現可能であることを金融機関に提示し、金融機関にその再生計画に合意してもらうことが考えられます。

　リスケのような金融機関への比較的負担の少ない金融支援だけでは事業再生が難しい場合には、債権放棄等を含んだ計画を策定し、金融機関に対して、清算するよりも経済合理性があることを示すことが必要です。また、私的整理の範疇においては、全金融債権者との合意が必要となるため、計画に合意しない金融債権者がいる場合には、裁判所を踏まえて再生計画等を評価する必要が生じてくるため、法的整理における事業再生（民事再生法・会社更生法）を検討することとなります。その上で、事業継続・再生が困難と判断される状況においては、清算型の法的整理（特別清算・破産）を検討することとなります。

第2節　金融機関からの評価

　上述のように私的整理においては全金融債権者との合意が必要であり、金融機関側がどのように債務者を見ているのかを理解していることが肝要となります。

　ポイントとしては、債務者区分と合実計画・実抜計画（後述）を理解するという点です。すでに廃止されているものの、金融機関の債務者区分の判定や引当金の算定方法の基礎となっている金融庁公表の金融検査マニュアルの「自己査定（別表1）」等を参考に観ていくこととします。

　まず、債務者区分には正常先、要注意先、破綻懸念先、実質破綻先、破綻先という区分があり、さらに要注意先は要管理先とその他要注意先に区分されます。

　正常先とは「業況が良好であり、かつ、財務内容にも特段の問題がないと認められる債務者」と定義されており、毎期黒字を計上しており、債務償還年数（借入金等の要償還債務÷営業キャッシュ・フロー（当期損益＋減価償却費等の非資金損益項目））が概ね10年以内（不動産賃貸業・倉庫業・ホテル業などの装置産業については25年程度）の債務者が該当します。

　要注意先は「金利減免・棚上げを行っているなど貸出条件に問題のある債務者、元本返済もしくは利息支払いが事実上延滞しているなど履行状況に問題がある債務者のほか、業況が低調ないしは不安定な債務者または財務内容に問題がある債務者など今後の管理に注意を要する債務者」と定義され、一時的でない赤字を計上している、または債務償還年数が概ね10年～20年（装置産業は概ね25年～35年）ほどの債務者が該当します。なお、そのうち貸出条件を緩和した債務者や3カ月以上延滞している債務者は要管理先に該当します。

　破綻懸念先は「現状、経営破綻の状況にはないが、経営難の状態にあり、経営改善計画等の進捗状況が芳しくなく、今後、経営破綻に陥る可能性が大きいと認められる債務者（金融機関等の支援継続中の債務者を含む）をいう。具体的には、現状、事業を継続しているが、実質債務超過の状態に陥っており、業況が著しく低調で貸出金が延滞状態にあるなど元本及び利息の最終の回収について重大な懸念があり、したがって損失の発生の可能性が高い状況で、今後、経営破綻に陥る可能性が大きいと認められる債務者」と定義され、実質的に債務超過の状態、債務償還年数が概ね20年を超える（装置産業では概ね30年超）状態や、延滞が6カ月を超える状態の債務者が該当します。

　実質破綻先は「法的・形式的な経営破綻の事実は発生していないものの、深刻な経営難の状態にあり、再建の見通しがない状況にあると認められるなど実質的に経営破綻に陥っている債務者」をいい、破綻先は「法的・形式的な経営破綻の事実が発生している債務者をいい、たとえば、破産、清算、会社整理、会社更生、民事再生、手形交換所の取引停止処分等の事由により経営破綻に陥っている債務者」と定義されています。

　まず、私的整理の事業再生が必要となる企業は、破綻懸念先の状態にあることが想定されますので、再生計画により正常先の状態を目指すこととなります。この際、債務者区分が「破綻懸念先」の場合における金融機関が受ける損失（引当率）はどうなるのでしょうか。公表されている「株式会社三井住友フィナンシャルグループ2020年3月期の2019年度決算説明資料の8.自己査定、開示及び償却・引当との関係【三井住友銀行単体】」で観てみますと、破綻懸念先における担保・保証等により保全されていない部分に対する引当率は75.18％であり、要管理先債権については36.74％となっています。

　つまり、企業の債務者区分が要管理先債権・破綻懸念先に該当することになれば、金融機関は相当な損失（引当金）を計上することとなり、新規融資を行えばそれだけの損失が生じることとなるため、新規融資が実行

できないことになります。また、融資を担当する部署・支店等の業績に影響することとなり、金融機関側も慎重な対応をすることになります。

〈図33〉 債務者区分と引当率等

債務者区分		定義	目安	銀行引当率	追加融資可否	金融支援	合実計画	実抜計画
正常先		業況が良好であり、かつ、財務内容にも特段問題がない債務者	黒字 債務償還年数10年以内（装置産業：25年以内）	0.10%	可	不要	—	—
要注意先	その他要注意先	業況が低調ないしは不安定な債務者または財務内容に問題がある債務者など今後の管理に注意を要する債務者	一時的でない赤字 債務償還年数10年以上20年以内（装置産業：25年以上35年以内）	4%		不要	—	●
	要管理先	当該債務者の債権の全部または一部が要管理債権（3カ月以上延滞または貸し出し条件を緩和している債権）である債務者	3カ月以上延滞 貸出条件緩和先	36%	不可	必要	●	○
破綻懸念先		現状、経営破綻の状況にはないが、経営難の状態にあり、経営改善計画等の進捗状況が芳しくなく、今後、経営破綻に陥る可能性が大きいと認められる債務者	債務超過 債務償還年数20年超（装置産業：35年超）	75%		必要	○	○
実質破綻先		法的・形式的な経営破綻の事実は発生していないものの、深刻な経営難の状態にあり、再建の見通しがない状況にあると認められるなど実質的に経営破綻に陥っている債務者	営業停止	100%	対象外	—	—	—
破綻先		法的・形式的な経営破綻の事実が発生している債務者をいい、たとえば、破産、清算、会社整理、会社更生、民事再生、手形交換所の取引停止処分等の事由により経営破綻に陥っている債務者	法的破綻先	100%		—	—	—

ランクアップ

　そこで、金融機関としては債務者に対する金融支援を実行することの経済合理性を判断するため、また債務者区分のランクアップによる引当金の減少といった与信管理のために、再生計画を求めることになるわけです。なお、その際には「その他要注意先」とすることができる再生計画の内容が金融検査マニュアル等により示されているので、合理的かつ実現可能性の高い計画（合実計画）や実現可能性の高い抜本的な計画（実抜計画）に該当するかどうかがポイントとなります。債務者区分と引当率及び合実計画・実抜計画の関係を示すと前頁＜図33＞のようになります。

　また、以下＜表26＞が金融検査マニュアル・貸出条件緩和債権Q&Aに基づき整埋した合実計画・実抜計画の内容となります。これらの要件を満たす再生計画の策定・実行が債務者企業に求められ、また一方でこれらの計画を達成することにより、事業の継続と金融取引の正常化（設備投資等に関する借入ができる状態に戻ること）が図られることとなります。

（表26）　合実計画と実抜計画の比較表

項目	合実計画（「合理的かつ実現可能性の高い経営改善計画」）	実抜計画（「実現可能性の高い抜本的な経営再建計画」）
	金融機関等の支援を前提として、経営改善計画等が策定されている債務者については、以下のすべての要件を満たしている場合には、経営改善計画等が合理的であり、その実現可能性が高いものと判断し、当該債務者は要注意先と判断して差し支えないものとする。	貸出条件緩和債権Q&Aの問26〜28にて実現可能性の高い抜本的な経営再建計画について定義されている。なお、中小零細企業の場合、合実計画の要件を満たすことによりその他要注意先とすることができる。
計画期間計画内容	経営改善計画等の計画期間が原則として概ね5年以内（5〜10年でも、概ね計画どおり進捗しており、今後も概ね計画どおりに進捗すると認められる場合を含む）であり、かつ計画の実現可能性が高い	計画における売上高、費用及び利益の予測等の想定が十分に厳しいものとなっていること
債務者区分	計画期間終了後の当該債務者の債務者区分が原則として正常先となる計画（再建支援を要せず、自助努力により事業の継続性を確保できる場合は終了時点で要注意先でも可）	概ね3年後（債務者企業の規模または事業の特質を考慮した合理的な期間の延長を排除しない）の当該債務者の債務者区分が正常先となること
債権者の同意	計画の実現に必要な関係者との同意が得られていること	左記と同様
金融支援等	計画における債権放棄などの支援の額が確定しており、当該計画を超える追加的支援が必要と見込まれる状況でないこと	左記と同様

私的整理においては、全金融債権者との合意が必要となることから、再生計画作成支援等に関わる公認会計士等の専門家は、上述した金融機関からの評価について理解していることが望まれます。

第3節　初期段階の検討事項

　いずれの私的整理による事業再生を選択する場合であっても、事業再生に着手してから実際に再生計画が作成され、債権者との合意が得られるまで概ね6カ月ほどかかることが想定されることから、まずはその期間における資金繰りの状況を確認する必要があります。

　不動産等の担保余力がある場合には、それを利用した新規融資の可能性を検討します。それでも資金繰りが厳しい場合には、再生計画作成のためにいったん全金融機関への返済を不公平のないように一斉に猶予してもらうこととなります（暫定リスケジュール）。その上で、その間の資金繰りに窮しないように、報酬カットや経費削減等の計画策定前に実行可能なアクションプランを遂行したり、経営者からの借入などを検討したりする必要があります。

　なお、新型コロナウイルス感染症の影響を受け、既往債務の支払いに悩む中小企業のために、中小企業再生支援協議会が中小企業に代わり、一括して金融機関への元金返済猶予の要請を実施し、また1年間の新型コロナウイルス感染症特例リスケジュール計画として資金繰り計画策定支援を行い、中小企業の既往債務の負担軽減を行う制度（新型コロナ特例リスケジュール）が2020年4月より運用されています。この制度についても初期段階において検討することが望まれます。

第4節　各私的整理における再生計画の作成支援

1. 私的整理としての事業再生の選択肢

　再生計画の内容としては合実計画・実抜計画の要件を満たすものを目指すこととなりますが、財務・税務・事業・法務に関するデューデリジェンスによる現状や実態を把握する作業、それらに基づく再生計画の作成と金融機関との交渉を行うにあたり、中小企業診断士、公認会計士、税理士、弁護士等を通して専門性や再生計画の客観性を担保する必要があります。私的整理には主に以下の3つの制度があり、それぞれについて説明していきます。

（1）経営改善計画策定支援事業
（2）中小企業再生支援協議会

(3) 事業再生 ADR

　なお、(1) については準則型私的整理として扱われないことが多いものの、中小企業・小規模事業者のために設けられている最初に検討するべき私的整理の手法であり、公認会計士が関与することも少なくないことから対象に含めています。

2. 経営改善計画策定支援事業

(特徴・専門家の関与)

　経営改善計画策定支援事業の特徴としては、中小企業・小規模事業者向けに経営革新等支援機関(認定支援機関)が計画策定や金融調整を支援する点があげられます。また、金融支援手法は特段限定されていないものの、比較的規模が小さく、金融債権者が少ない案件などが利用対象として想定されています。債権放棄等を伴う比較的負担の大きい金融支援が必要となる案件に関しては、中小企業再生支援協議会に委ねることになるか、協働することにより業務を進めることが期待されています。

　経営革新等支援機関の認定制度は、税務、金融及び企業財務に関する専門的知識や支援に係る実務経験が一定レベル以上の個人、法人、中小企業支援機関等を経営革新等支援機関として認定することにより、中小企業に対して専門性の高い支援を行うための体制を整備するものであり、個人の会計事務所や税理士法人、法律事務所等が認定を受け、認定支援機関として登録されています。

(計画要件)

　本制度において、経営改善計画の水準については、その計画によって金融機関から条件変更を得ること以外に、特に要件は定められておりません。しかしながら、金融検査マニュアルにおける合実計画・実抜計画に該当する内容にする必要はないものの(中小企業庁公表「認定支援機関向けマニュアル・FAQ」Q3-2【経営改善計画の水準】のA)、金融機関としては与信管理の観点に加えて、一定の金融支援を行う経済合理性があるかどうかの検討が必要になります。具体的には計画の合理性や実現可能性、5年後〜10年後の債務者区分など、合実計画・実抜計画に相当するかどうかの観点によって、計画・条件変更への合意判断が行われることとなります。

3. 中小企業再生支援協議会

(特徴・専門家の関与)

　中小企業再生支援協議会は、中小企業の事業再生に向けた取り組みを支援する「国の公的支援機関」(経済産業省委託事業)であり、全国47都道府県に設置されています。

　「中小企業再生支援協議会事業実施基本要領」(以下、基本要領)に沿った形で手続が進められ、第一次

対応として窓口相談（無料）を提供し、企業から要望があり、かつ再生計画を作成して金融機関等との調整を行う必要があると判断された場合に、第二次対応として再生計画策定支援を実施することとなります。第2次対応における個別支援チームの編成において、基本要領では「個別支援チームに含める外部専門家には、公認会計士または税理士を含めることとし、債権放棄等の要請を含む再生計画の策定を支援することが見込まれる場合には、原則として弁護士及び公認会計士を含めることとする」と定められており、経営改善計画策定支援事業の場合よりも専門性が求められています。

　上記チーム編成において専門性が求められる理由としては、金融支援として債権放棄も含まれていることや、「再生計画の策定にあたり、法人税法第25条第3項及び第33条第4項並びに同法第59条第2項第1号の適用を受けることを想定している場合には、中小企業庁が別に定める『中小企業再生支援スキーム』に従うものとする」（基本要領）とされており、税務上の要件の充足確認が必要となること、さらには「中小企業再生支援スキーム」中の別紙「実態貸借対照表作成にあたっての評価基準」（本編第5章第5節参照）に従って資産を評価する必要があるためです。

（計画要件）
　基本要領においては、再生計画案の内容として以下を求めています。

---

① 再生計画案は、相談企業の自助努力が十分に反映されたものであるとともに、以下の内容を含むものとする。
　・企業の概況
　・財務状況（資産・負債・純資産・損益）の推移
　・実態貸借対照表
　・経営が困難になった原因
　・事業再構築計画の具体的内容
　・今後の事業見通し
　・財務状況の今後の見通し
　・資金繰り計画
　・債務弁済計画
　・金融支援（リスケジュール、追加融資、債権放棄等）を要請する場合はその内容

---

② 実質的に債務超過である場合は、再生計画成立後最初に到来する事業年度開始の日から5年以内を目処に実質的な債務超過を解消する内容とする（企業の業種特性や固有の事情等に応じた合理的な理由がある場合には、これを超える期間を要する計画を排除しない）。

---

③ 経常利益が赤字である場合は、再生計画成立後最初に到来する事業年度開始の日から概ね3年以内を目処に黒字に転換する内容とする（企業の業種特性や固有の事情等に応じた合理的な理由がある場合には、これを超える期間を要する計画を排除しない）。

④ 再生計画の終了年度（原則として実質的な債務超過を解消する年度）における有利子負債の対キャッシュ・フロー比率が概ね10倍以下となる内容とする（企業の業種特性や固有の事情等に応じた合理的な理由がある場合には、これを超える比率となる計画を排除しない）。

⑤ 対象債権者に対して金融支援を要請する場合には、経営者責任の明確化を図る内容とする。

⑥ 金融支援の内容として債権放棄等を要請する場合には、株主責任の明確化も盛り込んだ内容とする。

⑦ 再生計画案における権利関係の調整は、債権者間で平等であることを旨とし、債権者間の負担割合については、衡平性の観点から個別に検討する。

⑧ 債権放棄等を要請する内容を含む再生計画案である場合にあっては、破産手続による債権額の回収の見込みよりも多くの回収を得られる見込みが確実であるなど、対象債権者にとって経済的な合理性が期待できることを内容とする。

⑨ 債権放棄等を要請する内容を含まない再生計画案であって、再生計画案の内容が上記②〜④のいずれかを満たさない場合であっても、基本要領6.「再生計画策定支援（第二次対応）」の規定に準じて、再生計画の策定を支援することができる。

　以上のように、計画の要件としては、概ね3年以内の黒字転換、5年以内の実質債務超過解消、終了年度における有利子負債の対キャッシュ・フロー比率が概ね10倍以下となること等が定められていますが、実抜計画として扱うには、金融庁の監督指針や金融検査マニュアルに規定された一定の要件を満たす必要があります（中小企業再生支援協議会事業実施基本要領Q&A（以下、基本要領Q&A）におけるQ38）。

4. 事業再生ADR

（特徴・専門家の関与）

　事業再生ADRは、私的整理ガイドラインでは主要金融機関主導で再生計画が作成され、それゆえに主要

金融機関に有利な計画となっていたことなどの問題を解消するため、2007年に産業活力の再生及び産業活動の改革に関する特別措置法（以下、「産活法」）が改正され制度化されました。事業再生に専門的知識を有すると認定された民間事業者の事業再生実務家協会（JATP）が、事業再生ADRの案件を扱っています。

　事業再生ADRにおいても、事業再生に関する高度な知見と経験があるものとして私的整理ガイドラインの専門家アドバイザーの経験を有する弁護士や公認会計士等が手続実施者として選任されるように設計されており、高い専門性を確保しています。また、公正中立性を確保するために、債権者会議での合意を得る必要があります。事業再生ADR活用ガイドブックのQ＆A、Q7において記載されているとおり、以下のような日本有数の事業再生の専門家が案件を担当することとなります。

・会社更生事件の管財人や民事再生事件の監督委員・管財人を務めた経験のある弁護士
・私的整理ガイドラインの専門家アドバイザー経験を有する弁護士・公認会計士等
・産業再生機構でマネージングディレクターとして活躍したアドバイザー
・中小企業再生支援協議会でプロジェクトマネージャーとして活躍したアドバイザー

　特に対象となる法人形態や規模などに制限は設けられていませんが、再生手続規則22条に求める要件（自力再生が困難・重要な事業部門で営業利益を計上しているなど）を満たす債務者が事業再生ADRの対象となります。ただし、2017年度から2019年度において、上場企業4社（経済産業省産業創造課による2020年「事業再生ADR制度について」）が利用していること、中小企業の場合には再生支援協議会の利用ができること、手続実施者に高度な専門性と経験を求めていることなどから、事業再生ADRは比較的上場企業や大企業が活用している制度であると考えられます。

（計画要件）

　金融支援の内容には、リスケ型のほか債権放棄型もあり、再生手続規則18条のとおり、事業再生計画案が債権放棄を伴う場合には、ADR資産評定基準に基づく資産評定が求められています（本編第5章第5節参照）。また、再生手続規則27条2項において定められているとおり、事業再生計画案には以下の内容を含むことが求められています。

（1）経営が困難になった原因
（2）事業の再構築のための方策
（3）自己資本充実のための措置

(4) 資産・負債及び収益・費用の見込みに関する事項

　ただし、以下のイまたはロに該当する場合には、イまたはロに定める条件を満たさなければならない。

　　イ　債務者が債務超過状態にあるときは、事業再生計画案の合意成立日を含む事業年度の翌事業年度から原則３年以内に債務超過状態を解消しなければならない。

　　ロ　債務者に経常損失が生じているときは、事業再生計画案の合意成立日を含む事業年度の翌事業年度から原則３年以内に、経常黒字が生じるようにしなければならない。

(5) 資金調達に関する計画

(6) 債務の弁済に関する計画

(7) 対象債権者の権利の変更

　ただし、対象債権者の権利の変更を定めるにあたっては、以下の各条件に従う。

　　イ　権利変更の内容は、対象債権者間で平等でなければならない。ただし、対象債権者間に差を設けても衡平を害しないときは、この限りではない。

　　ロ　事業の継続に欠くことができないものとして、本手続中に強化法に定める一定の基準を満たして行われた資金の借入れは、他の債権に優先して弁済を受けることができる。

(8) 債権額の回収の見込み

　ただし、債権額の回収の見込みが、破産手続による債権額の回収の見込みよりも大きいことなど、債権者にとっても経済的合理性が期待できるものでなければならない。

　加えて、債権放棄を伴う事業再生計画案の場合、以下の各号の事項が含まれていなければならないとされています（再生手続規則27条３項）。

(1) 資産評定基準により資産評定された価額を基礎に貸借対照表が作成されていること。

(2) 前号の貸借対照表上の資産・負債の価額、及び事業再生計画案上の収益・費用に基づいて債務免除額が定められていること。

(3) 株主の権利の全部または一部が消滅すること（ただし、事業再生に著しい支障を来すおそれがある場合を除く）について定められていること。

（4）役員が退任すること（ただし、事業再生に著しい支障を来すおそれがある場合を除く）について定められていること。
（5）債権放棄が2以上の金融機関または1以上の政府系金融機関等により行われていること。
（6）再生手続規則21条2項各号の要件をいずれも満たしていること。

　上記の計画内容であっても実抜計画として扱うには、金融庁の監督指針や金融検査マニュアルに規定された一定の要件を満たす必要があります。

5. 公認会計士の役割と計画作成支援

　私的整理における計画策定において、公認会計士が関与することは多く、財務デューデリジェンス・事業デューデリジェンスの実施、計画の作成支援、金融債権者との金融調整の支援が主な業務となります。

　それらの業務を行うにあたって経営改善計画策定支援事業では、認定支援機関として「認定支援機関による経営改善計画策定支援事業に関する手引き」等に基づく制度について理解が必要となります。また、中小企業再生支援協議会の場合には、個別支援チームメンバー、または再生計画検討委員会の委員として、基本要領・中小企業再生支援スキーム等で定められている制度の理解が必要となります。

　同様に事業再生ADRの場合では、手続実施者として再生手続規則等による事業再生ADR制度の理解が必要となります。

　さらに、債務者区分や合実計画、実抜計画の考え方を理解していること、それぞれの制度ごとの計画の要件、資産評定基準、税務の取扱いの理解や経験が公認会計士の役割として求められることとなります。

第7章　法的整理における再生計画の作成支援

第1節　法的整理の検討局面

　私的整理においては、全金融債権者との合意が必要となるため、計画に同意しない金融債権者がいる場合には、再生型の法的整理による事業再生を検討することとなり、具体的には民事再生法と会社更生法が事業再生の選択肢となります。

　また、再生型の法的整理がそぐわないような場合、たとえば債権放棄を行い事業継続したとしても、借入金の返済原資となるキャッシュ・フローが創出できず、清算した方が有利である場合には、清算型の法的整理（特別清算・破産）を検討することになります。

第2節　各法的整理における再生計画の作成支援

1．総論

　法的整理においては私的整理と異なり、金融債権のほか、商取引債権や労務債権等のすべての債権が対象となり、また裁判所が管轄となることから、主に弁護士が専門家として関与することとなります。

　公認会計士の役割としての観点では、法的整理においては今後の計画策定・検証以上に、財産評定が重視されている印象を受けます。

　これは私的整理との比較の観点からも、法的整理では多数決の制度が採用されており（更生法196条5項・民再法172条の3）、また会社更生法と民事再生法における目的が債権者の権利変更であることから（更生法2条2項・民再法2条3号）、収益弁済の根拠たる事業計画の記載が限定的となっており、事業計画よりも財産評定への重要性が法的整理では高いと考えられるためです。

　加えて、法定の弁済期間については、民事再生法において10年を超えない期間（民再法155条3項）、会社更生法では15年（更生法168条5項）となっているものの、5年以内の弁済計画が一般的となっています。これは税務上、債権者側においては5年を経過する日までに弁済されることとなっている金額以外の金額は損金として計上されることなどから、5年を超える弁済計画は敬遠される傾向があるためです。

　そして、金融機関における破綻先への償却・引当の考え方としては、担保・保証以外の部分を貸倒引当金・貸倒損失として損失計上することから（つまり、計画に基づく将来の事業キャッシュ・フローを回収できるものとして償却・引当を計算することができない）、担保・保証への関心の方が強くなることも財産評定が重視される要因と考えられます。

ゆえに、再生型の法的整理においては、法律上必要とされる清算価値を上回る弁済となること（清算価値保証の原則）が必要要件となり、公認会計士の役割として、今後の計画の策定・検証以上に、清算価値算定の基礎となる財産評定の作成・検証が重視されることになると考えられます。

　なお、特別清算・破産の場合には、今後の計画は必要ないことから、公認会計士の役割は再生型の法的整理と比べて関与は限定的であると考えられます。

　以下では公認会計士の関与及び計画の要件という観点から再生型の法的整理について説明することにします。

2．民事再生法

（特徴・専門家の関与）

　民事再生法は債務者企業が経営権を保持したまま再生を行う手法であり、債務者企業と申立代理人である弁護士により手続が進められます。同時に、債務者企業の再生計画の策定等に関して公認会計士が関与することが考えられます。また、裁判所では執行の監督を行う監督委員が選任されますが、再生債務者の業務、会計帳簿等の調査（民再法59条）のために、補助者として公認会計士を選任することが一般的です。

　再生計画の策定支援においては、財産評定書の作成・再生計画のうち数値部分の補助・再生スキームに関する助言等に関与することが考えられます。監督委員の補助者としては、財産評定の確認、再生計画の履行可能性、取締役の違法行為や会社への損害を与える行為の有無、特定債権者への有利な弁済の有無などについて調査を行い、監督委員が提出する意見書に必要となる調査報告書を作成することとなります。財産評定の検討結果は、清算配当率の計算を通じて再生計画における弁済率に影響を与えるため、最も重要な業務といえます。また、再生計画の履行可能性については、履行が明らかに不可能ではないといえるか、という観点から調査し、意見を報告書にまとめることとなります。

（計画要件）

　すでに述べたように、再生計画への弁済期間が10年を超えない期間となること（民再法155条3項）、清算価値を上回る弁済となること（民再法174条2項4号）が計画策定の要件としてあげられます。

　清算価値算定のための財産評定の基準については、民事再生手続においては処分価額（清算価値）とされており、経営研究調査会研究報告第23号「財産の価額の評定等に関するガイドライン（中間報告）」のⅥ処分価額188以降を基にして評価が行われます。

3．会社更生法

（特徴・専門家の関与）

　会社更生法については、裁判所から選任された管財人が更生計画の策定等の手続を行うこととなり、管財

人の補助者等として公認会計士が関与することが考えられます。有名な日本航空のケースでは、財産評定は監査法人が実施し、管財人である企業再生支援機構のコンプライアンス委員及び委員補佐として、公認会計士が破綻要因・会計処理事項の検討・経営責任の検討・組織体質上の問題点の検討などに関与しました。

（計画要件）

　会社更生法に関しても、原則として弁済期間は15年であり（更生法168条5項）、清算価値を上回る弁済となること（更生法199条2項）が計画において求められる要件と考えられます。

　会社更生手続における清算価値算定のための財産評定の基準は時価（更生法83条）によるとされ、この財産評定額は更生会社の認可決定時貸借対照表及び財産目録における取得価額とみなされ会計帳簿の基礎となります（更生規1条2項）。具体的な財産評定自体は、経営研究調査会研究報告第23号「財産の価額の評定等に関するガイドライン（中間報告）」のⅣ第83条時価49以降を基にして評価が行われます。

4. 公認会計士の役割と計画作成支援

　公認会計士の主な役割として弁済率に影響を与える財産評定は、民事再生計画・会社更生計画とともに重要であり、それぞれの財産評定における評定額の考え方を十分に理解していることが求められます。また、今後の事業計画という観点からは、上述のとおり、私的整理のように細かな定めがあるわけではないものの、計画の履行可能性は高い客観性を有する必要があり、内部統制・会計・税務等の専門的な知識を持って客観性を疎明することが求められます。

第8章　再生会社等の機関等への就任

第1節　継続企業の機関設計と経営破綻によるその遷移

　本章では、会社法25条1項により設立される株式会社に限定して検討を進めます。まずは通常の継続企業における機関を観ていきます。会社法は第二編第四章において株式会社の機関を定めています。それによると、株式会社の機関設計にはさまざまな種類がありますが、必置機関は株主総会（会社法295条）と取締役（会社法326条1項）となります。そして、株式会社において定款の定めにより任意的に設置できる機関は、次のとおりです。

　（1）取締役会（会社法362条）

　（2）会計参与（会社法374条）

　（3）監査役（会社法381条）

　（4）監査役会（会社法390条）

　（5）会計監査人（会社法396条）

　（6）監査等委員会（会社法399条の2）

　（7）指名委員会等（会社法400条）

　（8）執行役（会社法402条）

　また、会社法は上記（1）～（8）の組み合わせによる株式会社の機関設計について、以下の①～⑪の制約を課しています。

（取締役会等の設置義務等）

　①次に掲げる株式会社は、取締役会を置かなければならない（会社法327条1項）。

　　一　公開会社（※46）

　　二　監査役会設置会社

　　三　監査等委員会設置会社

　　四　指名委員会等設置会社

　②取締役会設置会社（（※47）除く）は、監査役を置かなければならない（会社法327条2項本文）。

　③取締役会設置会社（（※47）除く）であっても、公開会社でない会計参与設置会社については監査役を置く必要はない（会社法327条2項但書）。

④会計監査人設置会社（（※47）を除く）は、監査役を置かなければならない（会社法327条3項）。

⑤（※47）は、監査役を置いてはならない（会社法327条4項）。

⑥（※47）は、会計監査人を置かなければならない（会社法327条5項）。

⑦指名委員会等設置会社は、監査等委員会を置いてはならない（会社法327条6項）。

（※46）その発行する全部または一部の株式の内容として譲渡による当該株式の取得について株式会社の承認を要する旨の定款の定め
　　　を設けていない株式会社をいう（会社法2条5号）
（※47）監査等委員会設置会社及び指名委員会等設置会社

（大会社における監査役会等の設置義務）

⑧公開会社でない大会社（※48）は、会計監査人を置かなければならない（会社法328条2項）。

⑨公開会社である（※47）の大会社は、会計監査人を置かなければならない（会社法328条1項括弧書き）。

⑩公開会社である（※47）以外の大会社は、監査役会及び会計監査人を置かなければならない（会社法
　　328条1項本文）。

（※48）次に掲げる要件のいずれかに該当する株式会社をいう（会社法2条6号）
　　　イ　最終事業年度に係る貸借対照表に資本金として計上した額が5億円以上であること
　　　ロ　最終事業年度に係る貸借対照表の負債の部に計上した額の合計額が200億円以上であること

（執行役の選任等）

⑪指名委員会等設置会社には、1人または2人以上の執行役（※51）を置かなければならない（会社法
　　402条1項）。

（※49）会社法402条2項～8項に規定

　上記の株主総会及び取締役並びに（1）～（8）の機関と①～⑪の制約を組み合わせた機関設計のパターンは以下のとおりです。

　　パターン①（取締役会非設置会社）：株主総会＋取締役

　　パターン②（取締役会設置会社）：株主総会＋（1）＋（3）

　　パターン③（会計参与設置会社）：株主総会＋（1）＋（2）（※50）

　　パターン④（会計監査人設置会社）：株主総会＋取締役＋（3）＋（5）

　　パターン⑤（監査役会設置会社）：株主総会＋（1）＋（4）＋（5）

　　パターン⑥（監査等委員会設置会社）：株主総会＋（1）＋（5）＋（6）

　　パターン⑦（指名委員会等設置会社）：株主総会＋（1）＋（5）＋（7）＋（8）

（※50）公開会社でない会社に限る

左記のパターン①〜⑦が、経営破綻によりどのように遷移していくかが、本節のテーマです。まず、前掲表13を再掲します。

（表13）　各倒産スキームの整理表

区分		清算型倒産スキーム	再生型倒産スキーム
法的整理		破産	民事再生
		特別清算	会社更生
私的整理	純粋	事実上の倒産（夜逃げ）	純粋私的整理
	準則型		中小企業再生支援協議会スキーム
			事業再生ADR
		廃業支援型特定調停	再生支援型特定調停

　上表の"法的整理"においては、各々「開始決定」というメルクマールがあり、そこにおいて株式会社のその法的な意味の組織名称が下表のとおり各々遷移します。それに伴い、機関設計も遷移することになります。

（表27）　法的整理倒産スキームの開始決定による会社組織の遷移

開始決定前	法的整理スキーム	開始決定後の法人等組織	
		根拠法	法人等組織名称
株式会社	破産	破産法	破産財団
	特別清算	会社法	清算株式会社
	民事再生	民再法	民事再生中の株式会社（民再会社と略す）
	会社更生	更生法	会社更生中の株式会社（更生会社と略す）

　これに対して、上表13の"私的整理"には「開始決定」というメルクマールも、"根拠法"もありません。しかしながら、清算型の純粋私的整理である"夜逃げ"と再生型の純粋私的整理を除く「準則型私的整理」においては、各々依拠すべき準則法や準拠マニュアル等が次表のとおり設定されています。

（表28）　準則型私的整理スキームにおいて依拠する準則法等

準則型私的整理		準則法	準拠マニュアル等	
中小企業再生支援協議会スキーム		産競法 産競令 産競規	基本要領	
事業再生 ADR		ADR法 産競法 ADR規則 経産省令	経産省告示、資産評定基準、 再生手続規則（※51）	
特定調停	裁判官単独型	特調法 民調法 特調規		
	調停委員会型			
	日弁連スキーム		再生スキーム	一体再生型手引
			GLスキーム	GL単独型手引
			廃業スキーム	廃業支援型手引

（※51）JATP 発出

　「準則型私的整理」はあくまで、準則法の規定や準拠マニュアル等に則って私的整理を行うものですから、会社組織や機関設計遷移について法的に強制されるものではありません。しかしながら、再生型私的整理に関する支援機関、金融債権者やスポンサー等との一定のコミットメントのなかで成立するのが「準則型私的整理」ですから、少なくとも機関設計についての一定の遷移は受け入れなければならない場面が想定されます。

第2節　法的整理における機関設計の遷移と会計士の就任

1. 法的整理の開始等決定前後に新たに設置される機関

　株式会社を前提とした法的整理において、開始等決定前後に新たに設置される機関（裁判所も含む）は、次表29～32のとおりです。

（1）破産

　破産において、開始決定前後に新たに設置され会計士の就任が適当とみなされる機関は右表のとおりです。なお、破産した株式会社は「破産財団」に移行（破産法34条1項）しますので、破産前に置かれていた株式会社としてのすべての既存機関が消滅します。

（表29）　破産における開始決定前後に新たに設置される機関等

	機関等	必置機関	根拠法	会計士
決定前	裁判所	✓	破産法21条〜30条他	
	保全管理人	✓	破産法91条	△
	保全管理人代理		破産法95条	○
決定後	裁判所	✓	破産法75条	
	破産管財人	✓	破産法74条	△
	破産管財人代理		破産法77条	○
	債権者集会		破産法135条	
	債権者委員会		破産法144条	△

　会計士欄の○は会計士が就任するのが適当と判断される機関であり、△は当該機関が複数人で構成される場合にそのうちのひとりに会計士が就任するのが適当な場合があると判断される機関です（以下表においても同様）。

(2) 特別清算

　特別清算は清算手続開始によりすでに移行済の「清算株式会社」（会社法476条）に特別清算の開始命令（会社法514条）を被せることにより成立する手続です。会社法477条7項によれば「第四章第二節の規定（株主総会以外の機関の設置）は、清算株式会社については、適用しない」とされています。したがって清算株式会社においては、特別清算前に置かれていた株式会社としての機関は、株主総会を除きすべて撤廃され、代わりに清算株式会社としての機関が設置されます。

[1]　清算株式会社における必置機関

　　　①清算人（会社法477条1項）

　　　②清算人会（※52）

　　　③監査役（※53）

[2]　清算株式会社における任意設置機関（会社法477条2項）

　　　①清算人会

　　　②監査役

　　　③監査役会

（※52）監査役会を置く旨の定款の定め（前節パターン⑤）がある清算株式会社は、清算人会を置かなければならない（会社法477条3項）

（※53）清算の開始原因（会社法475条各号）に該当することとなったときにおいて公開会社（※46）または大会社（※48）であった清算株式会社は、監査役（※54）（※55）を置かなければならない（会社法477条4項）

（※54）清算の開始原因（会社法475条各号）に該当することとなったときにおいて監査等委員会設置会社（前節パターン⑥）であった清算株式会社であって、会社法477条4項の規定の適用があるものにおいては、監査等委員である取締役が監査役となる（会社法477条5項）

（※55）清算の開始原因（会社法475条各号）に該当することとなったときにおいて指名委員会等設置会社（前節パターン⑦）であった清算株式会社であって、会社法477条4項の規定の適用があるものにおいては、監査委員が監査役となる

　清算株式会社において特別清算の開始命令（会社法514条）前後に新たに設置され会計士の就任が適当とみなされる機関は、下表のとおりです。

（表30）　特別清算における開始命令前後に新たに設置される機関等

命令	機関等	必置機関	根拠法	会計士
命令前	裁判所	✓	会社法510条、512条、514条	
	清算人	✓	会社法477条1項	△
	清算人会		（※54）	△
	監査役		（※54）	△
	監査役会		会社法477条2項	△
命令後	裁判所	✓	会社法515条〜522条他	
	清算人	✓	会社法523条	△
	清算人代理		会社法525条	○
	監督委員		会社法527条	△
	調査委員		会社法533条	△
	債権者集会		会社法546条	

（3）民事再生

　民事再生は、"DIP型の再生"なので、開始決定前後に新たに設置される必置機関は存在しません。したがって、DIP型で民事再生中の株式会社は、再生債務者等として裁判所による行為の制限が一部課される（民再法41条〜43条）のみで、民事再生開始決定前と同様の機関とその権限が存置されます。ただし、裁判所から「管理命令（民再法64条）」または「保全管理命令（民再法79条）」が出された場合には、会社更生と同様の"管理型"に移行します。しかしながらこの場合であっても、取締役・監査役・執行役は直ちにその地位を喪失するわけではなく、その報酬請求権が停止（したがって事実上職務執行停止）されるにとどまります（民再法76条の2、83条4項）。

（表31） 民事再生における開始決定前後に新たに設置される機関等

決定	機関等	必置機関	根拠法	会計士
前	裁判所	✔	民再法26条〜32条	
後	裁判所	✔	民再法33条〜37条他	
	監督委員		民再法54条	
	調査委員		民再法62条	△
	管財人		民再法64条	△
	管財人代理		民再法71条	○
	保全管理人		民再法79条	△
	保全管理人代理		民再法82条	△
	債権者集会		民再法114条	
	債権者委員会		民再法117条	△
	評価人（※56）		民再法124条3項	○

（※56）民事再生中の会社の機関ではないが、裁判所は"再生債務者の財産の評価"を行わせるために「評価人」を選任することができる

（4）会社更生

　会社更生は原則として"管理型の再生"ですので、開始決定直後に「管財人」が裁判所により選任されます（更生法42条1項）。近時、東京地裁や大阪地裁における運用として、事業管財人に更生開始前会社の経営陣等を就任させる実質的"DIP型"運用（※57）がなされていますが、この場合であっても、更生会社の機関設計に関しては"管理型"と異なるところはありません。

（※57）この場合に、裁判所は更生開始前会社の経営陣等が管財人または管財人代理に適しているかの調査を監督委員に命じることができる（更生法37条）

　管財人の就任によって、更生開始前会社の経営陣（取締役、会計参与、監査役及び執行役等）は、直ちにその職を失うわけではなく、その報酬請求権が停止（したがって事実上職務執行停止）されるにとどまります（更生法66条1項本文）。ここで民事再生の場合と異なるのは、例外的に更生開始前会社の経営陣による職務執行を認めている点にあります（更生法72条4項前段）。そして、この場合には更生開始前会社の経営陣の報酬請求権が復活（報酬等の内容は管財人が裁判所の許可を得て定めます）します（更生法66条1項但書及び同条2項）。

（表32）　会社更生における開始決定前後に新たに設置される機関等

	機関等	必置機関	根拠法	会計士
決定前	裁判所	✓	更生法24条〜29条	
	保全管理人		更生法30条	
	保全管理人代理		更生法33条	○
	監督委員		更生法35条	
	調査委員		更生法39条、125条	○
決定後	裁判所	✓	更生法41条〜44条	
	管財人	✓	更生法67条	
	管財人代理		更生法70条	○
	代理委員		更生法122条	
	調査委員		更生法125条	○
	財産状況報告集会		更生法85条	
	関係人集会		更生法114条	
	更生債権者委員会		更生法117条	△

　本節のここまでの検討を総括するならば、各法的整理スキームにおいて全体を統括すべき必置機関にはやはり法律専門家が就任し、任意設置機関の一部に財務・会計の専門家である会計士が就任する形で、法律の建付は構成されているように思われます。

第3節　私的整理における機関設計の遷移と会計士の就任

　私的整理は完全な"DIP型再生"ですから、開始決定前後に私的整理対象企業に対して、法律により新たに機関が設置されることはありません。したがって、私的整理再生中の株式会社においては私的整理開始前とまったく同様の機関とその権限が存置されます。ただし準則型私的整理手続においては、金融債権者やスポンサー等とのリスケジューリングや債務免除等の厳しい交渉を、私的整理対象企業が自ら単独で行うわけではなく、右表のとおりの各々の外部機関の支援を得て行います。そして、財務・会計の専門家である会計士は、これらの外部支援機関において、その力量を発揮することになります。

（表33）　準則型私的整理スキームにおける外部支援機関と会計士

準則型私的整理スキーム		支援機関	会計士
中小企業再生支援協議会スキーム		中小企業再生支援協議会	○
事業再生 ADR		JATP	○
特定調停	裁判官単独型	地方裁判所	△
	調停委員会型	調停委員会（裁判所内）	△
	日弁連スキーム	簡易裁判所	

　会計士欄の○は会計士がその一員に就任するのが適当と判断される外部支援機関です。これに対して、会計士欄の△はケースバイケースで、メンバーのひとりに会計士の就任が求められる場合がある外部支援機関です。

企業倒産における税務

第Ⅴ編　企業倒産における税務

第1章　危機時期における税務

第1節　納税の延納・猶予等の手続

　法人は納税義務が生じると、法定期限までに税金を納める必要があります。納めるべき税金とは、具体的には法人税、消費税、都道府県民税、市町村民税などがあります。税金によって申告納税か賦課課税かの違いはありますが、いずれの税金についても納期限が定められています。たとえば消費税に関しては、法人の事業年度末日から2カ月以内が納期限となりますので、当該期限までに税金を納めなければなりません。これらの納税は資金繰りに窮しているかどうかにかかわらず、義務として納める必要があります。ただし、資金繰りに窮している法人には資金がないため、納税する意思をいくら有していたとしてもすることができません。一方で、資金繰りに窮している状況であっても税金が免除されることはありません。むしろ税金という公的な性質を有することから、一般的には他の債権者に優先して回収されます。この節ではまず、税金を遅延した場合の取扱いや税金の支払いを猶予する制度について説明します。

1．延滞税

　税金が定められた期限までに納付されない場合には、原則として法定期限の翌日から納付する日数に応じて、利息に相当する延滞税が自動的に課されます。そのため、単に納税を延ばしたとしても延滞税が生じることになり、より資金繰りに窮する可能性があります。では、延滞税の負担はどれほどのものなのでしょうか。

　延滞税率は納期限からの期間に応じて異なります。延滞税の利率は下記の表のとおりです。2021年度では、納期限から2カ月までが年利2.5％、2カ月を超えてからの期間が年利8.8％となります。

（表34）　延滞税率について

期間	納期限の翌日から2月を経過する日まで	納期限の翌日から2月を経過した日以後
税率	原則として年「7.3％」 　ただし、2021年1月1日以後の期間は、年「7.3％」と「延滞税特例基準割合（注1）＋1％」のいずれか低い割合となります。なお、具体的な割合は、次のとおりとなります。 　2021年1月1日から2021年12月31日までの期間は年2.5％	原則として年「14.6％」 　ただし、2021年1月1日以後の期間は、年「14.6％」と「延滞税特例基準割合＋7.3％」のいずれか低い割合となります。なお、具体的な割合は、次のとおりとなります。 　2021年1月1日から2021年12月31日までの期間は年8.8％

（国税庁HPより）

地方税における納期限後に納付したことによる利息相当の税金のことを延滞金といいます。延滞金については、納期限から2カ月ではなく1カ月までが延滞金率が低いことや、延滞税率と多少利率が異なるといった違いはありますが、大きな違いはありません。特徴としては、納期限から1、2か月までの期間は利率が低い点です。危機的状況においては、1カ月ごとの資金繰りが非常に重要となります。直近の得意先から入金が見込まれる時期までの間、数日納付を延長する程度であれば、延滞税等の利率が低い期間であり延滞日数も少ないため、延滞税等はわずかな場合がほとんどです。そのように延滞税率等の利率も加味しながら納付のタイミングを調整することも可能です。

なお納付が遅延する場合には、事前に官公庁に連絡しておく方がいいでしょう。理由もなく納付が遅延する場合、督促状が郵送されます。それでも納税が行われないようであれば、差し押さえされる可能性もあります。そのため、納付が遅延する旨や理由、いつ頃納付見込みかについて、事前に相談をしておいた方が、後々、問題とはならないでしょう。

2. 納税猶予

災害等により納付自体がそもそも困難となってしまう場合には、納付を遅らせたとしても支払いの目途が立たず、納付自体を大幅に猶予してもらわなければ危機的状況を回避することができません。

そこで国税庁では、災害等の場合において、税務申告や納税の期限を延長する制度や、納税を一定期間猶予する制度を整備しています。

このたびの新型コロナウイルスにより影響を受けた場合では、現行の災害等の納税猶予制度よりも、より簡便的な手続や独特な手続が整備されています。

(1) 申告期限の延長

災害等が生じたことにより、決算処理や税務申告書の作成・申告を期日どおりに行うことが難しい場合においては、期限延長の措置を講じることにより、申告期限を延長することができます。その際には「災害による申告、納付等の期限延長申請書」を記載の上、納税地を所轄する税務署長に提出することが必要となります。対象となる税目は、法人税及び地方法人税、消費税、所得税、贈与税、相続税です。当該申請書は申告を期限内に行うことができないやむを得ない理由がなくなった後、相当の期間内に提出する必要があります。当該申請書の提出により、申告期限が延長されるとともに、税金の納期限も延長されます。

このたびの新型コロナウイルスによる影響により、決算処理や税務申告書の作成・申告を期日どおりに行うことが難しい場合においても同様に、申請書を提出した日が申告期限となるように延長することができます。新型コロナウイルスの影響による申告期限の延長により納期限が延長された部分に関しては、延滞税は生じません。延長された申告書の申告書提出日が納期限となりますので、申告書提出の際には事前にまたは申告書提出と同時に納税をする必要があります。申告書提出後に納付をした場合、当該期間は延滞税の対象となるの

で、くれぐれも申告書提出後に納税を行わないようにするなど、注意が必要です。

　新型コロナウイルスの影響による場合においては、当該申請書の提出に代わる簡易的な手続として、申告書の右上に「新型コロナウイルスによる申告・納付期限延長申請」と記載することにより、当該期限延長を申請することが認められていました。しかし、2021年4月16日以降の期限延長については、当該申請書の作成・提出が必要となっております。

（2）納税の猶予

　災害、盗難等により納付が困難となった場合、「納税の猶予申請書」を提出することにより納税を猶予することができます。その際には災害等の事実を証する書類や財産収支状況といった資料が必要であり、また担保の提供手続も必要となります。延滞税の減免に関しては、状況により異なります。

　また、2020年2月1日から2021年2月1日に納期限が到来する国税については、新型コロナウイルスによる影響が原因で事業収入が一定額減少しており、納税が困難な場合には「納税の猶予申請書」を提出することで納税を猶予することができます。「納税の猶予申請書」には一定の要件はありますが、担保の提供が不要など、より簡便的で利用しやすい制度となっています。

新型コロナ税特法による納税猶予の要件と効果

① 新型コロナウイルス感染症の影響により、2020年2月以降の任意の期間（1カ月以上）において、事業等の収入が前年同期と比較して、概ね20%以上減少しており、その清算事業年度の所得の金額の計算上損金の額に算入される欠損金額。

② 国税を一時に納付することが困難な場合、所轄の税務署に申請すれば、納期限から1年間、納税の猶予（特例猶予）が認められます（新型コロナ税特法第3条）。特例猶予が認められると、猶予期間中の延滞税は全額免除されます。また、申請にあたり、担保の提供は不要です。

　新型コロナウイルスの影響により申告期限を延長するためには、申告書の右上に「新型コロナウイルスによる申告・納付期限延長申請」と記載して申告書を提出する必要がありますが、その申告後も納税が困難となる場合も多く、あわせて「納税の猶予申請書」を提出するケースも多いことが想定されます。

（3）換価の猶予

　国税を一時に納付することにより事業の継続または生活の維持を困難にするおそれがある場合には「換価の猶予申請書」を提出することにより換価を猶予することができます。換価とは差し押さえ財産を売却するなど、金銭等にかえることをいいます。要件は厳しいですが、分割納付する計画書等を提出することにより、1年を限度として換価を猶予することができます。

第2節　税金の還付・減少等の手続

　事業の継続が不透明な局面においては、キャッシュ・フロー残高の確保が最重要であり、第1節では税金の延納や猶予に関して記載しました。この節では税金の還付・減少についてみていきます。

1. 欠損金の繰戻還付
　青色申告法人において業績が悪化し欠損金が生じた場合、その欠損金額をその事業年度開始の日前1年以内に開始したいずれかの事業年度に繰り戻して法人税額の還付を請求することができます。たとえば、前事業年度は業績が良く法人税を納税したものの、新型コロナウイルスの影響で急激な赤字を計上し欠損金が生じた場合には、欠損金の繰戻還付を行うことにより、前事業年度に納付した法人税を限度に、欠損金相当分の法人税が還付されることとなります。

　欠損金の繰戻しによる還付制度は、清算事業年度の欠損金額、解散事業年度の欠損金額、中小企業者等の欠損金額を除き、1992年4月1日から2022年3月31日までの間に終了した事業年度の欠損金額については適用が制限されています。対象となる中小企業者等とは、資本金が1億円以下で大規模法人の子会社でない法人等をいいます。

　ただし新型コロナ税特法により、2020年2月1日から2022年1月31日までの間に終了する事業年度において一定の法人に生じた欠損金額については、適用が認められています。たとえば、資本金が3億円の法人であれば中小企業者等に該当しないため、通常は欠損金の繰戻しによる還付を行うことができません。しかし、大規模法人との間に完全支配関係がないなどの要件を満たせば、資本金が3億円の法人であったとしても、2020年2月1日から2022年1月31日までの間に終了する事業年度においては、欠損金の繰戻還付を行うことができます。

（表35）　欠損金の繰り戻しによる還付

欠損金の繰戻しによる還付対象法人	新型コロナ税特法追加対象法人
中小企業者等	左記に加え、次に掲げる法人を除いた法人
（1）普通法人のうち、各事業年度終了のときにおいて資本金の額もしくは出資金の額が1億円以下であるもの、または資本もしくは出資を有しないもので、各事業年度終了のときにおいて次に掲げる法人に該当するものを除いたものです。	（1）大規模法人（次に掲げる法人をいいます。以下同じです） 　イ　資本金の額または出資金の額が10億円を超える法人 　ロ　相互会社及び外国相互会社 　ハ　受託法人

イ　相互会社及び外国相互会社

ロ　大法人（次に掲げる法人をいいます。以下同じです）との間にその大法人による完全支配関係がある普通法人

（イ）　資本金の額または出資金の額が5億円以上の法人

（ロ）　相互会社及び外国相互会社

（ハ）　受託法人

ハ　100%グループ内の複数の大法人に発行済株式または出資の全部を直接または間接に保有されている法人（ロに掲げる法人を除きます）

ニ　投資法人

ホ　特定目的会社

ヘ　受託法人

(2) 公益法人等または協同組合等

(3) 法人税法以外の法律によって公益法人等とみなされる次の法人

認可地縁団体、管理組合法人、団地管理組合法人、法人である政党等、防災街区整備事業組合、特定非営利活動法人、マンション建替組合及びマンション敷地売却組合

(4) 人格のない社団等

(2) 大規模法人との間にその大規模法人による完全支配関係がある普通法人

(3) 100%グループ内の複数の大規模法人に発行済株式または出資の全部を直接または間接に保有されている普通法人

(4) 投資法人

(5) 特定目的会社

（国税庁HPより）

2. 仮決算による中間申告

　法人税や消費税を確定申告で一定額納付した場合、次の事業年度においても同額程度を納付する見込みと捉えられます。そのため、前事業年度に納付した税金を基礎に、事前に前事業年度に納付した税金の2分の1や4分の1といった金額を前払いする必要があります。これを予定納税といいますが、前事業年度と異なり急激な業績の悪化により赤字になった場合には、当事業年度では納税見込みがないにもかかわらず予定納税を行わなければなりません。そうすると、前払いする納税の負担が非常に大きくなります。そのような場合、仮決算による中間申告をすることで、税金の前払いを減少させることができる可能性があります。

　予定納税による中間申告においては、仮に申告をしなくてもみなし申告となります。そのため中間申告書の提出にかかわらず、法定納期限が税金の納期限となります。一方で、仮決算による中間申告については、みな

し申告の概念はなく申告書の提出が必要となります。新型コロナウイルス感染症の影響により、仮決算による中間申告の提出に時間を要する場合には、申告期限の延長を行い、納期限を延長することも可能です。

　新型コロナウイルスの影響により仮決算の中間申告に時間を要する場合とは、予定納税による中間申告に係る納税額と仮決算による中間申告に係る納付税額を比較・検討するための準備に時間を要する場合や、仮決算による中間申告に係る申告書作成に時間を要する場合などがあげられます。

3. 消費税課税期間の短縮

　危機的状況はいつどこで生じるかわかりません。急激な売上の減少が生じたものの、仕入は通常どおり行っており一時的に在庫が過大になる場面が生じる事業者もあります。そのような場合、消費税課税期間特例選択届出書の提出を検討するのも一案です。

　そもそも、消費税とは預かった消費税と支払った消費税の差額を納税する制度です。主に売上を計上した際に消費税を預かり、主に仕入や経費を計上した際に消費税を支払います。そのため、売上＞仕入という通常の状況であれば、預かった消費税の方が支払った消費税よりも大きくなり、消費税を納税する必要があります。反対に、売上＜仕入という状況であれば、預かった消費税よりも支払った消費税が大きくなり、当該差額については原則、還付されることとなります。

　消費税の課税期間は通常、事業年度1年単位で申告しますが、消費税の課税期間を3カ月や1カ月ごとに短縮することにより、通常より早く消費税の還付を受けることができる可能性があります。消費税課税期間特例選択届出書を提出することで、消費税の課税期間を短縮させることが可能になるのです。なお、当該特例は適用を受ける期間の初日の前日までに届出書を提出する必要があり、一度選択適用した場合、2年間は課税期間の特例の適用や課税期間の変更が認められません。

第2章　倒産企業における税務

第1節　倒産企業における税務手続

1. 倒産企業における税務申告

　倒産企業における手続としては、通常清算、特別清算、破産があります。倒産企業においては通常清算のケースは少ないと考えられるため、本節では、特別清算、破産について記載していきます。

　特別清算、破産どちらの手法を用いたとしても、企業に必要な税務申告手続は、解散申告と清算申告になります。解散申告では、事業年度の開始の日から解散の日までをひとつの事業年度（解散事業年度）とみなして申告をします（法人税法14条1項1号）。また清算申告では、解散日の翌日から1年ごとの期間を清算中の事業年度（清算事業年度）として申告をします（法人税法14条1項22号）。ただし破産の清算事業年度は、破産手続開始決定日の翌日から当該破産法人の定款に定められた事業年度の末日までの期間となり、以後1年ごとの期間で申告をします。なお、残余財産の確定の日が清算事業年度中である場合には、残余財産の確定の日が清算事業年度期末となり、当該期間の清算申告を行うことになります（法人税法14条1項21号）。

〈図34〉　解散事業年度と清算事業年度のタイムスケジュール

　各事業年度の申告期限は事業年度終了の日の翌日から2カ月となりますが、残余財産の確定日を期日とする清算事業年度のみ、残余財産が確定した日の翌日から1カ月となります（法人税法74条1項、2項）。清算の内容にもよるのでケースバイケースですが、清算事業年度の申告は1期から2期で終わる範囲で残余財産が確定するケースが多いと思われます。

2. 届出と納税

　解散及び清算時には異動届出書の提出が必要となります。国税の申告に関しては本店所在地の有する税務署長、地方税に関しては本店所在地及び事務所の有する都道府県民税事務所長と市町村長に対して、解

散及び清算したことを記載した異動届出書を、解散及び清算したことが記載された履歴事項全部証明書の写しとあわせて提出します。提出期限は明記されていませんが、解散及び清算の後、速やかに提出することが求められます。

　また申告によって納税が発生する場合には、当該納税資金を用意し、期限までに納付することが必要です。清算期間中など事業を行っていない期間や所得が発生しない場合においても、清算期間中に現存する事務所等がある場合には地方税の均等割が課されます。

第2節　子会社等の清算等に係る税務

　会社の株主が、個人ではなく、法人である場合も多数あります。ここでは、法人が株主である場合、とりわけ支配関係を有する親会社における税務について記載します。

　法人が株主であり、当該法人が議決権の過半数を保有している場合、当該法人を親会社、議決権を保有されている法人を子会社といいます。子会社が清算した場合、親会社においていくつか課税上の取扱いに注意が必要となります。特に注意が必要となるのは、親会社が保有する子会社に対しての売掛金や貸付金といった金銭債権の取扱い及び子会社株式といった出資金の取扱いです。

　まず金銭債権に関しては、子会社が清算すると回収不能になるので、親会社においては会計上、貸倒損失を認識することになり、税務上も要件を満たせば、同様に貸倒損失として損金に算入することになります。他方、通常、清算していない子会社への金銭債権については、子会社の債務状況等の実態判断が必要となります。そのため、回収可能性が低い、もしくは回収可能性がないことをもって、税務上、貸倒損失や貸倒引当金として損金に算入することができない場合があるので要注意です。

　しかし、特別清算により清算した子会社に対する金銭債権については、一定の要件を満たすことにより貸倒損失として損金に算入することとなります。具体的には法人税基本通達9-6-1において、下記のとおり記載されています。

　法人の有する金銭債権について次に掲げる事実が発生した場合には、その金銭債権の額のうち次に掲げる金額は、その事実の発生した日の属する事業年度において貸倒れとして損金の額に算入する。
（1）更生計画認可の決定または再生計画認可の決定があった場合において、これらの決定により切り捨てられることとなった部分の金額
（2）特別清算に係る協定の認可の決定があった場合において、この決定により切り捨てられることとなった部分の金額
（3）法令の規定による整理手続によらない関係者の協議決定で次に掲げるものにより切り捨てられることとなった部分の金額
　　イ　債権者集会の協議決定で合理的な基準により債務者の負債整理を定めているもの

ロ　行政機関または金融機関その他の第三者のあっせんによる当事者間の協議により締結された契約でその内容がイに準ずるもの

（4）債務者の債務超過の状態が相当期間継続し、その金銭債権の弁済を受けることができないと認められる場合において、その債務者に対し書面により明らかにされた債務免除額

　特別清算には、協定により債務免除額を決める場合と個別和解により債務免除額を決める場合があります。法人税基本通達9-6-1（2）においては、「特別清算に係る協定の許可の決定」と協定の場合を示しており、個別和解の場合は明示されておりません。そのため、特別清算において「個別和解」となる場合には、法人税基本通達9-6-1（4）に該当するか否かの検討も含めて慎重に判断する必要があります。子会社の債務超過の期間が短く、弁済可能性がうかがえる場合や、一部の債権者を優遇、もしくは不遇する対応をした場合には、当該金銭債権に関する貸倒損失は寄附金とみなされる可能性もあるので、貸倒損失を計上する際には注意が必要です。

　ちなみに破産の場合については、法人税基本通達9-6-1には明記されておらず、法人税基本通達9-6-2に下記のとおり記載されています。

　法人の有する金銭債権につき、その債務者の資産状況、支払能力等からみてその全額が回収できないことが明らかになった場合には、その明らかになった事業年度において貸倒れとして損金経理をすることができる。この場合において、当該金銭債権について担保物があるときは、その担保物を処分した後でなければ貸倒れとして損金経理をすることはできないものとする。

　そのため、破産により実質的に回収見込みがないことに起因して、貸倒損失を計上することとなります。

　破産した場合には、実質的に回収見込みがないことが明らかとはなりますが、当該破産行為が経済実態に適合したものであるかを確認する必要があります。なお経済実態の適合に関しては、法人税基本通達9-4-1において下記のとおり記載されています。

　法人がその子会社等の解散、経営権の譲渡等に伴い当該子会社等のために債務の引き受けその他の損失負担または債権放棄等（以下、「損失負担等」という）をした場合において、その損失負担等をしなければ今後より大きな損失を被ることになることが社会通念上明らかであると認められるためやむを得ずその損失負担等をするに至った等そのことについて相当な理由があると認められるときは、その損失負担等により供与する経済的利益の額は、寄附金の額に該当しないものとする。

つまり破産をすることにより、親会社において今後の損失負担等が減少すると見込まれる状況が必要となるわけです。また特別清算、破産の場合、ともに申立て段階では個別貸倒引当金の計上は可能です。これらをまとめると以下の表のとおりとなります。

（表36）　特別清算、破産時における金銭債権の損金算入一覧

金銭債権	特別清算	特別清算開始申立	一定の法人を除き、実質的債権に対して50%まで、個別貸倒引当金による損金算入
		協定認可の決定	協定により切り捨てられた金額が損金算入
		個別和解確定	書面により明らかにされた債務免除額が損金算入
	破産	破産手続申立	一定の法人を除き、実質的債権に対して50%まで、個別貸倒引当金による損金算入
		破産手続終結決定	清算配当を除く金額について、回収不能が明らかな金額として損金算入

　次に子会社の出資金についてです。子会社の出資金額に対して、子会社が清算した際の残余財産からの清算配当については、資本の払い戻しとして取扱われます。仮に当初出資金額である資本の払い戻し以上である場合には、みなし配当として課税されます。なお、みなし配当課税については第4節「倒産企業の個人税務」で記載しますが、親会社株主に関しては受取配当金の益金不算入の対象となり影響が少ないので、ここでは割愛します。特別清算や破産といった債務超過が想定される倒産の場合には、出資金額を超える払い戻しが見込まれるケースは少なく、出資金額を下回る払い戻ししかない、もしくはいっさいの払い戻しがないケースが多いと考えられます。出資金額の払い戻しを受けられなかった部分に関しては、清算損失として損金に算入されます。

　ただし、完全支配関係がある子会社が倒産した場合には、上記清算損失は損金に算入されません。2010年度税制改正によりグループ法人税制が導入されたことに伴い、完全支配関係のある子会社の倒産時の清算損失を税務上の損金として計上することは認められなくなりました（法令8①22）。ただし、完全支配関係がある子会社の残余財産が確定した時点において、当該子会社に未処理欠損金額がある場合には、原則として親会社が引き継ぐことができます（法人税法57条2項）。なお、未処理欠損金額の引継ぎに関しては、5年間の支配関係の継続といった要件を満たさないと引継制限が生じます。

（表37）　子会社出資金の清算損失等、繰越欠損金の取扱い

子会社出資金	完全支配関係あり	清算損失の取扱	親会社において、清算損失は損金算入されない。
		繰越欠損金の取扱	未処理欠損金額が親会社に引き継がれる。
	完全支配関係なし	清算損失の取扱	親会社において、清算損失は損金算入される。
		繰越欠損金の取扱	未処理欠損金額が親会社に引き継がれない。

第3節　倒産企業における法人税

　解散が確定すると、解散日をみなし事業年度末日とする解散申告をする必要があります。解散申告においては、特別償却や特別控除の適用が受けられないなど、通常の確定申告と異なる点があります。そのなかでも特別清算や破産における解散申告、清算申告においては、通常の確定申告と比較すると下記の点が大きく異なります。

---

1. 期限切れ欠損金の損金算入
2. 実在性のない資産の取扱い
3. 粉飾決算による過大納付法人税の還付

1.期限切れ欠損金の損金算入

　法人が解散した場合において、残余財産がないと見込まれるときは、その清算事業年度において期限切れ欠損金を損金の額に算入します（法人税法59条3項）。期限切れ欠損金とは、下記の金額となります（法施令118条）。

期限切れ欠損金＝①－②
① その清算事業年度終了のときにおける前事業年度から繰り越された欠損金額の合計額
② その清算事業年度の所得の金額の計算上損金の額に算入される欠損金額

　上記①の金額については、具体的には法人税基本通達12-3-2において、下記のとおり記載されています。

当該事業年度の確定申告書に添付する法人税申告書別表五（一）の「利益積立金額及び資本金等の額の計算に関する明細書」に期首現在利益積立金額の合計額として記載されるべき金額で、当該金額が負（マイナス）である場合の当該金額による。

　なお、期限切れ欠損金を損金の額に算入する場合、残余財産がないと見込まれることを説明する書類を申告書に添付することが必要です（法施規26条の6第3項）。残余財産がないと見込まれることを説明する書類は、たとえば債務超過または資産の残高がない貸借対照表などがあります。

2. 実在性のない資産の取扱い

　貸借対照表には、しばしば実在性のない資産が見受けられます。実在性がある資産に関しては、基本的には除却したタイミングで帳簿価額を除却損として損金に計上することになりますが、実在性のない資産については、現物がないので除却することができません。そこで、実在性のない資産については過去の帳簿等を確認し、当該資産の計上時期や根拠等を確認する必要があります。その結果、当該資産の計上時期や根拠等が確認でき、資産の計上を取り崩す経理処理が認められるものに関しては、更正手続の期間の範囲内のものについては更正手続を経て過年度の青色欠損金を増額することとなります。しかし更正の手続を経ることができる場合は非常に少なく、課税当局に認められるには相当の根拠書類を準備する必要があります。計上時期が更正期限を過ぎている場合、及び計上の根拠等が確認できない場合の方が現実には多く見受けられます。その場合には、実在性がないことについて客観性を担保した上で、修正の経理を行います。確定申告書上は当該修正の経理を行った金額を期首利益積立金額から減算することにより、期限切れ欠損金として取扱うこととなります（2010年度税制改正に係る法人税質疑応答事例（グループ法人税制その他の資本に関する取引等に係る税制関係（情報））問11）。

3. 粉飾決算による過大納付法人税の還付

　過去の事業年度において、仮装経理による粉飾決算を行っており、当該仮装経理を起因として過大な税金を納付していた場合には、減額更正により還付を受けられることがあります。

　なお、仮装経理に基づく過大申告の場合の更正に伴う法人税額の還付の特例の適用により、更正の日以後に終了する事業年度の所得に対する法人税額から控除することになりますが、清算事業年度において控除しきれなかった金額がある場合には、当該金額は還付されることとなります（法人税法70条、135条4項3号、法施令175条2項1号）。

第4節　倒産企業における個人税務

　第2節では親会社における子会社の倒産時の税務について記載しましたが、この節では倒産企業における個人株主、個人債権・債務者の税務についてみていきます。

1. 個人株主

　倒産企業が残余財産の分配を行った場合、株主に金銭等の資産を交付することになりますが、当該交付された資産が当該交付の起因となった株主に対応する資本金等の金額を超える部分については、出資金の払い戻しではなく、株主に対して配当金を支払ったものとみなされます（所得税法25条、所施令61条4項）。みなし配当の計算式は下記のとおりです。

みなし配当＝①－②×③

① 金銭の額及び金銭以外の資産の価額の合計額（清算分配金）

② 払戻直前の資本金等 × $\dfrac{残余財産の分配額}{前事業年度の資産・負債の差額}$

③ 出資持分割合

　非上場会社を前提とすると、個人株主においてみなし配当は原則総合課税として課税の対象となり、配当控除の対象となります。

2. 個人債権者・債務者

（1）債権者

　役員が会社に私的財産を提供することにより、会社の資金繰りを行っているケースがあります。貸借対照表においては、役員借入金・短期借入金といった勘定科目で表示され、相手先が個人のものなどが該当します。特別清算の協定または個別和解によって、債権放棄をした債権に関しては、個人の債権者は貸倒損失を認識します。破産の場合は、原則免責許可決定時、廃止決定時に認識します。事業上の債権であれば、所得税法上、事業所得の計算において損金に算入することになります。しかし一般的に、倒産における個人の債権放棄は、倒産企業の役員借入金等が多いことが想定されます。当該役員の貸付金の債権放棄については、事業と関連のない金銭貸付であると考えられることから、個人の所得において損金に算入されません。そのため、役員退職慰労金を含めた清算までのスキーム全体でどのように対応していくかがポイントになります。

(2) 個人債務者

　会社が役員に貸付を行い、当該回収が滞っている場面など、会社に個人貸付金残高が多額にあるケースもあります。貸借対照表においては、役員貸付金や短期貸付金の勘定科目で表示され、相手先が個人の場合などが該当します。個人側としては法人からの借入金となりますが、会社が倒産することにより当該借入金は債務が免除された形となります。この債務免除益については、個人が会社の役員や従業員の場合には給与所得課税、会社の役員や従業員でなければ一時所得課税、事業上のつながりのある場合には、事業所得課税の対象となる可能性があります。

第5節　倒産企業におけるその他税務

1. 消費税

　倒産企業においては、解散事業年度、清算事業年度ともに消費税の納税義務の判定が必要です。課税期間に係る基準期間における課税売上高が1,000万円を超える場合には納税義務が生じます。そのため基準期間における課税売上高が1,000万円超で清算事業年度の申告をする場合、棚卸資産や固定資産を売却し現金化すると、当該売却は課税売上として消費税の課税対象となります。また、管財人や専門家の報酬等の支払いも課税対象となり、仕入税額控除の対象となります。貸倒損失が計上される場合も注意が必要です。特に清算事業年度に関しては、消費税の予定納税や専門家等への報酬等の支払いが多くなり、消費税が還付されることがあるため、当該還付金額を加味した倒産処理が必要となります。倒産時における消費税では、下記の点において注意が必要です。

・納税義務の免除の判定
・簡易課税制度適用の判定
・課税売上割合の判定

(1) 納税義務の免除の判定

　倒産時には通常の事業年度と異なり、売上が急激に減少していることにより課税売上が減少していることや、逆に資産の処分により通常以上に課税売上が増加していることが想定されます。消費税の納税義務の免除については、基準期間の課税売上高が1,000万円を超えるか超えないかで判定します。そのため、清算事業年度で消費税が還付されると想定していても、基準期間に売上が減少しており課税売上が1,000万円を超えておらず、免税事業者となることにより、消費税が還付されないといったことにならないよう、注意が必要です。
　課税事業者でなくても、事業年度開始までに消費税課税事業者選択届出を提出していれば消費税の還付

を受けられるケースもあります。ただし、一度消費税課税事業者を選択すると、少なくとも２年間は消費税課税事業者となり、消費税課税事業者選択不適用とすることはできません。

(2) 簡易課税制度適用の判定

　課税事業者において、基準期間の課税売上高が5,000万円以下の場合には簡易課税制度を選択することが可能です。先ほど記載したとおり解散事業年度や清算事業年度においては、基準期間の課税売上高が通常の事業年度とは異なることが想定されます。元来、簡易課税の適用対象外であっても、清算事業年度において簡易課税の適用の対象となる場合には、適用の有無による有利判定が必要です。また元来簡易課税を適用していたものの、資産の売却等により基準期間の課税売上高が5,000万円を超えている場合には、簡易課税制度が適用できません。

(3) 課税売上割合の判定

　消費税は預かった消費税と支払った消費税の差額を支払う制度です。一方で、預かった消費税から控除できる支払った消費税とは、原則消費税が課税されている取引の割合分しか控除できません。そして、消費税が課税されている取引の割合を示すものが課税売上割合です。たとえば建物の売却に対しては消費税が課税されますが、土地の売却は消費税法上非課税取引とされており消費税が課税されません。仲介手数料など建物、土地の売却双方に共通してかかわる支払に係る消費税に関しては、建物の売却など課税売上に対応する部分のみしか控除できません。つまり消費税が生じた取引の割合部分を計算し、当該割合に応じた分のみ、支払った消費税を控除することになるわけです。そのため、倒産時において土地の処分を行うことにより通常よりも非課税売上が増加し課税売上割合が減少した場合、控除できる支払った消費税の金額が減少し、消費税の納税額が増加するおそれがあるので要注意です。こうした事態を招かないようにするには、課税売上割合の変動を加味した資産の処分などをあらかじめスケジューリングしておかなければなりません。また課税売上割合が95%を下回る場合には、仕入税額控除に関して個別対応方式を選択するのか一括比例方式を選択するのかの有利判定を検討する必要があります。

2. 事業税

　事業税は事業税に係る確定申告書が提出された日の属する事業年度に損金の額として算入されます（法基通9-5-1）。ただし、残余財産の確定日までの清算申告に関しては、清算申告の提出日が残余財産確定日の後になるため、清算事業年度で事業税が生じた場合、損金の額に算入される機会を逃してしまいます。そのため、残余財産確定日までの清算申告に関しては、残余財産確定日の属する事業年度において損金の額に算入することが認められています（法人税法62条の5第5項）。

第3章　企業再生における税務

第1節　企業再生における法人税

　第2章では法人を清算する場合における税務について記載しましたが、第3章では法人を存続させる再生の場合における税務についてみていきます。本章では企業再生における一般的な税務上の取扱いについて記載しておりますが、各スキームにおける詳細な内容や要件についてまでは触れておりません。なお、本章での企業再生とは法人を存続させ、事業も法人で存続する場合を前提としていますが、事業を別会社に移転して再生を図る手法については、第二会社方式として別途記載します。特に再生の場面においては第二会社方式を用いるケースが頻繁にありますので、そちらについてはケースごとに記載していきます。

　法人を存続し、当該法人で事業を継続する場合には、債権者からの債務免除を受けたり、含み損益のある法人の資産を売却したりすることにより、財務体質の改善を図ることが一般的です。債権者からの債務免除を受けると法人では債務免除益を計上することとなります。また、含み益のある資産を売却することにより現金化した場合には、売却により譲渡益を計上することとなり、税務上の益金として法人税の課税対象となります。そのため再生の場面では、資産評価損益と期限切れ繰越欠損金を活用することにより、当該法人税の負担が生じないように検討されるケースが多く見受けられます。なお、当該資産評価損益や期限切れ繰越欠損金の活用などの再生税務については、法的整理において整備されておりましたが、2005年度の税制改正により一定の私的整理においても活用することができるようになっています。

第2節　再生企業における税務

　ここで、再生税務について具体的にみていきます。

1．資産の評価損益の計上

　会計においては昨今、評価損益を決算書に反映させる傾向になってきていますが、税務においては売買目的有価証券などの限定的な項目を除いては評価損益の計上は認められていません。しかし、再生の場面においては、迅速な企業再生の観点から一定の要件を満たす場合、資産の評価益を益金に、資産の評価損を損金に算入することができます（法人税法25条3項、33条3項）。そのため、貸借対照表の帳簿価額を時価に修正し、当該評価差額損益を税務上の所得に反映させることになります。

　なお、次の資産については評価損益の対象外となっております（法施令24条の2第4項）。

（1）過去5年以内に圧縮記帳の適用を受けた減価償却資産

（2）短期売買商品等

（3）売買目的有価証券

（4）償還有価証券

（5）少額の減価償却資産、一括償却資産

2. 期限切れ欠損金

　倒産の場合と同様に、再生の場合においても一定の要件を満たす場合には期限切れ欠損金を損金算入することができます。債務免除を受けた金額や役員を含めた第三者からの私財の提供を受けた金額から、期限切れ欠損金を控除します。当該期限切れ欠損金については、資産の評価損益を計上した場合には当該評価損益を相殺した後、期限切れ欠損金を控除し、それでも相殺できない部分には青色欠損金控除を行います（法人税法59条2項、法施令117条の2）。一方、資産の評価益も評価損も計上しない場合には、青色欠損金控除を行った後、それでも相殺できない部分について期限切れ欠損金を損金算入します。

3. 私的整理における要件

　上記のような税制を活用できるのは、法的整理と一定の私的整理です。ここでいう一定の私的整理とは、再生手続開始の決定に準ずる事実があり、再生計画の認可の決定があったことに準ずる事実がある場合を指します。

　再生手続開始の決定に準ずる事実とは、債務免除等が多数の債権者によって協議の上決められるなどその決定について恣意性がなく、かつ内容に合理性があると認められる資産の整理である必要があります（法施令117条5項、法基通12-3-1）。

　また再生計画の認可の決定があったことに準ずる事実とは、次の要件を満たす私的整理となります（法施令24条の2第1項）。

（1）一般に公表された債務処理を行うための手続についての準則（公正かつ適正なものと認められるものであって、次に掲げられる事項が定められるものとし、特定の者が専ら利用するためのものを除く）に従って策定されていること。

　　イ、計画に公正な価額による旨の定めのある資産評定に関する事項が記載されていること

　　ロ、計画が当該準則に従って策定されたものであること、並びに（2）（3）に掲げる要件に該当することにつき確認をする手続並びに当該確認をする者に関する事項が記載されていること

（2）債務者の有する資産及び負債につき資産評定が行われ、当該資産評定による価額を基礎とした当該債

務者の貸借対照表が作成されていること。

(3) 貸借対照表における資産及び負債の価額、当該計画における損益の見込み等に基づいて債務者に対して債務免除等をする金額が定められていること。

(4) 2以上の金融機関等が債務免除等をすることが定められていること。

(5) 政府関係金融機関、株式会社地域経済活性化支援機構または協定銀行が有する債権その他財務省令で定める債権につき債務免除等をすることが定められていること。

4. 私的整理スキームの種類

　私的整理にはさまざまな手法が用いられます。代表的なものとしては、特定調停スキーム、私的整理に関するガイドラインの活用、中小企業再生支援協議会の支援活用、RCC・REVIC企業再生スキーム、事業再生ADRがあります。なお、本章では私的整理の範囲に含めておりませんが、認定支援機関が経営改善計画を策定し、当該計画を用いてバンクミーティング等を開催することにより、金融機関とのリスケジューリングを図る経営改善計画による再生手法もあります。当該経営改善計画策定による手法では、前述の要件を満たしていないことから、本章記載の私的整理における税務上の取扱いには該当しません。一方で、経営改善計画による再生の場面においては、金融機関への返済の猶予や返済方法の協議を中心としたリスケジューリングの交渉が主体であり、一般的には債務免除となるケースが少ないため、私的整理における税務上の措置の検討が生じないケースが多いと想定されます。

5. 第二会社方式

　第二会社方式は、収益性のある既存事業がある一方、収益性が芳しくない事業や実在性のない資産があることにより、収益性のある既存事業のみを区分したい場合に有効な手法です。また、スポンサー企業に収益性のある既存事業を譲渡することにより事業継続を図る場合もあります。

　第二会社方式とは、収益性のある事業を事業譲渡または会社分割により切り離すことにより他の事業者が承継し、再生企業は不採算部門を残したまま清算することで事業の再生を図るスキームです。再生企業は不採算部門とともに、金融機関からの借入金も残ることが多く、事業の譲渡等により得た資金で金融機関に返済した後に、残額については債務免除を受けて清算することとなります。事業譲渡、会社分割どちらの形式を活用したとしても、再生企業においては譲渡利益や債務免除益が発生するスキームとなりますので、全体の計画を私的整理スキームで行い、再生企業は特別清算により期限切れ欠損金を活用する場合が多いです。

(1) 事業譲渡・会社分割

　再生企業が新会社に収益性の高い事業を事業譲渡もしくは会社分割により移転し、再生を図ることがあります。新会社は新設法人を設立することもあれば、スポンサー企業に直接事業譲渡・会社分割をすることもあ

ります。他方、再生企業においては事業譲渡・会社分割により当該事業に関する資産・負債の帳簿価額と対価の金額との差額について、譲渡損益を認識します。ただし、譲渡対価・分割対価が適切でない場合には、当該事業の時価と譲渡対価・分割対価との差額に対して、受贈益課税や寄附金課税が生じる可能性があります。また、会社分割の場合には消費税は生じませんが、事業譲渡の場合には譲渡対価に対して消費税が生じることとなります。

　なお、譲渡損益や債務免除益については、再生企業を特別清算するなどして期限切れ欠損金と相殺することがあります。

〈図35〉 事業譲渡による第二会社方式

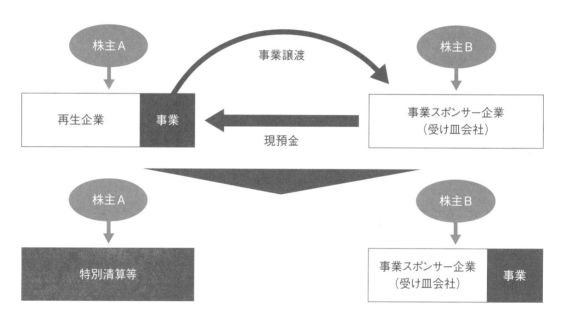

(2) 株式譲渡

　再生企業が事業を分社化して、株式をスポンサー企業に売却するケースです。たとえば、再生企業の収益性の高い事業の資産・負債を新設分社型分割で新設完全子会社に移転し、再生企業が保有している新設完全子会社の株式をスポンサー企業に売却するケースがあります。新設分社型分割とは、会社分割により新設法人を設立し、当該新設法人を分割承継会社とした上で、分割の対価として分割承継会社の株式を割り当てる、会社分割の形式のひとつです。分割の対価として分割承継会社の株式のみを発行することにより、分割承継会社が再生企業の完全子会社となります。なお新設分社型分割によらず、新設子会社を事前に設立した上で子会社に事業譲渡を行うことや、新設子会社を設立した上で吸収分割により事業を移転させることも考えられます。

この手法では新設分社型分割において、法人税法上の適格要件を満たさないことになります。会社分割においては、適格要件を満たすことにより移転する資産・負債を帳簿価額で移転することが可能となりますが、この適格要件には株式継続保有要件というものがあります。ところが、上記の新設分社型分割方式では、いったん再生企業の収益性の高い事業を完全子会社として設立するものの、当該完全子会社株式をスポンサー企業に売却する見込みであるため株式継続保有要件を満たさず、適格要件を満たしません。そのため、非適格会社分割となります。

　こうした非適格会社分割においては、分割による資産・負債を移転時に時価で譲渡したものとして取扱う必要があり、譲渡損益は再生企業においての所得の計算に反映されます。加えて、完全子会社をスポンサーに売却する際に、完全子会社株式と売却対価との差額は、再生企業において株式譲渡損益を認識し、所得の計算に反映されることになります。

〈図36〉 株式譲渡による第二会社方式

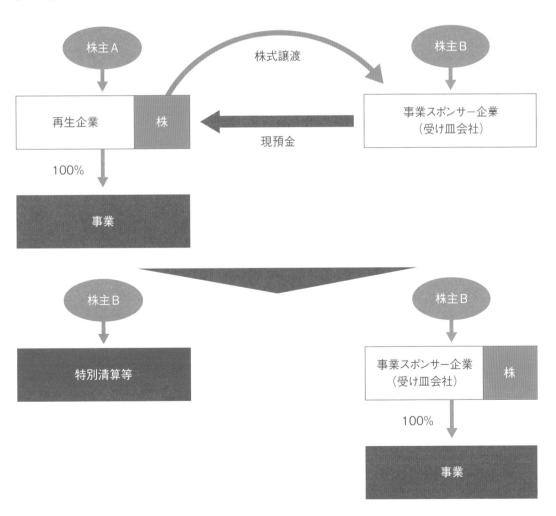

（3）支配関係のある子会社における第二会社方式

　完全支配関係のない（親会社の議決権保有比率が50％超100％未満）子会社において、別の子会社に事業を移転させるケースもあります。子会社の事業を事業譲渡または会社分割により受け皿会社（親会社の子会社）に移転し、それ以外の資産・負債を残した子会社を特別清算等で清算させる手法です。基本的には、前述の事業譲渡・会社分割における第二会社方式と同様です。また親会社の子会社に対する金銭債権や出資金における取扱いや子会社出資金における取扱いについては、第2章第2節に記載のとおりとなります。ただしこの場合、子会社と受け皿会社が同一であると認められた場合には、法人税基本通達9-4-1に該当せず、貸倒損失が認められない可能性があります。そのため、実質的に同一であると認められないように注意する必要があります。

〈図37〉　支配関係のある子会社における第二会社方式

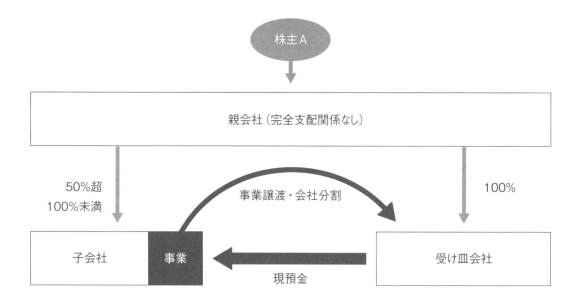

（4）完全支配関係のある子会社における第二会社方式

　完全支配関係のある子会社において、別の完全支配関係のある子会社に事業を移転させるケースもあります。この場合（3）とは異なり、グループ法人税制が適用されることにより、事業譲渡等による事業の移転に関する譲渡損益は繰り延べられます。しかし、特別清算をすることにより最終的には繰り延べられた譲渡損益は実現し、その後、第2章第2節で記載のとおり未処理欠損金額がある場合には親会社に引き継がれます。

〈図38〉 完全支配関係のある子会社における第二会社方式

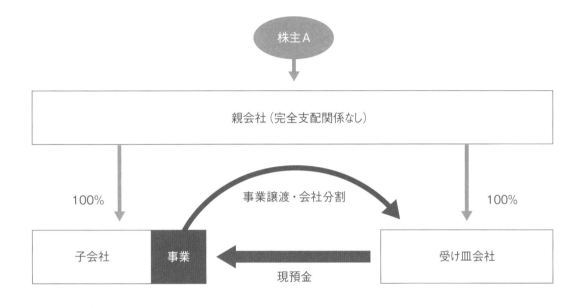

6. DES

　企業の債務整理や債務超過の解消の手法のひとつに、DESがあります。DESには現物出資型と金銭払込型がありますので、それぞれにおける税務上の取扱いを説明します。

（1）現物出資型

　2001年度税制改正により、現物出資として取扱われるDESについても組織再編税制の対象となりました。適格現物出資に該当するか非適格現物出資に該当するかにより課税の取扱いが異なるので注意が必要です。

　適格現物出資に該当する場合、移転した資産の現物出資直前の帳簿価額による譲渡をしたものとして、現物出資法人の所得の金額を計算することとされており、譲渡損益の課税は繰り延べられます（法人税法62条の4第1項）。つまり、被現物出資法人において債務消滅益は生じず、また債権者である現物出資法人において債権譲渡損は発生せず、課税が繰り延べられることとなります。なおDESにおいて適格現物出資に該当するのは、完全支配関係のある法人間での現物出資に限られると考えられます。

　一方で非適格現物出資に該当する場合、被現物出資法人である会社において増加する資本金等の額は、現物出資により受け入れた債権の時価とされます（法施令8条1項1号）。つまり、DESにより受け入れる金銭債権の時価が額面を下回る場合には、時価により資本金等が増加するため、混同により消滅する債務の額との差額は、債務消滅益として認識する必要があります。再生の場面では財政状態が悪化しており、債権の回収可能性も低いと考えられるので、多くの場合で債務消滅益が生じることとなります。また、非適格現物出資

における債権者においては、債権譲渡損の損金算入の可否が問題となりますが、子会社等に対する債権を有する法人が行ったDESでは、合理的な再建計画等に基づくものでない場合は寄附金として取り扱われる可能性があります。

（2）現金払込型

　現金払込型のDESでは、債権者が金銭を払い込み、再生会社が募集株式の割当を行い、再生会社は債権者から払い込まれた金銭により債権者に対する債務を弁済します。この場合、新株発行及びその払い込まれた金銭による債務の弁済が個別の取引として行われるので、債務者である会社側において、原則、課税関係は生じないものと考えられます。また、債権者においても同様に課税関係は生じないものと考えられます。

　ただし、租税回避目的で現金払込型のDESが利用された場合には、寄附金として認定される可能性があります。たとえば、現物出資型のDESであれば寄附金に該当するため、現金払込型のDESで有価証券を取得し、低廉な金額で有価証券を譲渡することで有価証券譲渡損を計上した場合には、有価証券譲渡損が寄附金として認定される可能性があります。

7. 法的整理手続

　法的整理手続での再生手続には、民事再生手続と会社更生手続があります。民事再生手続と会社更生手続は、担保権及び優先的債権を対象の範囲とするか否かといった面や、手続面で違いがありますが、税務においては概ね同じ取扱いとなります。

（1）民事再生

　民事再生においては、民事再生の開始決定後に財産評定が行われます。財産評定により、貸借対照表は原則処分価額として時価と認められたものが裁判所に提出されます。そして、当該資産を時価評価した評価差額について、所得の計算上、益金または損金に算入されます（法人税法25条3項、33条3項）。ただし、当該時価評価は原則として民事再生開始決定時の処分価額で行われるため、法人税の所得の計算上に算入される金額については事業年度終了時の時価に修正する必要があります。たとえば棚卸資産について、税務上はスクラップ等としての処分価額で評価するのではなく、正味実現可能価額や再調達原価で評価する必要があります。この点について、法人税基本通達9-1-3で下記のとおり示されています。

> 法第33条第2項《資産の評価換えによる評価損の損金算入》の規定を適用する場合における「評価換えをした日の属する事業年度終了のときにおける当該資産の価額」は、当該資産が使用収益されるものとしてそのときにおいて譲渡される場合に通常付される価額による。
> 同条第4項《資産評定による評価損の損金算入》に係る令第68条の2第4項第1号《再生計画認可

の決定等の事実が生じた場合の評価損の額》に規定する「当該再生計画認可の決定があったときの価額」についても、同様とする。

再生計画認可決定後、債務免除益、私財提供益、資産評価益の計上がある場合は、期限切れ欠損金を損金算入することができます。なお、資産評価替えによる評価損を損金に算入した場合には、青色欠損金を優先しますが、2005年度改正により資産評定による評価損の損金算入の場合には、期限切れ欠損金を青色欠損金に優先して使用することができるようになりました(法人税法59条2項、法施令117条の2)。

(2) 会社更生

会社更生においては、会社更生の開始決定後に財産評定が行われます。財産評定により資産の評価替えが行われ、当該評価差額について所得の計算上、益金または損金に算入します(法人税法25条2項、33条2項、法施令24条、68条)。また、会社更生手続開始の決定により、債務免除益、私財提供益、資産評価益の計上がある場合、会社更生により繰り越された期限切れ欠損金を、青色欠損金に優先して使用することができます(法人税法59条1項)。

8. 法人債権者にとっての税務

債権者にとっては、再生企業に対する債権が税務上、どのように取扱われるかがポイントとなります。法的整理の場合の取扱いについては、下記の表のようになるので、ご参照ください。

(表38) 再生型の法的整理における金銭債権の損金算入一覧

債権	民事再生	民事再生手続開始の申立て	一定の法人を除き、金銭債権に対して50%の貸倒引当金の繰り入れ
		再生計画認可の決定	切り捨てられた債権に対して貸倒損失の計上
			5年超の弁済予定債権に対して100%貸倒引当金繰り入れ
	会社更生	会社更生手続開始の申立て	一定の法人を除き、金銭債権に対して50%の貸倒引当金の繰り入れ
		会社更生計画認可の決定	切り捨てられた債権に対して貸倒損失の計上
			債権の届出がなく失効した債権に対して貸倒損失
			5年超の弁済予定債権に対して100%貸倒引当金繰り入れ

第3節 企業再生における個人税務

1. 個人株主

企業再生の場面において、法人が存続するケースでは個人株主に影響が生じないため、個人株主における税務上の問題は特にないものと考えられます。ただし、第二会社方式で再生企業を清算した場合には、倒産の場合と同様にみなし配当の税務上の取扱いが必要です。またケースとしては稀ですが、分割型分割を活用した場合にもみなし配当の税務上の取扱いが必要となります。

そのほか、株主が再生企業の株式を譲渡した場合には、譲渡価額と取得価額の差額に対して譲渡損益が生じるほか、時価よりも低い金額で譲渡した場合には、みなし譲渡課税やみなし贈与課税が生じる可能性もあり、注意が必要です。

2. 個人債権者

個人債権者からの債務を免除した場合の取扱いは、倒産のときと同様となります。

3. 個人財産提供者

再生企業の保証人となっている経営者が、保証債務を履行して金融機関に私財を提供した場合、譲渡益は非課税となります。

また、再生企業の保証人となっている経営者が、合理的な再生計画に基づき、再生企業に対して事業用資産の私財提供を行った場合には、通常みなし譲渡益課税が生じますが、2022年3月31日まで譲渡益を非課税とする措置が講じられています（租措法40の3の2）。

第4節 企業再生におけるその他税務

企業再生においても、企業倒産と同様に、消費税課税事業者であれば消費税の納税義務が生じます。

再生時においては、土地を含む不動産等の資産の処分が行われることがあり、また第二会社方式の手法によっては株式の譲渡が行われるなど、課税売上高や課税売上割合が変動するケースがあります。そのため、倒産時と同様に、課税事業者の判定や課税売上割合の判定を加味した上で、資産の処分の時期を検討する必要があります。

企業再生における資金調達

第Ⅵ編　企業再生における資金調達

第1章　企業再生における資金調達スキーム

第1節　企業再生における資金調達スキーム概論

　そもそも"企業再生における資金調達スキーム"は、通常の"継続企業の資金調達スキーム"とどこが異なるのでしょうか。まずは会計士らしく継続企業のバランスシートの構造図を掲げてみましょう。

〈図39〉　資金運用・調達から観た貸借対照表の構造図

資産の部	負債及び資本の部
①現金預金・・支払手段	他人資本・・要返済資本（※1）
②流動資産・・運転資本等	⑤流動負債・・商取引債権等
③固定資産	⑥固定負債・・金融債権等
有形固定資産・・設備等	⑦中間資本・・メザニン（※2）
無形固定資産・・知財等	自己資本・・返済不要資本
投資等・・関係会社株式等	⑧資本金等・・株主出資資本
④繰延資産・・擬制上の資産	⑨利益剰余金・・自己稼得資本
合計	合計

（※1）引当金等の返済を要しない見積に基づく負債が含まれている
（※2）他人資本と自己資本との中間的な資本調達形態。前著『ウィズコロナ経済における運用と調達』第Ⅲ編第1章をご参照ください

　継続企業における"資本調達"については、前々著『ウィズコロナ社会における経済と経営』及び前著『ウィズコロナ経済における運用と調達』において検討していますのでそちらをご参照いただくとして、本編では「倒産企業」における「資金調達スキーム」について検討します。上図39の企業に窮境原因が生じ、経営破綻の方向に向かい始めた場合のバランスシートの金額的構造変化の方向性は、右図40のとおりです。

　右図において ⬇ は表示金額が減少する場合、⬆ は表示金額が増加する場合、⬅ は表示金額が変わらない場合をあらわしています。また、**赤色**は財務的に悪い方向、**青色**は良い方向、**無色**は現状維持を、グラデーション矢印は悪い場合と良い場合が入り混じる場合をあらわしています。そしてここにおいて、⑥～⑧が減少するか、不変にとどまるか、あるいは増加に転じるかが、まさに本編のテーマとなります。

〈図40〉 経営破綻へ向かう企業のバランスシートの構造変化の方向性

資産の部	負債及び資本の部
⬇ ① 現金預金	⑤ 流動負債　⬆
⬆ ② ①以外の流動資産	⑥ 固定負債（ ⬇ ⬅ ⬆ ）
⬇ ③ 固定資産	⑦ 中間資本（ ⬇ ⬅ ⬆ ）
⬅ ④ 繰延資産	⑧ 資本金等（ ⬇ ⬅ ⬆ ）
⬆ ⑩ 未処理損失	⑨ 利益剰余金　⬇
合　　計	合　　計

　会計学上、バランスシートの向かって左手（資産の部）は資金の運用内容をあらわし、向かって右手（負債及び資本の部）は資金の調達方法をあらわすとされます。経営破綻へ向かう企業のバランスシートの"資産の部"においては、①の現金預金が激減し、②の滞留債権や不良在庫、そして⑩未処理損失が著増します。このため、経営破綻を回避するには③を減らし、バランスを保つ必要があります。もちろん、その前にコロナ緊急融資等による金融機関からの資金調達が図られるのですが、これは上図では⑥や⑦の増加としてあらわれます（このあたりの詳細は、前々著『ウィズコロナ社会における経済と経営』第3章及び第5章をご覧ください）。

　経営破綻へ向かう企業のバランスシート構造の"静的分析"は以上のとおりですが、「企業再生における資金調達スキーム」がどのような段階・プロセスを経て実施されるかについての"動的分析"に関しまして、引き続き次節にて検討します。

第2節　倒産－再生ロードマップの各時点における資金調達スキーム

1. 倒産－再生ロードマップの各時点における資金調達スキーム

　「企業再生における資金調達スキーム」は、大きく3つの観点から分類することができます。ひとつ目は「倒産－再生ロードマップ」上のどこで求められる"資金調達スキーム"であるかという"ファイナンス実行時点フェーズ"の観点です。ふたつ目は倒産－再生企業に"ニューマネー"が入るファイナンスであるか否かという観点です。そして、3つ目はそのファイナンスが「他人資本」「中間資本」「自己資本」のどの属性を有するタイプであるかという観点です。このあたりをより詳細に確認するために、序説の＜図2＞を再掲します。

〈図2〉 倒産―再生ロードマップ

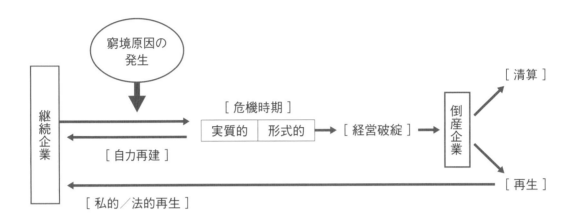

　上図2の"倒産―再生ロードマップ"は「企業再生における資金調達スキーム」の実行時点の観点から、以下の3つのフェーズに分けられます。

フェーズ1：実質的危機時期に陥った企業が［自力再建］を果たすための資金調達スキーム
フェーズ2：形式的危機時期に陥った企業が［再生手続］の緒に就くまでの継ぎの資金調達スキーム
フェーズ3：私的または法的整理により再生をスタートする企業が［企業再生］を果たすための資金調達スキーム

　そして上記3つの各フェーズを図示すると下図41のようになります。

〈図41〉 倒産―再生ロードマップの各フェーズにおける資金調達

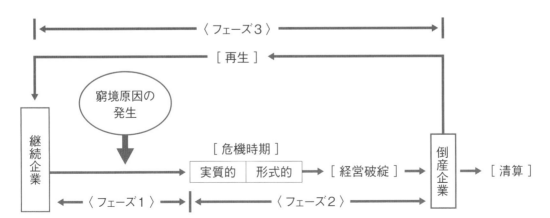

2. "企業再生における資金調達手法" の分類

　次章以降で検討する各 "企業再生における資金調達手法" を、先述のフェーズ、ニューマネー有無、資本区分の3つの観点から、"フェーズ" をソート・キーとして分類したのが下表39です。

(表39) 「企業再生における資金調達手法」のフェーズ別分類表

企業再生における 資金調達手法	フェーズ分類	ニューマネー有無分類	資本分類
ABL	フェーズ1	有	他人
ABS	フェーズ1	有	他人
リスケジューリング	フェーズ1	無	他人
(プレ) DIP ファイナンス	(※3)	有	他人
債権放棄	フェーズ3	無	他人
DPO	フェーズ3	無	他人
DDS	フェーズ3	無	他人
DES	フェーズ3	無	自己
再生ファンド等	フェーズ3	有	3分類すべて
第二会社方式	フェーズ3	有無	3分類すべて
公的支援等	フェーズ3	有	3分類すべて

（※3）フェーズ2またはフェーズ3

　上表から「企業再生における資金調達手法」には、以下の4つの特徴があることがうかがわれます。

特徴1：「企業再生における資金調達」は金融債権者（金融機関等）の支援がなければ成立しない。

特徴2：「企業再生における資金調達」はニューマネーが入る "再生ファイナンス" とニューマネーが入らない "財務再構築（デット・リストラクチャリング）" に区分される。

特徴3："(プレ) DIP ファイナンス" はフェーズ2「形式的危機時期」という特殊な時期における独特のファイナンス・スキームである。

特徴4："第二会社方式" は、再生対象企業を抜け殻にして会社ごと整理し、事業を別会社にてフレッシュスタートさせるスキームである。

第3節　「企業再生における資金調達手法」の区分

1.「企業再生における資金調達手法」のニューマネー有無等による区分

　　表39記載の各企業再生ファイナンス・スキームをニューマネーの有無等により区分し直すと下表40のように
なります。

（表40）「企業再生資金調達手法」のニューマネー有無等による区分

企業再生ファイナンス・スキーム	フェーズ分類	資本分類
Ⅰ　財務再構築（デット・リストラクチャリング）：ニューマネー**なし**		
リスケジューリング	フェーズ1	他人
債権放棄	フェーズ3	他人
DPO	フェーズ3	他人
DDS	フェーズ3	他人
DES	フェーズ3	自己
Ⅱ　再生ファイナンス：ニューマネー**あり**		
ABL	フェーズ1	他人
ABS	フェーズ1	他人
DIPファイナンス	フェーズ2または3	他人
再生ファンド等	フェーズ3	3分類すべて
公的支援等	フェーズ3	3分類すべて
Ⅲ　第二会社方式：ニューマネー**有無**		
第二会社方式	フェーズ3	3分類すべて

　　上表記載のとおり、「企業再生における資金調達手法」は、ニューマネーの有無等により「財務再構築（デット・リストラクチャリング）」「再生ファイナンス」「第二会社方式」の3つに区分することができます。

2.　企業再生ファイナンス・スキームとキャッシュ・フロー計算書

　　上表40記載の各企業再生ファイナンス・スキームは、それぞれキャッシュ・フロー計算書のどの部分、あるいは全体に効くといった具合に効能が異なります。それを図示したのが右図42です。

〈図42〉 企業再生 ファイナンス・スキームとキャッシュ・フロー計算書

Ⅰ　営業活動によるキャッシュ・フロー
　　税引前当期純利益　☜ **ABS（マイナス効果）**
　　減価償却費　☜ **ABS（マイナス効果）**
　　引当金の増加額
　　受取利息及び受取配当金（△）＋利息及び配当金の受取額
　　支払利息△利息の支払額
　　売上債権の増加額（△）　☜ **ABL**
　　たな卸資産の減少額　☜ **ABL**
　　仕入債務の減少額（△）
　　　　　小　計　　　　　　　　　　　　　　○○○○
　　法人税等の支払額
　　　　営業活動によるキャッシュ・フロー　　○○○○
Ⅱ　投資活動によるキャッシュ・フロー
　　有形固定資産の取得による支出　☜ **ABS**
　　　　投資活動によるキャッシュ・フロー　　○○○○
Ⅲ　財務活動によるキャッシュ・フロー
　　短期借入金の純増加額　☜ **（プレ）DIP ファイナンス**
　　長期借入れによる収入　☜ **再生ファンド、公的支援等**
　　メザニン実施による収入　☜ **再生ファンド、公的支援等**
　　長期借入金返済支出　☜ **リスケ、債権放棄、DOP、DDS、DES**
　　債券の発行による収入　☜ **ABS、再生ファンド**
　　株式発行による収入　☜ **DES、再生ファンド、公的支援等**
　　配当金の支払額
　　　　財務活動によるキャッシュ・フロー　　○○○○
Ⅳ　現金及び現金同等物に係る換算差額
Ⅴ　現金及び現金同等物の減少額
Ⅵ　現金及び現金同等物の期首残高　　　　　○○○○
Ⅶ　現金及び現金同等物の期末残高　　　　　○○○○

☜ **第二会社方式**

　本章の検討を踏まえながら、次章以降におきまして、各企業再生ファイナンス・スキームの詳細内容を観ていきたいと思いますが、上図でぜひとも読者の皆様にご理解いただきたいのは、「企業再生ファイナンス・スキーム」がいかに活用されようとも、**改善できるのは「財務活動によるキャッシュ・フロー」だけであり、再生の根幹である「営業活動によるキャッシュ・フロー」は再生企業の自助努力により改善**しなければならないということです。なお、「第二会社方式」は再生対象企業のキャッシュ・フロー計算書の全体に関わります。

第2章　財務再構築（デット・リストラクチャリング）

第1節　財務再構築（デット・リストラクチャリング）とは

　財務再構築（Debt Restructuring：デット・リストラクチャリング、以下「DR」）とは既存の金融債務（Debt）の弁済条件等を再構築（Restructuring）する、私的整理における再生計画事項を指します。金融債権者の犠牲に基づき、「財務活動によるキャッシュ・フロー」を改善し、企業再生を図ろうとする金融支援手法の総称です。しかしながら、前章第3節で述べましたように、再生企業の自助努力による「営業活動によるキャッシュ・フロー」の改善を伴わなければ企業再生はできず、やがて二次破綻へと繋がり"金融支援の効果"は水泡に帰します。そのため、各私的整理のガイドラインにおいて、再生計画策定上の必須事項として「債務超過の解消条件＝実質的債務超過解消年数」や「経常損失の黒字転換条件＝経常赤字が黒字に転換するまでの年数」が下表のとおり設定されています。

（表41）　各私的整理のガイドライン所定の再生計画における財務条件

私的整理スキーム	ガイドライン	債務超過の解消条件	経常損失黒字転換条件
私的整理ガイドライン	私的整理GL（※4）	3年以内	3年以内
支援協スキーム	基本要領（※5）	5年以内	同上
事業再生ADR	産競規（※6）	3年以内	同上

（※4）私的整理GL 7（2）（3）
（※5）基本要領6（5）②③
（※6）産競規28条2項1号及び2号

　なお、上表41の財務条件を満たす再生計画の提示を受けた金融債権者の全員が、下記第2節～第6節の手法によるDRに同意することが、当該企業再生計画の前提条件となります。

第2節　リスケジューリング

　金融債権者が借入金の弁済条件を見直してその返済を一定期間にわたって猶予する内容の金融支援のことを「リスケジューリング」、一般的に"リスケ"といいます。債務免除を伴わないDRの最も初歩的かつポピュラー

な手法です。その法務的側面は第Ⅲ編における法律家による検討に譲るとして、本節ではその財務的側面について検討します。まず合理的なリスケ対象期間を設定するためには、次の3つの指針が必要とされます。

① 債務超過の解消条件
② 経常損失の黒字転換条件
③ DR後要償還債務の償還年数

①及び②につきましては、前節にて既述のとおりです。③については、支援協スキームにおいて『再生計画の終了年度における有利子負債の対キャッシュ・フロー比率が概ね10倍以下となる内容とする（基本要領6（5）④）』を充足する年数とされます（※7）。ただし、上述の"キャッシュ・フロー"は、「フリーキャッシュ・フロー」を指しているとされます（※8）。フリーキャッシュ・フロー（FCF）の詳細については、第Ⅰ編第2章をご参照ください。

（※7）松下淳一、相澤光江（編集代表）『事業再生・倒産実務全書』きんざい
（※8）弁護士 田口和幸、加藤寛史、松本卓也、ロングブラックパートナーズ（著）『最新私的整理事情』きんざい（以下「前掲書」）

ところで、第Ⅰ編及び第Ⅲ編におきまして、下記の方程式2（第Ⅰ編第2章参照）及び方程式3（第Ⅲ編第1章参照）を掲げました。

（方程式2）"過剰借入額"算定方程式
　　　　過剰借入額＝（年間約定弁済額－フリーキャッシュ・フロー）×返済年数
　　　　フリーキャッシュ・フロー（FCF）＝営業CF＋投資CF
（方程式3）私的整理限界方程式
　　　　フリーキャッシュ・フロー（FCF）≧ DR後年間約定弁済額
　　　　DR後年間約定弁済額＝過剰借入額÷DR後返済年数

この方程式を使って、簡単なシミュレーションをしてみましょう。

＜シミュレーションの与件＞
　　年間約定弁済額：120
　　FCF：40
　　返済年数：5年

これらの与件数値を（方程式2）に代入すると、"過剰借入額"は400と計算されます。この400がDRの対象額となるわけです。ここで、上記③の一般的な上限とされる15年まで"リスケ"したとしましょう。そうします

と、方程式3から"DR後年間約定弁済額"は、約27と計算され、FCFの与件40を下回り、方程式3の『FCF≧DR後年間約定弁済額』を充足します。したがって、当該再生計画を前提とする私的整理は実行可能と判断されることとなります。これがリスケの財務的効果なのです。

　ちなみに、前述の『上記③の一般的な上限とされる15年』についてですが、これは上述の基本要領6（5）④に由来します。この"基本要領6（5）④"を算式化したのが、下記（方程式5）です（前掲書52頁の算式に筆者が加筆）。

（方程式5）デット・リストラクチャリング限界方程式

（1）債務超過解消時における要償還債務残高（※9）≦DR後FCF（※10）×10

　　　　&

（2）実質的債務超過解消年数≦5

（※9）債務超過解消時における要償還債務残高＝債務超過解消時における（有利子負債－現預金－正常運転資金）
（※10）DR後FCF＝DR後（営業CF＋投資CF）（※11）
（※11）FCFと営業キャッシュ・フロー（CF）及び投資キャッシュ・フロー（CF）については第Ⅰ編第2章参照

　上記方程式5における10（年）と表41の"債務超過の解消条件"の5年の合計に基づく15年が、一般的なリスケの限界とされます。この限界を超えて私的整理を成り立たせるためには、次節以降で検討する「債務免除」の手法に切り込まなければならないのです。

第3節　債務免除総論

　前掲の（方程式5）「債務超過解消時における要償還債務残高≦DR後FCF×10」はリスケの限界を画す式であり、（方程式3）「FCF≧DR後年間約定弁済額」は私的整理の限界を画す式です。この間にあるのが、本節の「債権放棄」をはじめとする「債務免除」の世界となります。足元のFCFが負の値であるならば、そもそも私的整理による再生は困難であり、法的整理に進む必要があります。これに対して、足元のFCFはプラスなのですが、その水準が"リスケ"だけでは（方程式5）を充足できない場合に「債務免除」が求められます。（方程式5）右辺のDR後FCFが十分に大きくない再生企業において、（方程式5）（1）を成立させるにはどうすれば良いでしょうか。その答えは（方程式5）左辺の「**債務超過解消時における要償還債務残高＝債務超過解消時における（有利子負債－現預金－正常運転資金）**」を直接減額することです。すなわち、「**債務超過解消時における有利子負債**」を減免することに他なりません。この"債務減免"の方式に、次節以降で検討する「債権放棄」「DPO」「DDS」「DES」の各手法があります。これらの手法を比較したのが、右表42です。

（表42）"債務減免"の方式比較表

"債務減免"の方式	債権カット	債務消滅益発生	要償還債務残高
債権放棄	有	有	有無（※12）
DPO	有	有	有
DDS	無	無	有
DES	無	有無（※13）	無

（※12）仮に全額債権放棄された場合には、要償還債務残高はなくなる
（※13）会計・税務処理により、債務消滅益が発生する場合と発生しない場合に分かれます。詳細は第9節を参照

　なお、本節の記述は主として下記書籍に基づいています。
（出拠）森・濱田松本法律事務所、藤原総一郎（編著）、山崎良太、稲盛隆浩（著）『DES・DDSの実務』きんざい

第4節　債権放棄

　債権放棄とは、債権者（主に金融機関）が債務者に対して有する債権（主に貸付金）の一部または全部を放棄する（債務者の側から見ると"債務免除"を受ける）ことをいいます。また、狭義には債権放棄後の残額を分割返済する場合を意味します。"債権放棄"によりニューマネーは入りませんが、対象債務を確定的に消滅させることにより会計上、債務免除益が発生します。これにより、場合によっては一挙に債務超過を解消できますが、"債権放棄"という劇薬にはやはり、債権者／債務者の双方にとって、メリットとデメリットがあります。それを比較したのが、下表です。

（表43）"債権放棄"のメリットとデメリット

	"債権放棄"のメリット	"債権放棄"のデメリット
債務者	有利子負債の削減	事業価値の毀損が生じる可能性
	過剰債務の解消	
	債務者の信用力強化	信用低下が生じる可能性
	キャッシュ・フローの改善	債務免除益が青色繰越欠損金を上回る場合の課税所得発生
	債務免除益による累積損失の解消	
債権者	他の借入金のデフォルトリスクの低下	債務者のモラルハザードを招く可能性
	放棄後の残債権について債務者区分を上位遷移することが可能	損失が確定するため、引当金の計上不足による追加損失発生

（出拠）森・濱田松本法律事務所、藤原総一郎（編著）、山崎良太、稲盛隆浩（著）『DES・DDSの実務』きんざい

第5節　DPO

　DPO（Discount Pay Off）は下記のいずれかの方式での「債務免除」として定義される"債権放棄"の一手法です。

定義１：債務者が自社の金融債務を、額面を下回る価額で買い取ることにより、一部債務免除を受けるのと同等の効果を得る場合

定義２：債権者による債権放棄後の残債権額を債務者が一括返済する場合

（出拠）弁護士 田口和幸、加藤寛史、松本卓也、ロングブラックパートナーズ（著）『最新私的整理事情』きんざい
（出拠）森・濱田松本法律事務所、藤原総一郎（編著）、山崎良太、稲盛隆浩（著）『DES・DDSの実務』きんざい

第6節　DDS

1. DDSの定義

　DDS（Debt Debt Swap）とは、一般論としては『債務者が債権者に対して負担する既存債務（Debt）を別の条件による債務（Debt）に変更（Swap）すること』をいいますが、財務再構築（デット・リストラクチャリング）の文脈では通常、『金融検査マニュアル別冊（中小企業融資編）（以下『金融検査マニュアル別冊』）』（金融庁）に基づいて『金融機関の既存の貸付金を他の債権より劣後する"資本的劣後ローン"に変更すること』をいいます。

（参考）森・濱田松本法律事務所、藤原総一郎（編著）、山崎良太、稲盛隆浩（著）『DES・DDSの実務』きんざい

2. 金融検査マニュアル別冊

　『金融検査マニュアル別冊』の改訂等の経緯は、右表のとおりです。

（表44）『金融検査マニュアル別冊』の改訂経緯等

年代	金融検査マニュアル別冊等の変遷	主要な改訂等ポイント
2002年6月	金融庁が『金融検査マニュアル別冊』作成・公表	
2003年3月	金融庁が「リレーションシップバンキングの機能強化に関するアクションプログラム」公表	
2003年7月	研究会が「研究報告書」及び「中小企業の事業及び財務再構築のモデル取引に関する基本的考え方」公表	
2004年2月	『金融検査マニュアル別冊』第1回改訂	資本的劣後ローン（早期経営改善特例型）を初めて規定
2008年10月	『金融検査マニュアル別冊』第2回改訂	既存融資の「十分な資本的性質が認められる借入金（資本性借入金）＝資本的劣後ローン（準資本型）」への条件変更
2008年11月	金融庁が『「資本性借入金」の積極的活用について』を公表	
	上記公表にあわせて、金融庁が『金融検査マニュアルに関するよくあるご質問（FAQ）』を改訂	
2013年3月	『金融検査マニュアル別冊』第3回改訂	金融機関による「債務者への働きかけ」の度合いを重視し、債務者区分の判断等においてもこの点を十分勘案することとした
2015年1月	『金融検査マニュアル別冊』第4回改訂	「短期継続融資」等の事例を追加

　上表のとおり、『金融検査マニュアル別冊』において、"資本的劣後ローン"は2004年2月の「早期経営改善特例型」と2008年10月の「準資本型」（資本性借入金）の2段階で導入され、その後、強力にその積極的活用が図られ、今日に至っています。

3. ふたつの "資本的劣後ローン" の比較

　『金融検査マニュアル別冊』は上述のとおり、DDS用の"資本的劣後ローン"をふたつ用意しています。このふたつを比較対照したのが次表45です。

（表45）『金融検査マニュアル別冊』上の "資本的劣後ローン" の比較対照

		資本的劣後ローン	
		早期経営改善特例型	準資本型（資本性借入金）
契約要件	償還要件	他の全債権の償還後に償還開始	①償還期間5年超 ②期限一括償還が原則
	劣後要件	「法的破綻時の劣後性」確保	「法的破綻時の劣後性」確保＋例外も認められる
	金利設定		業績連動型が原則
	財務情報開示	債務者が金融機関に対して財務状況の情報開示を行う旨を約すること	
	キャッシュ・フロー関与	債務者のキャッシュ・フローに一定の関与が出来る権利の金融機関への付与	
	期限の利益	資本的劣後ローンの期限の利益喪失時には、全債権の期限の利益喪失	
DDS可能要件		中小等企業向け債権限定	
		要注意先債権限定	
		経営改善計画との一体性	
適用範囲	DDS	適用可能	同左
	新規融資	適用不能	適用可能

　『金融検査マニュアル別冊』の2004年2月第1回改訂により、初めて資本的劣後ローンが導入されたときには、その契約内容やDDSが可能とされる要件に相当厳しいものがありました。その後、2008年10月の第2回『金融検査マニュアル別冊』改訂により導入された「十分な資本的性質が認められる借入金（資本性借入金）＝資本的劣後ローン（準資本型）」は、"2004年2月導入資本的劣後ローン" よりもかなり使い勝手の良いものになりました。なお、2004年2月導入資本的劣後ローンは、この時点で "早期経営改善特例型" として存置されました。また、資本的劣後ローン（準資本型）は新規融資にも適用可能とされました（この新規融資に資本的劣後ローンを用いる場合が、前書『ウィズコロナ経済における運用と調達』で述べたコーポレートファイナンスにおける "メザニン" の活用に他なりません（前書第Ⅲ編第2章参照））。

4. 資本的劣後ローンへの変更（DDS）の効果

　通常の借入金を、資本的劣後ローン（早期経営改善特例型）または資本的劣後ローン（準資本型）に変更（DDS）することの効果を図示したのが、下図43です。これは『金融検査マニュアルFAQ（9-24）』（別紙2）の中小企業再生支援協議会版「資本的借入金」所収の「4. 参考：活用のイメージ＜借入金の一部を資本的借入金に振り替え支援を実施＞」に基づき筆者が作図したものです。

〈図43〉 資本的劣後ローンへの変更（DDS）の効果

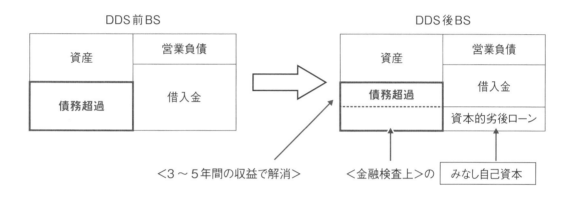

　上図の太枠内が、会計上の債務超過額を指します。上図のとおり、DDSにより会計上の債務超過額は不変ですが、「早期経営改善特例型」であれ「準資本型」であれ、DDSにより＜金融検査上＞の債務超過額は圧縮もしくは解消されます。これにより、再生計画が軌道に乗るとともに、債権者においては「債務者区分」の上位遷移が可能となります。両資本的劣後ローンの詳細設計については、次節以降で観ていきます。

第7節　資本的劣後ローン（早期経営改善特例型）

1. 資本的劣後ローン（早期経営改善特例型）の要件定義

　『金融検査マニュアル別冊』は、その資産査定管理態勢の確認検査用チェックリスト「自己査定」（別表1）の1. 債権の分類方法"自己査定結果の正確性の検証ポイント"と7. "資本的劣後ローンの取扱い"（1）において、資本的劣後ローン（早期経営改善特例型）に該当するための条件を以下のように定義しています。

① 資本的劣後ローン（早期経営改善特例型）についての契約が、金融機関と債務者との間で双方合意の上、締結されていること

② 契約内容に、原則として以下のすべての条件を付していること

イ. 資本的劣後ローン（早期経営改善特例型）の返済（デフォルトによらない）については、資本的劣後ローン（早期経営改善特例型）への転換時に存在する他のすべての債権及び計画に新たに発生することが予定されている貸出債権が完済された後に償還が開始すること

ロ. 債務者にデフォルトが生じた場合、金融機関の資本的劣後ローン（早期経営改善特例型）の請求権の効力は、他のすべての債権が弁済された後に生ずること

ハ. 債務者が金融機関に対して財務状況の開示を約していること及び、金融機関が債務者のキャッシュ・フローに対して一定の関与ができる権利を有していること

ニ. 資本的劣後ローン（早期経営改善特例型）がハ. その他の約定違反により、期限の利益を喪失した場合には、債務者が当該金融機関に有するすべての債務について、期限の利益を喪失すること

2. "資本的劣後ローン（早期経営改善特例型）" を用いたDDSによる資本化要件

このほか、『金融検査マニュアル別冊』は通常ローンを上記1の諸条件を満たす"資本的劣後ローン（早期経営改善特例型）"へ転換（DDS）することによって、**資本とみなし得る**ための要件を次のとおり定めています。

(i) 中小・零細企業向け（※14）債権であること

(ii) 要注意先債権（要管理先への債権を含む）であること

(iii) 債務者の"合理的かつ実現可能性が高い経営改善計画（合実計画）（※15）"と一体として、貸出債権の全部または一部を資本的劣後ローン（早期経営改善特例型）に転換していること（※16）

（※14）ここでいう中小・零細企業とは「中小企業基本法」で規定する中小企業者及びこれに準じる医療法人、学校法人等とする。ただし、出資比率や経営の状況からみて大企業の関連会社（財務諸表等規則における関連会社をいう）と認められる企業を除く
（※15）第Ⅳ編第6章参照
（※16）その後上記②イ〜ニの諸条件を満たさなくなった場合には、資本的劣後ローン（早期経営改善特例型）を当該債務者の資本とみなすことができないものとする

第8節　資本的劣後ローン（準資本型）

1. 資本的劣後ローン（準資本型）＝資本性借入金の要件定義

『アクセスFSA』（金融庁広報誌）第71号所収の『中小企業の自己資本充実策の支援に向けた「金融検査マニュアル」等の一部改定について』3において、金融庁は"資本的劣後ローン（準資本型）＝資本性借入金（十分な資本的性質が認められる借入金）"について次のように説明しています。

「**償還条件や金利等の貸出条件が資本に準じるような借入金**については、本来なら負債である当該借入金

を資本とみなすことができるとするものです。これにより、**資産査定において、当該借入金を資本とみなした上で、債務者区分**の検討を行うことができます。ここで**資本に準じるような貸出条件**とは、たとえば、**償還期間が長期**であることや、**業績の悪いときには利子負担がほとんど生じないような配当に準じた金利設定**であること等です。このような条件をつけることにより、**経営難にある企業等が債務超過・繰越損失の解消**、さらに**内部留保の蓄積**といった、経営改善に向けた見通しを立てやすくなります」

　上記からうかがえるのは、"資本性借入金"とは"償還条件や金利等の貸出条件が資本に準じるような借入金"であって、その効果は以下のとおりであることです。

効果1：資産査定において、当該借入金を資本とみなした上で、債務者区分の検討を行うことができること
効果2：経営難にある企業等が債務超過・繰越損失を解消できること
効果3：内部留保の蓄積といった、経営改善に向けた見通しが立てやすくなること

2．資本性借入金とみなされるための「償還条件や金利等の貸出条件等」
（1）資本性借入金とみなされるための3要件
　　借入金が、資本性借入金とみなされるための「償還条件や金利等の貸出条件等」に関しては、『金融検査マニュアル（FAQ）』の2011年11月22日付改訂部分（以下『金融検査マニュアル2011年改定部分（FAQ）』）の9-16～9-34で明確化されています。そのなかで「資本性借入金」の商品設計には、下記の3要件が必要とされています。
　　　要件1：長期間償還不要な状態
　　　要件2：配当可能利益に応じた金利設定
　　　要件3：「法的破綻時の劣後性」確保

（2）長期間償還不要な状態
　　この点については『金融検査マニュアル2011年改定部分（FAQ）』の9-18において、その条件がきわめて具体的に以下のとおり明示されています。
　　　条件1：契約時における償還期間が**5年を超える**ものであること
　　　条件2：**期限一括償還**が原則

（3）配当可能利益に応じた金利設定
　　金利設定については資本に準じて、原則として「配当可能利益に応じた金利設定」が必要です。具体的には、**業績連動型**が原則であり、**赤字の場合には利子負担がほとんど生じないことが必要**（※17）とな

りますが、その場合、株式の株主管理コストに準じた事務コスト相当の金利であれば、利子負担がほとんど生じないものとして「十分な資本的性質が認められる借入金」と判断して差し支えないものとされます（『金融検査マニュアル2011年改定部分（FAQ)』9-19の1〜2）。

(※17) なお、赤字の場合の具体的な金利水準については「たとえば（中略）日本政策金融公庫の『挑戦支援資本強化特例制度』では0.4%となっていますが、この水準に限定されるものではなく、金融機関や債務者の状況等に応じた事務コスト相当の金利であれば差し支えありません」（『金融検査マニュアル2011年改定部分（FAQ)』9-19の3）と記載されています

(4)「法的破綻時の劣後性」確保

「十分な資本的性質が認められる借入金」の劣後性については、資本に準じて、原則として「法的破綻時の劣後性」が確保されていることが必要です。ただし、既存の担保付借入金から転換する場合などのように、担保解除を行うことが事実上困難であり、「法的破綻時の劣後性」を確保できないような場合には例外が設けられています。たとえば、法的破綻以外の期限の利益喪失事由が生じた場合において、他の債権に先んじて回収を行わないことを契約するなど、少なくとも法的破綻に至るまでの間において、他の債権に先んじて回収しない仕組みが備わっていれば、「法的破綻時の劣後性」が必ずしも確保されていなくても差し支えありません（『金融検査マニュアル2011年改定部分（FAQ)』9-20）。

3. 金融検査マニュアル（FAQ）の条件に合致する資本性借入金の一覧

『金融検査マニュアル（FAQ)』の条件に合致する"資本的劣後ローン（準資本型）＝資本性借入金"を一覧したのが下表46です。

(表46)『金融検査マニュアル（FAQ)』の条件に合致する資本性借入金の一覧

制度名	関係省庁等
挑戦支援資本強化特例制度（日本政策金融公庫）	経済産業省
中小企業再生支援協議会版「資本的借入金」	経済産業省
災害対応型劣後ローン（日本政策金融公庫）	経済産業省
岩手産業復興機構による既往債権の買取制度	経済産業省
危機対応業務による資本性劣後ローン（商工中金等）	経済産業省 財務省

（出拠：『金融検査マニュアル2011年改定部分FAQ』(9-24)（別紙3）の「十分な資本的性質が認められる借入金」とみなすことが可能な関係省庁等の施策の代表例）

なお、左表以外の他の金融機関からの借入金であっても、『金融検査マニュアル2011年改定部分（FAQ）』（9-25）によれば、「資本に準じて、原則として、『長期間償還不要な状態』、『配当可能利益に応じた金利設定』、『法的破綻時の劣後性』といった条件が確保されていれば、『十分な資本的性質が認められる借入金』として、当該借入金を債務者の資本とみなして差し支えありません」とされています。

　また、「資産査定管理態勢の確認検査用チェックリスト自己査定（別表1）の1.の（3）の（注）」によれば、「十分な資本的性質が認められる借入金（資本性借入金）は、**新規融資の場合、既存の借入金を転換した場合のいずれであっても、負債ではなく資本とみなすことができることに留意する**」とされています。これにより、実質的危機時期の手前段階での“資本的劣後ローン”の活用への道が大きく拓かれました。

4.“資本的劣後ローン（準資本型）”を用いたDDSによる資本化要件

　『（金融検査マニュアル）資産査定管理態勢の確認検査用チェックリスト「自己査定」（別表1）1. 債権の分類方法 自己査定結果の正確性の検証ポイント 7. 資本的劣後ローンの取扱い（3）」によれば、「貸出債権の全部または一部を『資本的劣後ローン（準資本型）』に転換している場合には、債務者区分等の判断において、前節2の諸条件を満たしているか否かにかかわらず、（中略）当該資本的劣後ローン（準資本型）を当該債務者の資本とみなすことができる」とされています（※18）。したがって、“資本的劣後ローン（準資本型）”を用いるDDSの場合には、“資本的劣後ローン（早期経営改善特例型）”によるDDSの場合と異なり、DDSにより通常ローンを資本化するための要件は特に課されていません。

（※18）『（金融検査マニュアル）資産査定管理態勢の確認検査用チェックリスト「自己査定」（別表1）1. 債権の分類方法 自己査定結果の正確性の検証ポイント 7. 資本的劣後ローンの取扱い（1）』

5. 資本とみなせる部分の逓減

　上述2（2）において、資本的劣後ローン（準資本型）の契約条件のひとつとして“長期間償還不要な状態”が必要であり、その具体的な条件として、下記の条件1が必要であると記載しました。

＜条件1：契約時における償還期間が5年を超えるものであること＞

　この条件1は当該資本的劣後ローン（準資本型）の償還時まで維持されなければならないとされます。これを受けて、資本的劣後ローン（準資本型）の“資本とみなせる部分”についての逓減条件が次のように付されています（『金融検査マニュアル2011年改定部分（FAQ）』（9-28）（答）1.）。

　「償還まで相当の期間（5年以上）を有する負債については、残高の100％を資本とみなす一方で、残存期間が5年未満となった負債については、1年ごとに20％ずつ資本とみなす部分を逓減させる取扱いとします」

　そして、この条件を表にしたのが次表47です（上記（答）1.の所収表から筆者作成）。

（表47） 資本的劣後ローン（準資本型）における "資本とみなせる部分の逓減"

残存期間	資本とみなす部分	負債とみなす部分
5年以上	100%	－
4年以上5年未満	80%	20%
3年以上4年未満	60%	40%
2年以上3年未満	40%	60%
1年以上2年未満	20%	80%
1年未満	－	100%

第9節　DES

1. DESとは

　前節までのDDSは、あくまで通常ローン（Debt）を資本的劣後ローン（Debt）へと変更する負債と負債の交換（Swap）であり、会計上の貸借対照表（BS）区分にも変更はありません。これに対して、本節の論考対象であるDES（Debt Equity Swap）は、債務（Debt）を債務者の株式（Equity）と交換（Swap）するものであり、DDSと異なり確定的に借入金が減少するため、BS区分の負債から資本への変更も伴い、会計上の利益発生の有無や税法上の所得発生の有無に関する論点も派生します。なお、DESを実施した場合の効果は下図44のとおりで、下図の太枠内が**会計上の債務超過額**を指します。DDSの場合は会計上の債務超過額が不変（図43参照）であるのに対し、DESはその実施額を未処理損失と相殺するため、会計上の債務超過額も減少します。

〈図44〉 債務の株式との交換（DES）の効果

DDSとDESの各々のメリットとデメリットを対比したのが下表48です。

（表48）　DDSとDESのメリットとデメリットの比較

		メリット	デメリット
D D S	債務者	ガバナンス構造が不変	要返済元金額は減少しない
		元金の均等返済額の減少	会計上の債務超過は非解消
		事業価値が棄損しない	
	債権者	元本回収可能	元本回収期間の延伸
		利息を受け取ることが可能	債権支払順位の劣後化
		債務者区分の上位遷移可能	
D E S	債務者	債務消滅益が得られる場合あり	債務消滅益課税の可能性あり
		要返済元金額が減少する	ガバナンス構造弱化の可能性
		会計上の債務超過が解消	
	債権者	キャピタルゲインが得られる場合あり	債務者の経営コントロール責任発生
		債務者の経営への関与強化可	元金回収額の減少可能性あり
		債務者区分の上位遷移可能	受取利息の減少

（出拠）森・濱田松本法律事務所、藤原総一郎（編著）、山崎良太、稲盛隆浩（著）『DES・DDSの実務』きんざい（3頁の掲載表より筆者作成）

　債務から債務へと変更するDDSと債務を資本と交換するDESでは、上表のとおり大きな相違があります。DESは確定的かつ名実ともに「債務超過」を解消することができるので、企業再生への効果が大きいのですが、その実施により金融債権者が非上場中小企業の株式を取得した場合には以下の問題点が生じるため、実務的には一定の困難を伴います。

①非上場中小企業の株式は、きわめて流動性が低い。
②非上場中小企業の株式は、キャピタルゲインを得るためのExitの確保が難しい。
③金融債権者は対象企業の普通株式の過半数を取得しても、その経営を担う用意がない。

　上記のような事情からして、DESは次章第5節で述べる再生ファンド等の投資対象企業の「経営権の取得」

を予定している再生投資家等向きの商品設計であり、金融機関等の金融債権者にとってはDDSの商品設計の方により優位性が感じられるところであると思われます。

3. DESのふたつの方法

　DESの実施方法について、日本の会社法は直接の規定を設けていません。このため、実務上、以下のふたつの方法のいずれかがとられます。

DESの方法（1）：現物出資型

　　　　　債権者が現金ではなく債務者に対する債権を債務者に現物出資し、債務者から募集株式の割当を受ける方法。

　　　　　債権は混同（※19）によって消滅する。

（※19）混同（民法520条）
　　　　債権及び債務が同一人に帰属したときは、その債権は消滅する

DESの方法（2）：現金払込型

　　　　　債権者が現金払込により債務者から募集株式の割当を受ける方法。

　　　　　債務者は払い込まれた現金を直ちに債権者に弁済し、債権は消滅する。

　方法（1）と方法（2）のメリットとデメリットを比較したのが、下表49です。

（表49）　DESの方法（1）と方法（2）のメリットとデメリットの比較

	メリット	デメリット
方法(1)	法的な安全度が高い	債務消滅益課税の可能性あり
	出資資金の別途用意が不要	現物出資に係る検査役の検査
	その他の税務リスクがない	資本の増加額に関する議論あり
方法(2)	債務消滅益課税の可能性なし	出資資金の別途用意が必要
	資本の増加額に関する議論なし	法的リスクがある
	株式の取得価額の評価が容易	その他の税務リスクがある

（出拠）森・濱田松本法律事務所、藤原総一郎（編著）、山崎良太、稲盛隆浩（著）『DES・DDSの実務』きんざい（4頁の掲載表より筆者作成）

4. DESにおける税務問題

　方法(1)においては、適格現物出資の場合を除き、債務消滅益課税の問題がつきまといます。この点に関しましては、第Ⅴ編を参照ください。ただし、方法(2)においてもその他の税務リスク(寄附金認定、有価証券売却損の否認等(2000年11月30日東京地裁判決))が存在します。

5. DESにおける検査役の検査の免除

　以下のとおり、一定の要件を満たすDESの実施においては、「金銭債権についての現物出資財産の価額」に関する検査役の検査は免ぜられます(会社法207条9項5号)。

＜現物出資に係る検査役の検査は免ぜられるDESの要件＞

要件①：現物出資財産が株式会社に対する金銭債権であること

要件②：当該金銭債権について定められた「募集株式の発行事項としての価額(※20)」が当該金銭債権
　　　　に係る負債の帳簿価額を超えないこと

要件③：要件①の金銭債権は"弁済期が到来しているもの"であること

(※20) 募集株式の発行が、金銭以外の財産を出資の目的とするときは、その旨並びに当該財産の内容及び**価額**(会社法199条1項3号)

6. 方法(1)のDESにおける資本の増加額に関する議論

　方法(1)により現物出資される債権額の評価については、会社法等の解釈上、「評価額説」と「券面額説」の両論があります。税務上の評価については、第Ⅴ編を参照いただくとして、本節では会社法等における論点等について整理します。

(1)「券面額説」とされる場合・・検査役の検査を免ぜられる場合

　　　①前項記載の会社法207条9項5号に該当する場合

　　　②産競法による会社法上の検査役による検査規定の適用除外(※21)

(※21) (株式の発行等に係る現物出資の調査に関する特例)
　　　 事業者が認定計画に従ってその財産の全部または一部を他の株式会社に出資する場合における当該他の株式会社については、会
　　　 社法207条1項の規定は適用しない(産競法29条1項)
　　　 ⇒「事業再生ADR」または「支援協スキーム」による私的整理における方法(1)のDESにおいて現物出資される債権額の評価につ
　　　　 いては、「券面額」によることとなります

(2)「評価額説」と「券面額説」の両論で議論が分かれる場合

　　　「評価額説」と「券面額説」の両論で議論が分かれる場合とは、下記の条件①を満たし、かつ条件②-aまたは条件②-bのいずれかを満たす場合を指します。

　　　条件①：DESを活用する再生スキームが法的整理または特定調停であること

条件②-a：第5項の要件②を充足していない場合

条件②-b：第5項の要件③を充足していない場合

　ただし、会社法上は「債権の価額＝会社が弁済しなければならない額（券面額）」という考え方が有力であることは否めません（森・濱田松本法律事務所、藤原総一郎（編著）、山崎良太、稲盛隆浩（著）『DES・DDSの実務』きんざい（8頁））。

7. 方法（2）のDESにおける法的リスク

　方法（2）のDESにおいては、形式的には「詐害行為」「否認」「見せ金」といった法的リスクが潜在していると考えられますが、当該DESが「合理的な再建計画の一環」として行われる場合には、それらは該当しないものとされます（詳しくは下記参考図書12頁を参照ください）。

（出拠）森・濱田松本法律事務所、藤原総一郎（編著）、山崎良太、稲盛隆浩（著）『DES・DDSの実務』きんざい

第3章　第二会社方式による事業再生スキーム

第1節　企業再生と事業再生

　窮境原因の発生により実質的危機時期に陥った企業をいかに再生させるかが、本書を貫くテーマであり、そのため前章まで"企業再生"を中心に記述してきました。これに対して本章においては、企業全体の一体的な"企業再生"ではなく、企業を事業セグメントに分けて行う事業セグメント別の"事業再生"について論じたいと考えます。会計基準第17号の6によれば、「事業セグメント」とは以下の3つの要件のすべてを満たす"企業の構成単位"と定義されています。

（1）収益を獲得し費用が発生する事業活動に関わるもの

（2）企業の最高経営意思決定機関が、当該構成単位に配分すべき資源に関する意思決定を行い、また、その業績を評価するために、その経営成績を定期的に検討するもの

（3）分離された財務情報（※22）を入手できるもの

（※22）会計基準第17号の66によれば、「事業セグメントの決定の基礎となる財務情報に、一定の情報が含まれていることを条件としないこととした」との記載があります

　上記3要件のうち、本章における検討対象の「事業セグメント」に関しては、上記（1）及び（3）の要件のみで足りると考えます。特に（3）については、以下の財務情報が個別に識別できる単位であることが必須と思われます。

　① 収益及び費用に関する財務情報

　② 資産、負債及び資本に関する財務情報

　③ キャッシュ・フローに関する財務情報

　本章においては、"収益を獲得し費用が発生する事業活動に関わる"単位であって、上記①〜③の"財務情報が個別に識別できる"単位である「事業セグメント」単位の再生について検討します。

第2節　一体再生と事業セグメント別再生

　再生対象企業が複数の「事業セグメント」を有する場合に、それらは成績優秀なセグメントとそうでないセグメントに分かれがちです。ここで、前書『ウィズコロナ経済における運用と調達』第Ⅱ編第1章所収の図9（過去

に一世を風靡した「プロダクト・ポートフォリオ・マネジメント（PPM）」において用いられた「成長シェアマトリックス」）を転載します。

〈図9〉 成長シェアマトリックス

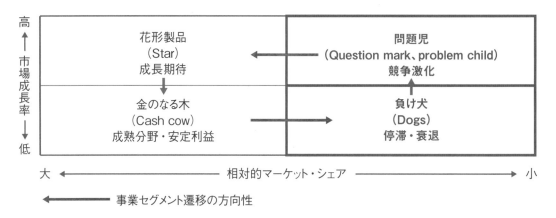

　一般的に、当該事業セグメントの「相対的マーケット・シェア」の大小と“営業活動によるキャッシュ・フロー”の大小は比例し、「市場成長率」の高低と“投資活動によるキャッシュアウト”及び“運転資本投資支出”は比例します。すなわち、相対しているマーケットの成長率が低いと“キャッシュ”の入りが多く、逆に高いと“キャッシュ”の流出が多いということです。前書では、上記の“成長シェアマトリックス”中の「金のなる木」が注目株でしたが、本書では「**問題児**」と「**負け犬**」が話題の中心となります。そこで、これらに属する事業セグメントが具備する特性について観ていきたいと思います。まず「問題児」に属する事業セグメントは、以下の特性を有しています。

　　問題児特性１：成長率が高い市場に属する事業であること
　　問題児特性２：マーケット・シェアが相対的に低いこと

　次に、「負け犬」に属する事業セグメントは、以下の特性を有しています。

　　負け犬特性１：成長率が低い市場に属する事業であること
　　負け犬特性２：マーケット・シェアが相対的に低いこと

　これらの特性の利益及びキャッシュ・フローへの反映の分析のために、本書第Ⅰ編第２章第４節記載の図15を再掲します。ちなみに、右図15内の太枠で囲まれた部分が、フリーキャッシュ・フロー（FCF）をあらわしています。

〈図15〉"財務三表"の関係

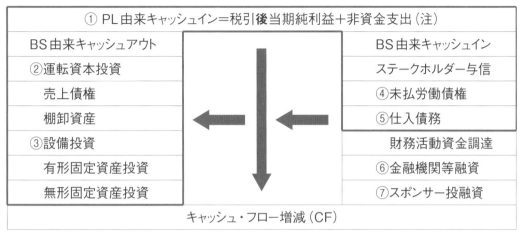

① PL 由来キャッシュイン＝税引**後**当期純利益＋非資金支出（注）		
BS 由来キャッシュアウト		BS 由来キャッシュイン
②運転資本投資		ステークホルダー与信
売上債権		④未払労働債権
棚卸資産		⑤仕入債務
③設備投資		財務活動資金調達
有形固定資産投資		⑥金融機関等融資
無形固定資産投資		⑦スポンサー投融資
キャッシュ・フロー増減（CF）		

（注）減価償却費、のれん償却、諸引当金繰入額等

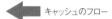 キャッシュのフロー

　上記の"問題児特性"の利益及びキャッシュへの反映は、以下のような"利益とキャッシュ"の組み合わせ（以下「(PL-CF) Mix」）となります。

　　利益：利益率は高いが、利益額は少ない。
　　キャッシュ：上図15の「①のプラス＜②及び③のマイナス」の傾向

　次に、上記の"負け犬特性"の利益及びキャッシュへの反映は、以下のような「(PL-CF) Mix」となります。

　　利益：利益率が低く、利益額は少ない。
　　キャッシュ：上図15の「①のマイナス＞②〜⑤のプラス」の傾向

　また、左図9の"花形製品"及び"金のなる木"の「(PL-CF) Mix」は以下のとおりです。

　　利益：利益率は高いか、または低く、利益額は多い。
　　キャッシュ：上図15の「①のプラス＞②及び③のマイナス」の傾向

　上記の各事業セグメントの「(PL-CF) Mix」を踏まえますと、企業が経営破綻に至るのは、"問題児"と"負け犬"のキャッシュのマイナスが"花形製品"及び"金のなる木"のキャッシュのプラスを上回り、そのネットマイナスを上図15の⑥で賄えなくなることにより生じます。そのような状態に陥った企業を「一体再生」するため

には、図15のフリーキャッシュ・フロー（FCF）のプラスが、金融債権の元利要返済額を上回る必要があります。さもなければ、少なくとも"私的整理による再生"が不可能であることは、第Ⅲ編で詳述したところです。しかしながら、"問題児"または"負け犬"のキャッシュマイナスが大き過ぎるだけであって、"花形製品"及び"金のなる木"事業セグメントのFCFが十分にある場合もあります。この場合においては、下記（方程式6）が満たされれば、第二会社方式を用いた私的整理による"事業再生"が可能となる場合があります。

（方程式6）「第二会社方式」事業再生可能方程式

（花形製品＋金のなる木（＋問題児））事業セグメントの FCFのプラス ＞ 第二会社における金融債務要弁済額

第3節　第二会社方式による事業再生

　前節で述べたとおり、企業全体の一体再生が困難と認められる場合においても、一部事業セグメントには再生可能な収益性や成長性が認められる場合が往々にしてあります。私的整理においてこのような場合に検討されるのが、当該事業セグメントを分離して事業再生を図ろうとする**第二会社方式**です。この方式を簡略的に図示したのが下図45です。なお、"花形製品""金のなる木"あるいは"問題児"を第二会社に切り出した後の"負け犬"だけとなった会社を本章では便宜上"ポンカス会社"と呼称します。"ポンカス会社"は第二会社分離後、破産または特別清算により清算されます。

〈図45〉 第二会社方式概略図

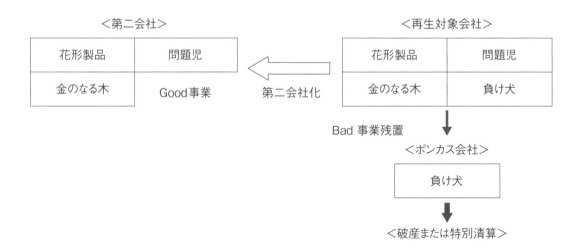

なお、この方式が成立するためには、当該分離事業セグメントに関して前述の（方程式6）が満たされる必要があります。上記（方程式6）に属する各事業セグメントの収益性や成長性等は下表50のようになります。

（表50）　事業セグメント別収益性／成長性等一覧

事業セグメントのタイプ		花形製品	金のなる木	問題児
成長性		⬆	⬇	⬆
利益	利益率	⬆	⬇	⬆
	利益額	⬆	⬆	⬇
図15FCF	① PL由来キャッシュイン	＋	＋	△
	② 運転資本投資	△	－	△
	③ 設備投資	△	－	△
	④ 未払労働債権	－	－	－
	⑤ 仕入債務	＋	－	－
	差引計	－（※23）	＋	△（※24）

（※23）①はプラスですが、市場の成長性が高いために、②及び③の投資が必要です。これを⑤で補えれば、差引FCFはプラスとなります
（※24）市場の成長性は高いのですが、マーケット・シェアが低いために、充分な利益額が確保できません。このために、①はマイナスになりがちです。また、（※23）と同様、市場の成長性が高いために②及び③の投資が必要ですが、マーケット・シェアが低いために⑤のプラスは望めません。したがって、差引FCFはマイナスとなります。しかしながら、マーケット・シェアが確保されれば、"花形製品"事業セグメントに遷移することができます

　上表50の3つの事業セグメントが、第二会社化する対象事業セグメントとなるわけですが、"花形製品"と"金のなる木"は第二会社化の対象として異論ないとして、問題となるのは"問題児"です。将来の成長性はあるのですが、足元の収益性とFCFが低く、第二会社化におけるお荷物となる可能性があります。この事業セグメントを含めるか否かの判断は、第二会社化における"再生スポンサー"等の考え方によるものと思われます。

第4節　第二会社の価値算定

　第二会社化とは、観方を変えると"事業再生局面"におけるM&Aに他なりません。したがって、通常のM&Aと同様に、EVITDAベースの乗数法かDCF等により事業価値を算定するのが習いですが、"事業再生

局面"における第二会社化の意義はそれを行うことにより、どれだけの金融債権を外部化可能であるかによります。それが前述の（方程式6）のもうひとつの趣旨でもあります。（方程式6）の主旨は第二会社化により事業再生が可能かを検証することにありますが、それは第二会社化に対する拒否権を有する金融債権者からすれば、どれだけの"金融債務"を背負ってくれるかをあらわすことになります。金融債権者の立場からすれば、その額は一体再生を前提とした時の第二会社化対象事業セグメントが背負える額を上回る必要があります。これらを踏まえた「第二会社の価値算定」は、以下の（方程式7）によることが金融債権者サイドの経済合理性にかなうものと思われます。下記（方程式7）における"10"は、本編第2章第2節の（方程式5）デット・リストラクチャリング限界方程式の10と平仄を合わせており、0.9は計画値に対するディスカウント係数です。また、この「正の"のれん"」が、Good事業セグメントを第二会社に切り出したときの「ポンカス会社」における譲渡益となります。この額が大きければ大きいほど、金融債権者にとっては"Good"となるわけです。

（方程式7）第二会社価値算定方程式

第二会社再生計画上のFCF×10×0.9＝第二会社承継金融債務額（①）

正の"のれん"＝①－実態BS上の第二会社への要承継資産

第5節　ポンカス会社の処理

　次に、"ポンカス会社"の処理について論じなければなりません。労務問題等の諸般の複雑で法的な論点はさておくとして、ここでは財務的な側面について検討します。ポンカス会社は再生対象企業全体の大半の"金融債務"とポンカス会社の事業セグメントに対応する"労働債務"及び"商取引債務"を背負わなければなりません。しかしながら、ポンカス会社は速やかに会社清算することを前提として、第二会社を切り出します。そのなかで、金融債権者、労働者及び取引業者が、第二会社方式を是とするためには、"一体再生は不可能"であるとの前提の下、以下の（方程式8）が充足されている必要があります。

（方程式8）ポンカス会社方程式

第二会社方式を採用しない場合の再生対象企業全体の清算価値

＜

第二会社化対象事業セグメントの譲渡等価値＋ポンカス会社の清算価値

　ポンカス会社においては、「第二会社化対象事業セグメントの譲渡等価値＋ポンカス会社の清算価値」に基づき、「破産」または「特別清算」を行い、債権者に対して配当を行って、第二会社方式による私的整理は完了します。

第6節　第二会社化の方法

　そもそも、**第二会社方式**とは、私的整理領域において行われる「M&Aによる事業再生スキーム」の呼称です。「M&Aによる事業再生スキーム」とは、"企業あるいは事業の買い手＝スポンサーの存在"を前提とします。そして、そのスキームが実施されるシーンは私的整理領域に限定されず、法的整理領域においても行われます。したがって、"第二会社化の方法"に関する論考は、第5章において「M&Aスキームを用いた企業再生手法」の一環として行いたいと思います。

第4章　再生ファイナンス

第1節　再生ファイナンスにおけるスポンサーの有無

　再生ファイナンスとは、“財務再構築（デット・リストラクチャリング）”だけでは再生できない企業に対する“ニューマネー”の投入を伴うファイナンス手法の総称（筆者の造語）です。再生ファイナンスは本来、資金引揚やリスケ、あるいは債務免除を受けるような倒産企業に対して“ニューマネー”を注入しようとするファイナンス・スキームですから、民間ベースでは相当な困難さを伴います。そのため、「公的支援等」の枠組みでなされることが多いと思われますが、これにつきましては本章第6節でも触れておりますように、前々著『ウィズコロナ社会における経済と経営』をご高覧いただきたいと存じます。そこで本章においては、少しずつではありますが脈々と実務が積み上がってきている“民間ベースの再生ファイナンス”のうち、ABL、ABS、プレDIPまたはDIPファイナンス（DIP）及び再生ファンド（再生F）について検討します。これらの再生ファイナンス手法は、その“ニューマネー”の出し手が「再生スポンサー（フィナンシャルorストラテジック）」であるか金融機関等であるかにより、下表のとおり分類されます。なお、「再生スポンサー」の詳細については本編第5章をご参照ください。

（表51）　再生スポンサーの有無による再生ファイナンス手法の分類

	再生ファイナンス手法	ABL	ABS	DIP	再生F
再生ファイナンスの出し手	再生スポンサー	×	×	△	◎
	金融機関等	○	○	○	×

◎は絶対的該当 ／ ○は相対的該当（非該当の場合もある）／ △は再生スポンサーが補完的に出し手となる場合 ／ ×は非該当の場合

第2節　ABL

　ABL（Asset Based Lending：アセット・ベースド・レンディング（動産・売掛金担保融資））は企業が保有する在庫、売掛金等の事業収益資産を担保として活用する融資手法です。キャッシュ・フロー計算書上は、財務活動によるキャッシュ・フローにおける資金調達の扱いではなく、営業キャッシュ・フローを直接増加させる財務的効果があります。しかしながら、担保権が「集合動産譲渡担保」や「集合債権譲渡担保」といった事業プロセス全体に係る担保権ですので、融資対象企業に窮境原因が生じた場合にはABLの貸し手（レンダー）が

企業再生におけるキャスティングボードを握ることになります。ファイナンス手法としては、窮境原因を有さない通常の継続企業が利用するものですが、当該ABL対象企業が倒産整理の対象となった場合に複雑な担保関係が生じがちですので、本章で取り上げています。ただし、その他の検討は法律家の手に委ねさせていただきます。

　　参考文献：鈴木学（西村あさひ法律事務所）、山田ビジネスコンサルティング株式会社（編）『業界別事業
　　　　　　　再生辞典』きんざい

第3節　ABS

　"資産流動化"は「特定目的会社（※25）（以下「SPC」）が資産対応証券（※26）の発行等により得られる金銭をもって資産を取得し、これらの資産の管理及び処分により得られる金銭をもって、利益の配当、消却のための証券の取得または残余財産の分配を行うことをいう」（資産流動化法2条2項）と定義されますが、この「資産対応証券」がABS（Asset Backed Security）に他なりません。なお、"資産流動化"において、流動化対象資産が固定資産の場合には資産流動化手法が資産所有者にとっての資金調達手段となり得ます。それが下図46の"セール&リースバック取引"で、そのスキームは「資産所有者」と「資産賃借人」を一体化したものです。すなわち、「資産所有者」が自ら所有する資産を譲渡（セール）するとともにリースバックを受け「資産賃借人」となる取引です。

〈図46〉 "セール&リースバック取引" スキーム図

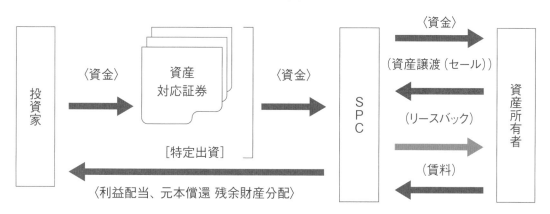

　民法上「所有権」は、「自由にその所有物の使用、収益及び処分をする権利（民法206条）」と定義されます。

　図46のスキームでは"使用権"は留保されつつ資産の"収益及び処分権"を手放すことで、譲渡資金が入手できます。まさに資金調達の実現です。図46のABSによる資金調達スキームの実行により、"投資活動によるキャッシュ・フロー"及び"財務活動によるキャッシュ・フロー"は改善しますが、従来の「減価償却費」が「賃借料」に転じますので、逆に営業キャッシュ・フローは悪化します。

（※25）資産流動化法第Ⅱ編第2章第2節の規定に基づき設立された社団をいう（資産流動化法2条3項）
（※26）優先出資（※27）、特定社債（※30）及び特定約束手形（※31）をいう（資産流動化法2条11項）
（※27）均等の割合的単位に細分化されたSPCの社員の地位であって、当該社員がSPCの利益の配当または残余財産の分配を特定社員（※28）に先立って受ける権利を有しているものをいう（資産流動化法2条5項）。この優先出資権を証券化したものが優先出資証券であり、新優先出資引受権を証券化したものが優先出資引受権証券となる（金商法2条1項8号）
（※28）特定出資（※29）を有する者（資産流動化法2条4項）
（※29）均等の割合的単位に細分化されたSPCの社員の地位であって、SPCの設立に際して発行されたもの、または募集特定出資（資産流動化法36条）により発行されたものをいう（資産流動化法2条6項）
（※30）SPCが行う割当てにより発生する当該SPCを債務者とする金銭債権であって、資産流動化法122条1項各号（募集特定社債）に掲げる事項に従い償還されるものをいう（資産流動化法2条7項）。この特定社債券は金商法上の有価証券に該当する（金商法2条1項4号）
（※31）金商法2条1項15号に掲げる約束手形（CP：コマーシャルペーパー）であって、SPCが資産流動化法205条の規定により発行するものをいう（資産流動化法2条10項）

第4節　（プレ）DIPファイナンス

　DIPとは「Debtor in Possession」の略で、直訳すれば「占有を継続する債務者」の意です。実質的危機時期入りした企業が、経営者を交代せずに行う企業再生のことをいいます（詳細は第Ⅲ編参照）。アメリカ倒産法においては、DIPファイナンスとは字義どおりこのようなDIP型再生を目指す企業への融資を指します。これに対して、我が国においてはその用語法を異にしており、形式的危機時期（法的整理）に突入した再生企業（DIP型であるか否かを問わない）に対する新規融資全般を指します。また、私的整理における同様のタイミングでの新規融資をプレDIPファイナンスと呼称します。これらの新規融資は、まさに前掲の図41上のフェーズ2段階で実行されるファイナンスであり、正式な再生計画の認可または合意がなされるまでの必要運転資金に対する融資であって、緊急輸血のような性質のものです。債権者保護のあり方等に関するさまざまな法的論点はさておき、財務的な観点から"DIPファイナンス"及び"プレDIPファイナンス"を類型化すると次表52のようになります。

（表52）　DIPファイナンスの類型

	DIPファイナンス	プレDIPファイナンス
ディフェンシブ（※32）	○	△
オフェンシブ（※33）	○	◎

（※32）メインバンク等の既存取引金融機関が実行する場合
（※33）既存取引のない金融機関が実行する場合

　法的整理内における「DIPファイナンス」はまだしも、私的整理において実行される「プレDIPファイナンス」はその法的保護が手薄です。このため、本来第一義的に融資を担うべきメインバンク等の既存金融機関の取組みが消極的であり、むしろ豊富な経験を有する少数のオフェンシブDIPファイナンサーによる比較的高利（5〜10％）での融資に依存するところが大きいといわれています。「DIPファイナンス」及び「プレDIPファイナンス」をその実行時点で分類したのが下図47ですが、上述の傾向はアーリーステージにおいてより顕著であると考えられます。

〈図47〉「DIPファイナンス」「プレDIPファイナンス」の実行時点分類

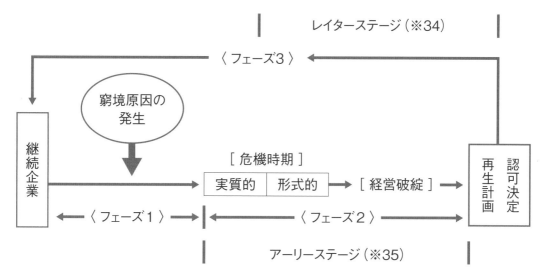

（※34）再生計画の認可決定または合意後に実行される融資
　　　　：レイターステージ（プレ）DIPファイナンス
（※35）法的整理申立から再生計画の認可決定までの間または金融債権者との私的整理の交渉開始から再生計画の合意までの期間に実行される融資
　　　　：アーリーステージ（プレ）DIPファイナンス
（参考）松下淳一、相澤光江（編集代表）『事業再生・倒産実務全書』きんざい

第5節 再生ファンド

1. 再生ファイナンスにおける "再生ファンド" の意義

前章あるいは本章第2節～第4節の記述でお気づきのことかと思いますが、実質的危機時期以降の "実質的債務超過" の企業に対して、金融機関が長期資金の新規融資を行うことは事実上困難です。そのため、"金融支援" といっても、既存の債権の減免（その手法は前章記載のとおりさまざまですが）にとどまります。そもそも、貸し手（レンダー）である金融機関は、債務者の経営権を直接取得することはできません。しかしながら、"財務活動によるキャッシュ・フロー" の改善だけでは再生不能な企業におきましては、やはり "ニューマネー" の投入が渇望されます。このような場合、特に我が国においては次節の「公的支援等」に依存するところが大でしたが、近時、民間ベース（あるいは半官半民）の再生ファンドによる再生ファイナンスの実務も積み上がりつつあります。

2. プライベートエクイティファンドとしての「再生ファンド」

前書『ウィズコロナ経済における運用と調達』で既述の3種類のプライベートエクイティファンド（以下「PEファンド」）（ベンチャーキャピタル（VC）、バイアウトファンド及び企業再生ファンド）の投資資金及び期待リターン等についてまとめ直したのが下表53です。

（表53） PEファンドのタイプ別リスク/リターン等比較表

再生ファイナンス手法		バイアウトファンド	VC	再生ファンド
投資先企業のタイプ（※36）		金のなる木	問題児	負け犬
想定デフォルトリスクの程度		極小	中	大
リターン期待値の大小		小	大	大
リターンの取り方		Exit時以前	Exit時	Exit時
エクイティにおける過半数取得		必須	マイノリティ出資	必須
投資債権Exitの方法		－	－	（※37）
投資Equity-Exitの方法		IPO+α	IPO	IPO+α（※38）
投資対象	債権買取（サービサー）	－	－	✓
	株式　既発行株式譲受	✓	✓	－
	株式　新規発行株式引受	✓	✓	✓

（※36）「プロダクト・ポートフォリオ・マネジメント（PPM）」において用いられる「成長シェアマトリックス」上の表現。詳細は前書第Ⅱ編98頁参照
（※37）本節第7項参照
（※38）本節第8項参照

3. 再生ファンドの投資対象

　他のPEファンド（バイアウトファンド及びVC）に比しての"再生ファンド"の際立った特徴は、以下の2点です。

（1）既存株主からの既発行株式の譲受は、投資対象に含まれません

　　再生ファンドが関わる再生企業は、実質的あるいは名実ともに債務超過であり、既発行株式は無価値となっています。したがって、既存株主の保有する既発行株式は、再生ファンドの投資対象とはなり得ません。

（2）投資対象に債権が含まれる場合があります

　　官民ファンドやサービサー（※39）系の再生ファンドは、再生対象会社の債権を投資対象とします。その投資手法は債権の現物出資またはサービサー法に基づく債権譲受です。

（※39）サービサー法2条3項所定の「債権回収会社」をいう

4. 再生ファンドとしての官民ファンド

　代表的なものは中小企業基盤整備機構と地域金融機関とが共同出資して設立した「官民ファンド」で、そのファンドとしてのビークルは、LPS法に基づくLPS（投資事業有限責任組合）です。その構成は以下のとおりです。

　GP（無限責任社員）：REVICまたは地域金融機関等が設立した子会社
　LP（有限責任社員）：中小企業基盤整備機構及び地域金融機関

　下図48は「あおぞら債権回収株式会社（著）『サービサーと事業再生』きんざい」（以下「前掲書」）の図表9に基づき筆者が作成した構成図です。

〈図48〉「官民ファンド」の構成図

　「官民ファンド」の仕組みは図48のとおり、再生対象企業に対して地域金融機関が有する債権を現物出資（※40）し、中小企業基盤整備機構、REVICまたは地域金融機関等が設立した子会社が金銭出資して設立されます。

（※40）現物出資される債権額の評価については「評価額」にて行われ（第2章第9節参照）、「券面額」との差額が出資元において損失処理される

5．サービサー系の民間再生ファンド

　サービサー系の民間再生ファンドは、下記の構成（あおぞら債権回収株式会社による組成例）による匿名組合（※41）形式により組成されます（前掲書49頁）。

（1）ファンド形式：匿名組合形式

（2）営業者：あおぞら債権回収の子会社SPC

（3）匿名組合員（投資家）：あおぞら銀行

（※41）商法535条に規定される匿名組合

　サービサー系の民間再生ファンドの場合には、債権のファンドへの持ち込みが"サービサー業務"による債権買取によります。

6．再生ファンドのExit（イグジット）

　再生ファンドの投資資産は、次の4つから構成されます。

（1）保有債権

　　①（プレ）DIPファイナンス

　　②資本的劣後ローン

（2）保有株式

　　①普通株式

　　②種類株式

　再生ファンドでは、期待どおりのリターンが確保できる目途が立ったら、その投資資産を換金して「投資資金＋期待リターン」の回収を図ります。これが再生ファンドの「Exit（イグジット）」に他なりません。ただし、上記4つの資産は各々そのExit方法が異なります。

7．保有債権のExit

　再生ファンドの保有債権には、上記6記載のとおり、"（プレ）DIPファイナンス"と"資本的劣後ローン"

が含まれます。これらは貸付債権ですから、「元金回収」が原則的なExitです。そのためには、早期に実質的債務超過状態を脱した上で、再生企業が通常ローンによるリファイナンスを受け、その資金で保有債権を回収するのがExitの王道です。しかしながら、たとえば私的整理で進められていた再生事案が、法的整理に移行する場合に独特の法律問題が惹起するように、再生企業に対する貸付債権の「元金回収」は一筋縄ではいきません。したがって、サービサー業務による債権譲渡やDESによる債権の資本化や第二会社方式による回収もExitの選択肢に加える必要が出てきます。

8. 保有株式のExit

　再生ファンドの保有株式は前記6記載のとおり、普通株式と種類株式から構成されます。そのExitには大きく分けて下図49の3つの方法がありますが、"種類株式"については基本的に③の選択肢となります。これに対して、"普通株式"のExitには下図49の①～③すべての選択肢を含みます。また、前章の「第二会社方式」によるExitも選択肢のひとつです。

〈図49〉 "再生ファンド" の保有株式のExit方法分類図

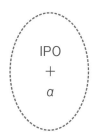

① IPO：株式の上場

② トレードセール：第三者への株式譲渡
③ 自己買戻し：株式等の投資対象を自社で買戻し

第6節　公的支援等

　今次のコロナ不況下において、政府・日銀はさまざまな"公的支援等"を打ち出し、従来では考えられなかった「日銀による一般企業への直接融資」や「公的機関による一般企業への資本注入」にまで踏み込みました。このあたりは、前々著『ウィズコロナ社会における経済と経営』第3章に詳しく記載しておりますので、そちらをご参照ください。

第5章　企業再生におけるスポンサー

第1節　企業再生における再生スポンサーの役割

企業再生の成否の鍵を握るのは、次の2点であるといわれます。

①財務面のキー・ファクター：キャッシュ・フローの改善
②事業面のキー・ファクター：取引先等に対する信用補完

（鈴木学（西村あさひ法律事務所）、山田ビジネスコンサルティング株式会社（編）『業界別事業再生辞典』きんざい 329頁）

財務再構築（デット・リストラクチャリング）または非スポンサー型の再生ファイナンス（ABL、ABS、プレDIPまたはDIPファイナンス）のみを用いた自主再建型再生（※42）では、上記①または②のキー・ファクターが十分に改善されない場合があります。そのときに行われるのが、「再生スポンサー」が支援するスポンサー型再生です。この「再生スポンサー」には以下の2種類があります。

（1）フィナンシャル・スポンサー（投資型再生スポンサー）
（2）ストラテジック・スポンサー（事業型再生スポンサー）

フィナンシャル・スポンサー（投資型再生スポンサー）は前章第5節の「再生ファンド」であり、債権投資またはEquity投資を行ってExit時のキャピタルゲインを追求します。上記①のキー・ファクターに主たる窮境原因がある場合に有効な再生スポンサーです。これに対して、ストラテジック・スポンサー（事業型再生スポンサー）は双方の事業シナジーを目論む異業種または同業種の事業会社であり、上記②のキー・ファクターに主たる窮境原因がある場合に有効な再生スポンサーです。

（※42）自らの有する経営資源のみによって再建するケース

第2節　M&Aスキームを用いた企業再生手法

1．M&Aスキームを用いた企業再生手法

第3章第1節及び第2節で述べたように、企業再生の考え方には企業全体を一体再生させようとする"企業再生"とそれを断念して一部の事業セグメントのみを再生させる"事業再生"があります。この企業再生

の考え方は、法的整理であれ私的整理であれ異なるところはありません。

　一体的な"企業再生"を前提としたM&Aスキームにおいて、最もポピュラーな方法は"100%減増資"です。この方法は、再生スポンサーが再生企業全体を買収しようと企図する場合に用いるスキームで、"100%減資（※43）"で既存株主を排除（スクイーズアウト）した上で、再生スポンサーが再生対象企業に新たに"募集株式"により資本直入し、当該企業全体を買収する方法です。

（※43）ここでいう"減資"は「資本金の減少」という意味ではなく、債務超過によって無価値となっている株式を無償で取得し消却することを指します。法的整理と私的整理でその方法論は異なりますので後述します

　また、第3章で検討したいわゆる"第二会社方式"は、私的整理における"事業再生"手法ですが、その特徴は"会社分割"や"事業譲渡"後の「Bad事業残置会社」の取扱いにあります。第3章において"ポンカス会社"と表現したように、私的整理における「Bad事業残置会社」の取扱いは清算一直線です。この決め込みが"第二会社方式"の"第二会社方式"たる所以でありましょう。しかしながら、この"第二会社方式"は私的整理シーンにおける窮余の一策に過ぎず、私的整理シーンにおいてであれ、法的整理シーンにおいてであれ、その再生の目的の第一義は「企業再生」にあります。"会社分割"や"事業譲渡"は、"第二会社方式"において「Bad事業残置会社＝ポンカス会社」を派生させるためだけに用いられるのではなく、私的整理あるいは法的整理における「事業再生」に広く用いられます。この場合においては、たとえ「Good事業」を外部化した後の「Bad事業残置会社」であったとしても、再生されることがあります（したがって"ポンカス会社"という表現は不適切です）。この場合には"会社分割"や"事業譲渡"により、「Good事業」の再生と「Bad事業」の再生が併存して行われ、結果的に「企業再生」が達成されます。これら各スキームの利害得失を比較したのが、下表54です。

（表54）　事業譲渡、会社分割及び100%減増資の比較

テーマ	事業譲渡	会社分割	100%減増資
対象事業の選択	○ 優良事業や採算事業だけを切り離して承継可能（※44）	○ 同左（※45）	× （※46）承継後に別途リストラクチャリングが必要
手続の迅速性（※47）	○ 法的整理上の特則があり迅速	△ 更生法上の特則はある	△ 100%減資に係る各々の手続
許認可の承継	× 各業法規定による	△ 同左（※48）	○ 承継手続等不要

契約関係の承継	× 個別に承継手続が 必要	○ 画一的・包括的に 承継（※49）	○ 原則として契約承継 手続不要（※50）
従業員の承継	× 雇用契約の 承継には従業員の 同意が必要	△ 一定の場合には 従業員の個別同意 不要（※52）	○ 従業員に変更はない。 ただし（※53）
移転コスト	× 通常の資産譲渡と 同じコスト（※54）	△ 資産移転に伴う 税節約可能（※55）	○ 資産譲渡がなく 移転コスト発生せず
債務免除益課税リスク	○ 承継される事業には 影響なし	○ 同左	× 影響あり
簿外債務リスク	○ 簿外債務リスクの 承継を回避可能	○ 同左	× 簿外債務リスクが 残る（※56）

（鈴木学（西村あさひ法律事務所）、山田ビジネスコンサルティング株式会社（編）『業界別事業再生辞典』きんざい 331頁の表を筆者が一部改変）

（筆者注）○△×は各スキームの各テーマの達成度をあらわしています

（※44）ただし、法的手続に至った際に詐害行為取消または否認されるリスクに留意が必要

（※45）ただし、濫用的会社分割とならないよう留意が必要

（※46）再生債務者の不要事業や不採算事業、有休資産を切り離す場合

（※47）下記2参照

（※48）ただし、一定の例外がある

（※49）労働契約承継法等の場合を除き、分割計画・分割契約の定めに従って、原則として相手方の同意なく承継

（※50）ただし、チェンジ・オブ・コントロール条項（※51）があれば、相手方当事者の同意・承諾が必要となる

（※51）契約当事者の支配権の変更を契約解除事由等としている契約条項

（※52）労働契約承継法に規定するところによる

（※53）リストラクチャリングのために労務管理体制を変更するには、就業規則の変更等が必要

（※54）固定資産税・不動産取得税がかかる

（※55）登録免許税が節約できる場合がある

（※56）①一般優先債権や共益債権が残る
　　　　②再生債権の失権効が貫徹されていない

2. 私的整理と法的整理におけるM&Aスキーム手続

　事業譲渡、会社分割及び100%減増資のM&Aスキームの原則的手続は、会社法に規定されています。そして、私的整理でのM&Aスキームにおける手続は原則どおりの会社法規定により進められ、法的整理（会社更生・民事再生）においてはその例外規定が定められています。その制定趣旨は第一義的には上表54の"手続の迅速性"を図ることにあると考えられますが、私的整理シーンにおいては"実質的"にとどまってい

る再生対象企業の「債務超過」が、法的整理シーンにおいては形式的にも該当することになるあたりも影響しているものと思われます。なお、以下のように形式的にも「債務超過」状態に陥った更生会社においては、"株主はその議決権を喪失する" ものと更生法は定めています（更生法166条2項）。

「更生会社が更生手続開始のときにおいてその財産をもって債務を完済することができない状態にあるときは、株主は議決権を有しない」

この更生法規定も、M&Aスキームの手続に関する更生法上の例外規定を裏打ちする要因のひとつであると考えられます。ちなみに、民再法には同旨の規定はありません。DIP型再生であるがゆえでしょうか。いずれにしましても、この点に関する検討は法律家の論に委ね、ここではM&Aスキームの手続を下表55にまとめておきます。

（表55）　M&Aスキーム手続まとめ表

手続 ＼ 区分	私的整理	法的整理	
		民事再生	会社更生
100%減増資	全部取得条項付種類株式＋募集株式（※57）	再生計画に基づく100%減増資（※58）	更生計画に基づく100%減増資（※59）
事業譲渡	会社法規定による（※60）	（表59）法的整理における「事業譲渡」手続の特例規定参照	
会社分割	会社法規定による（※61）	特例なし、会社法規定による	更生計画上の特例（※62）

（※57）全部取得条項付種類株式（会社法108条1項7号または111条2項）の無償取得により100%減資を行った後に、募集株式を発行してスポンサーに引き受けてもらう（同法199条）。この一連の流れを、単一の株主総会における特別決議で行う。
　　　平時における全部取得条項付種類株式の取得は、有償で行われるので、その取得対価を定めなければならない（同法177条1項1号）。それに対して、私的整理シーンにおいては、その対象企業は実質的な債務超過状態であるから、取得対価を定める必要はなく、何らかの方法で「無償で取得する」と定めれば足りる。問題は対象株式に市場価格があるにもかかわらず、当該企業が債務超過状態で分配可能利益がない場合である。この場合には、たとえ全部取得条項付種類株式であっても、その取得は事実上できないこととなる（森・濱田松本法律事務所、藤原総一郎（編著）、山崎良太、稲盛隆浩（著）『DES・DDSの実務』きんざい 72頁）
（※58）民再法は「再生債務者の株式の取得等に関する定め」において、以下のように定めているが、（※57）で記載した会社法177条1項の「取得対価」の定めは置かれていない。再生会社が名実ともに、債務超過であるゆえである。
　　　「再生計画によって株式会社である再生債務者が当該再生債務者の株式の取得をするときは、次に掲げる事項を定めなければならない。
　　　　　一　再生債務者が取得する株式の数
　　　　　二　再生債務者が前号の株式を取得する日」（民再法161条1項）
　　　また、民再法162条において、再生計画に基づく、「募集株式を引き受ける者の募集」に関する定めを置いている。

なお、プレパッケージ型の再生計画の場合には、民再法166条及び166条の2に同旨の規定がある
(※59)更生法は「更生会社による株式の取得」において、以下のように定めているが、(※57)で記載した会社法177条1項の「取得対価」
の定めは民再法の場合と同様、置かれていない。更生会社が名実ともに、債務超過であるゆえである。
「更生会社による株式の取得に関する条項においては、次に掲げる事項を定めなければならない。
　　　一　更生会社が取得する株式の数
　　　二　更生会社が前号の株式を取得する日」(更生法174条の2)
　また、更生法175条において、更生計画に基づく、「募集株式を引き受ける者の募集」に関する定めを置いている
(※60)会社法第2編第7章(同法467条〜470条)
(※61)会社法第5編第3章(同法757条〜766条)
(※62)更生計画においてなされる会社分割については、会社法第5編第3章の規定は適用されない(更生法222条1項及び223条
　　　1項)

（表56）　法的整理における「事業譲渡」手続の特例規定

	民事再生	会社更生
代替許可の特例	規定あり	規定あり
適用の強制性	任意適用	任意適用
根拠条文	民再法43条1項	更生法46条2項
特例指定期間	再生手続開始後	更生手続開始後更生計画案を決議に付する旨の決定がされるまでの間
債務超過要件	あり	―
事業継続または更生要件	あり	あり
会社法規定非適用規定	民再法43条1項	更生法46条10項
規定原文	**再生手続開始後**において、株式会社である再生債務者がその財産をもって債務を完済することができない**(債務超過)**ときは、裁判所は、**再生債務者等の申立て**により、当該再生債務者の「事業等の譲渡」について**株主総会の決議による承認に代わる許可**を与えることができる。ただし、当該事業等の譲渡が事業の継続のために必要である場合に限る。	**更生手続開始後更生計画案を決議に付する旨の決定がされるまでの間**においては、**管財人**は、裁判所の許可を得て、更生会社に係る事業等の譲渡をすることができる。この場合において、裁判所は、当該事業等の譲渡が当該更生会社の事業の更生のために必要であると認める場合に限り、許可をすることができる。

更生計画上の特例（※63）		規定あり
適用の強制性		強制適用
根拠条文		更生法46条1項
特例指定期間		更生手続開始後 その終了までの間
債務超過条件		―
事業更生要件		―
会社法規定非適用規定		―
規定原文		更生手続開始後その終了までの間においては、更生計画の定めるところによらなければ、更生会社に係る「事業等の譲渡」をすることができない。ただし、代替許可の特例による場合は、この限りではない。

(※63) 民事再生において、再生計画上の特例規定が特に設けられていないのは、民再法43条1項による「代替許可の特例」について始期（再生手続開始後）のみが規定され、その終期が規定されていないことに関連すると考えられる。そのため、実際には裁判所の許可に基づく再生計画による「事業譲渡」は行われ得るものと思われる

第3節　再生企業から見た重要性

　法的整理（民事再生、会社更生）にせよ、私的整理（事業再生ADR等）にせよ、再生を目指す企業にとって、スポンサーの有無は場合によっては再生の成否を決定的に左右するような重要性があります。

　まず、法的整理においては手続が公表され、商取引債権を手続に取り込んで棚上げすることになる影響から、法的な整理手続の申立てを行うとすぐに、仕入先や得意先に対する信用収縮が発生します。手続の申立てが事業面のキー・ファクターの危機をもたらすというのは何とも皮肉な話ではありますが、そのなかで仕入れを継続し、あるいは得意先からの継続的な注文を維持していくには、少なくとも取引債権を確実に回収できるのか否か、継続的な製品やサービスの供給を受け続けられるのか否かといった取引先の不安感を解消しなければなりません。このときにいくら「申立て後の取引債権は法律上共益債権であり優先的に扱われる」とか「当社が申立てたのは倒産手続ではなく再生手続であり、事業は継続する」などと説明したところで、取引先の納得を得て、事業面の懸念を払拭することは困難です。スポンサー候補の発見やその公表が遅れた案件

では、信用収縮により仕入難が起きるなどし、再生を断念して倒産する企業も出てくることになります。ですから、信用収縮に耐えるだけの資金余力があったり、特許等の高い技術力があったりする場合は別として、大半の再生企業の場合、できるだけ早くスポンサー候補がいるということを一般に公表し、その信用力をもって取引先の不安感を解消することが、事業価値（すなわち、社会経済上の必要性）を維持しつつ、再生に向かうために重要になります。このような事業面のキー・ファクターのみならず、スポンサー候補は場合により再生企業にDIPファイナンス、代替仕入などの財務的な支援を行うことも多くあります。このことで、財務面のキー・ファクターも解決できますから、いかにスポンサーが財務面・事業面の双方において重要であるかをご理解いただけるかと思います。近年では、おそらく過半を超える法的整理の成功事例においてスポンサーがついているのも、このようなポイントに起因するところでしょう。

　こうした法的整理の局面のみならず、私的整理の局面においても、スポンサーの存在はきわめて重要です。特に経営改善の努力によってもフリーキャッシュ・フローを十分に生み出せず、自力では金融機関の求める数値基準（債務償還年数及び債務超過解消年数）を満たすことのできない企業は、私的整理のなかで、金融機関より第二会社方式を用いた抜本的な再生計画の立案を求められることになり、その際にスポンサーが必要になります。経営改善によってもなお過剰となる債務について、いわゆるDDS方式によってバランスシートの改善を図る案件も一定数は存在しますが、スポンサーによる事業の再生が可能な案件については、スポンサー型での再生が目立つように思われます。

　他方、たとえば公租公課等の優先債権を全額弁済できる見込みのない倒産企業にとっても、従業員の雇用維持や得意先への迷惑を最小限に抑えるといった観点から、スポンサーに事業を承継した後に破産を申立てたり、破産管財人が裁判所の許可の下、短期間事業を継続した上で事業譲渡を実施したりするといった例が、徐々にみられるようになってきています。財務面・事業面でのキー・ファクターを解消できないために倒産のやむなきに至る場合でもなお、社会経済上必要な事業があれば、スポンサーによって上記のような問題解決がなされる場合もあるのです。

第4節　スポンサーから見たメリット

　"会社分割"や"事業譲渡"実施の財務的な意義は、それが法的整理のシーンであれ、私的整理のシーンであれ、本編第3章第4節前述の「方程式7」における「正の"のれん"」＝事業譲渡益の獲得にあります。そして、それを実現するためには再生M&Aスキームにおける買い手＝"スポンサー"の存在が不可欠です。何となれば、「正の"のれん"」が生ずる根源は、再生M&Aスキームにおける売り手側ではなく、"スポンサー"サイドにあるからです。

　さて、"企業再生"または"事業再生"におけるスポンサーは、第1節記載のとおり、以下の2種類に大

別されます。

（1）事業型再生スポンサー（ストラテジック・スポンサー）
（2）投資型再生スポンサー（フィナンシャル・スポンサー）

　上記のうち、（2）については本編第4章第5節の"再生ファンド"の項をご覧いただくとして、本節では上記（1）のスポンサーについて述べます。上記（2）の投資型再生スポンサーにとっての企業または事業再生のメリットは、投資額に対するキャピタルゲインの獲得にあるのに対して、上記（1）の事業型スポンサーにとっての企業あるいは事業再生における"スポンサー・シップ"は、単に金銭的に再生対象企業を支援するだけではなく、"スポンサー"サイドの事業と再生対象企業全体、もしくはそこに属する事業セグメントとが統合されることによって、事業上のシナジーが生じなければ成立しません。そして、その事業シナジーを計る目安が、「正の"のれん"」に他なりません。なお、"事業上のシナジー効果"の源泉は、概ね下表57のように区分されます。

（表57）スポンサーから見た "事業上のシナジー効果" 一覧表

タイプ	展開方向	No.	事業上のシナジー効果
タイプ1	水平展開	①	まったく異業種事業への多角化
		②	周辺異業種への多角化
タイプ2	垂直展開	③	商流における垂直統合効果
タイプ3	同業深掘	④	同業種におけるコンペティター潰し
		⑤	同業種によるマスメリットの追求

　事業型再生スポンサーは、再生対象企業の企業全体もしくは事業セグメントに関して、上表のいずれかに属する事業上のメリットを感じる場合に、その必要とする部分あるいは企業全体に対してM&Aを実施します。そして、スポンサーと再生対象企業の間に"ベスト・トゥ・ベスト"の関係が成立したときに、第3章第4節の「方程式7」の「正の"のれん"」は最大化します。このような事業スポンサーの発見には、一般的に金融機関やM&A仲介会社等による仲介機能が必要とされますが、その際には三方良しの"ベストマリッジ"が望まれるところです。

第5節　公平なスポンサー選定手続

　本章では、スポンサーにまつわる再生企業やスポンサー自身のメリット、そしてその手続の特徴などを概説してきました。企業の再生を果たすには、スポンサーが重要なことに異論の余地はなく、最適なスポンサーは再生企業やスポンサーのみならず、債権者の最大回収を見込む上でもきわめて重要ということができます。

　しかし他方で、スポンサーの選定が公平かつ透明に行われず、債権者の最大回収につながらないスポンサーに事業を廉価譲渡したということになれば、その行為はすなわち詐害行為になりますので、当該スポンサーへの事業譲渡等を内容とする再生計画への賛同が得られなかったり、事業譲渡等に対する裁判所の許可が得られない、という事態が起きることになります。特に債務免除を要請する再生計画においてスポンサーが就任する場合には、極力事業を安く買いたいスポンサーと、事業を高く譲渡し、もって回収の最大化を図りたい債権者の利害が先鋭的に対立しますので、公平性があり、かつ透明性の高いスポンサー選定手続が重要になってくるのです。実際、本稿の執筆中にも、金融機関の了解を得ずに事業譲渡を強行し、結果的に金融機関の理解を得られず破産に追い込まれた企業に関する報道に接しています。スポンサーを巡る利害対立を調整する重要性は、古くて新しい問題といえそうです。

　このような利害対立を調整・解決するには、本来であれば、十分な時間をかけて透明性の高い入札を実施し、最高条件を提示する者をスポンサーに選定すればいいように思いますが、第3節でも触れたとおり、再生企業は信用収縮や資金繰り難に直面し、一刻も早くスポンサー選定を実施したい、実施しなければ倒産のやむなきに至るという状況にもあるため、そう悠長なことをいっていられません。このあたりも公平なスポンサー選定を余計に難しくしている要因といえます。

　こうした事情から、①スポンサー選定における入札の要否、②プレパッケージ型（申立て前に相対交渉により再生企業がスポンサー候補を見つけ、民事再生等の手続をした場合）において、当該のスポンサー候補が選定を否定されるのはどのような場合か、③当初のスポンサー候補の選定を否定する場合の保護はどうすべきか、④情報開示の程度、といった点に関し、再生実務を担う実務家の間で多くの提言等がなされています。その代表的なものが、須藤英章弁護士による2003年の通称「お台場アプローチ」（※64）や松島英機弁護士・濱田芳貴弁護士による2004年の提言（※65）で、近年では「事業再生における望ましいスポンサー選定のあり方」シンポジウム（事業再生研究機構主催、2015年）で提唱された「二重の基準論」における判断プロセス（※66）が有名です。ちなみに、この「二重の基準論」は企業規模、企業の事業内容、特定個人への依存度、時間的余裕という4つの要素を総合的に考慮し、複数スポンサーによる競争による選定がふさわしい場合には厳格な基準を、そうでない場合には合理性の基準を満たせば、スポンサー選定の実体的要件を満たすと考えるもので、再生局面でのスポンサー選定の特殊性に配慮した基準となっています。このシンポジウムでは、情報開示のあり方に関しても研究報告がなされており、競争入札を行わない場合にはその理由の情報開示、競争入札を行う場合には入札開始前における選定基準等や入札手続中における

状況、選定後における選定結果、選定理由等の開示に関し、一定の提言がなされています。いずれにしても、債権者に何の情報開示もないままにスポンサーを選定すれば、透明性がないといった理由で、選定がうまくいかない懸念が増大することでしょう。

　再生企業においても、またスポンサー企業においても、このような基準を無視し、不透明なプロセスでスポンサー選定を行うと、後々詐害行為としてスポンサー契約が否認されたり、金融機関を中心とする債権者の信を失って強制退場、すなわち倒産（破産）のやむなきに至ることになりかねません。したがって、この点はいかに時間的余裕がなくとも、外部の専門家の助力を得るなど、慎重なプロセスを経る必要があるといえます。

（※64）須藤英章（著）『プレパッケージ型事業再生に関する提言』、事業再生研究機構（編）『プレパッケージ型事業再生』（商事法務）
　　　　101頁。申立前に行われたスポンサー等の選定が尊重されるための要件として、以下の7つをあげた
　　　　（1）あらかじめスポンサーを選定しなければ事業が劣化してしまう状況にあること
　　　　（2）実質的な競争が成立するように、スポンサー等の候補者を募っていること（これが困難である場合は、価額がフリーキャッシュ・フローに照らして公正であること）
　　　　（3）入札条件に価額を下落させるような不当な条件が付されていないこと
　　　　（4）応札者のなかからスポンサー等を選定する手続において不当な処理がなされていないこと
　　　　（5）スポンサー契約等の内容が、会社側に不当に不利な内容となっていないこと
　　　　（6）スポンサー等の選定手続について公正である旨の第三者の意見が付されていること
　　　　（7）スポンサー等が誠実に契約を履行し、期待どおりの役割を果たしていること
（※65）松島英機、濱田芳貴（著）『日本におけるプレパッケージ型申立ての問題点』銀行法務631号 6頁
（※66）山本和彦、事業再生研究機構（編）『事業再生におけるスポンサー選定のあり方』商事法務 53頁（高井章光執筆部分）

　なお、合理性の基準は、競争入札を行わずとも、明らかに不合理な事情（経営者に対する個人的な見返りを選定理由とするもの、反社会的勢力の影響下にあるもの、支援金の拠出に疑義があるものなど）がなければ、他の要素も考慮の上で相当性を認めるというものです。また、厳格な基準は、原則的に競争入札を実施し、最高価格の支援額を提示した者をスポンサーに選定するものでなければならないというものになっています。

第6章　企業再生における資金調達の実際

第1節　企業再生における資金調達に関するガイダンス

　前書『ウィズコロナ経済における運用と調達』の主要なテーマは、"「調達手段」＝「投資対象」を介在させた資金の「調達」と「運用」"にありました。ただ、そこでいう"「調達手段」＝「投資対象」"は、金融商品等であり、「債権」を含んでおらず、Equity（エクイティ）投資を中心的な検討命題としていました。これに対して、本書の主要テーマである「再生ファイナンス・スキーム」の領域ではむしろ、Equity finance（金融商品による資金調達）よりもDebt finance（債権による資金調達）にその力点が置かれるため、資金の出し手として、エクイティ投資家はむしろ脇役であり、主役は"金融債権者"となります。そこで、ここからは再生対象企業を中心に据えた"資金の「調達」"サイドの検討を進めたいと思います。まず、再生企業が資金調達を行うための再生ファイナンス・スキームは以下のとおり、大きく5つに区分されます。

（1）（プレ）DIPファイナンス等（※67）

（2）リスケジューリング等（※68）

（3）スポンサー・ファイナンス（※69）

（4）メザニン・ファイナンス（※70）

（5）自己稼得資本・・自前の営業キャッシュ・フローで稼得した資本

（※67）（プレ）DIPファイナンス、ABL、ABS
（※68）リスケジューリング、債権放棄、DPO、DDS、DES
（※69）再生ファンド、公的支援等、第二会社方式
（※70）メザニンファンド等からの劣後ローンや劣後債による他人資本と自己資本との中間的な資本調達形態

　本編第1章第1節の"＜図39＞資金運用・調達から観た貸借対照表の構造図"の調達サイドを取り出し、上記（1）～（5）の再生ファイナンス・スキームとの関連付けを踏まえて改訂したのが、右図50です（ただし、ここでは論点の単純化のため商取引債権、労働債権及び租税債権等や評価・換算差額等は捨象しています）。

〈図50〉企業再生における資金調達俯瞰図

負債及び資本の部	再生ファイナンス・スキーム
他人資本・・要返済資本	
流動負債	（1）（プレ）DIPファイナンス等
固定負債	（2）リスケジューリング等
	（3）スポンサー・ファイナンス
中間資本・・返済要or不要資本	（4）メザニン・ファイナンス
自己資本・・返済不要資本	
資本金等・・株主出資資本	（3）スポンサー・ファイナンス
利益剰余金	（5）自己稼得資本
合　計	

　上記のうち、（4）については前著『ウィズコロナ経済における運用と調達』第Ⅲ編第1章を、（5）については前々著『ウィズコロナ社会における経済と経営』第5章をご参照いただくとして、本章では（1）～（3）の再生ファイナンス・スキーム別の実施例に触れたいと思います。なお、（1）～（3）の再生ファイナンス・スキームの仕組みについては、本編第2章～第4章で詳述したので、そちらをご覧ください。

第2節　（プレ）DIPファイナンスの実際

1.（プレ）DIPファイナンスの特性

　（プレ）DIPファイナンスの仕組みについては、本編第4章第4節をご覧いただくとして、本節ではその実際例について検討します。（プレ）DIPファイナンス、特にアーリーステージにおける「アーリーDIP」は以下の諸点において一般の運転資金融資と際立って異なります。

（1）経営破綻寸前の中小企業等への短期運転資金の新規融資である

（2）きわめて緊急性の高い場合が多く、短期間での与信判断が求められる

（3）有効な担保設定を行えない場合が多い

（4）融資対象企業から提出される決算資料の信憑性が低い場合が多い

（5）再生計画の実現可能性の判断にまで踏み込まなければならない

（6）アーリーDIP枠設定後のモニタリングを日繰りで行う必要がある

（7）金利水準は5〜10%と高めに設定できる

（8）特定融資枠契約に係る手数料を徴求することができない場合が多い

　上記をまとめると、総じて“手間がかかり短納期であるにもかかわらず収益性は見合わない”融資であると思われます。しかしながら、その窮境原因にもよりますが、“寄る辺なき中小企業等の再生に資する”という社会的な意義の大きいファイナンスではあります。

2．アーリーDIPの与信判断

　民事再生を前提としたDIPファイナンス、特にアーリーDIPの与信判断においては、以下の4点が鍵となります。

（1）再生企業の事業性理解

　　　関係者からのヒアリング等により想定した主観的な事業像について、取引先や仕入先等からの率直な意見や評価、顧客のリピート率、競合他社との比較といった客観的資料に基づき、再検証を行い理解を深める。

（2）再生企業キャッシュ・フロー予測の検証

　　　下図フローで、再生企業のキャッシュ・フロー予測を検証します。

〈図51〉 再生企業キャッシュ・フロー検証フロー・チャート

事業性理解　⇒　EBITDAの試算　⇒　長期的キャッシュ・フローの試算　⇒　短期的キャッシュ・フロー分析（再生認可決定までの必要資金の見積）　⇒　再生企業特有の不安定な資金決済を細かく予測し盛り込む

（3）再生可能性の検証

　　　次に、上記（2）で検証した“再生企業のキャッシュ・フロー予測”の実現可能性について、申立代理人、経営陣や従業員へのヒアリングによる確認を中心に以下の観点に関する検証を行います。

　　　①法的手続申立に至った窮境原因の排除が可能か

　　　②利益を生む体制に変われるか

③想定として置いた各種施策が実現可能か

④再生企業の進むべき方向性についての関係者の賛同

（4）再生意義の検討

再生が頓挫することによる下記の各方面への影響度を十分に検討する必要があります。

①従業員やその家族への影響

②下請け企業等の連鎖倒産の可能性

③地域経済に多大な影響が及ぶ可能性

3．アーリー DIP の諸条件

アーリー DIP の諸条件は、以下の4項目より構成されます。

（1）融資金額

融資金額の判断は、"①認可決定までに必要な運転資金" 及び "②信用補完の観点からの妥当な金額" のふたつの点から検討を行います。

①認可決定までに必要な運転資金

日繰りの資金繰り表に再生企業の入出金を徹底的に落とし込み、認可決定までに必要な運転資金を算出します。

②信用補完の観点からの妥当な金額

DIP ファイナンス枠を設定することで、取引先に安心感を与えて従来どおりの継続的な取引が維持される効果や、従業員が抱く雇用継続の不安を和らげる効果が得られます。設定枠が多すぎると、法的整理手続外の海外債権者からの弁済要求を引き起こしたりするので、信用補完の観点からの妥当な金額の DIP ファイナンス枠の設定が望まれます。

（2）融資期間

アーリー DIP の場合、再生手続等の進捗を見極めるため、計画案提出までを目安として融資期間の設定を行います。その後、再生手続等に特段の懸念がない場合には、再生企業の要望を聞きながら融資取引の継続の可否を検討します。

（3）担保

（プレ）DIP ファイナンスも与信行為であり、担保の徴求は行いたいところですが、不動産等の資産は既存金融機関に担保提供されており、売掛債権や棚卸資産等の動産は担保適格となりにくかったり、担保金額が不十分であったりします。そこで、DIP ファイナンス枠設定金融機関に新たに入金用口座を設定させ、当該口座への入金額が DIP ファイナンス枠の金額を常に上回るように維持する方法が、実態的な保全方法として採用される場合があります。

（4）金利・その他の費用

①金利

実際の引出額に対して年5〜10%程度に設定されます。

②特定融資枠契約に係る手数料

（プレ）DIPファイナンスを必要とする中小企業等は、特定融資枠法2条に該当しない場合が多く、利息制限法等による利息制限規定（※71）の適用除外規定（特定融資枠法3条）が適用されないため、特定融資枠契約に係る手数料（特定融資枠法2条1項）を徴求することができません。

（※71）利息制限法3条及び6条並びに出資法5条の4第4項

③印紙代等の実費

仮に再生対象の中小企業等が、設定されたDIPファイナンス枠を利用しなかった場合には、発生する費用は③のみとなります。

（本節の出拠）松下淳一、相澤光江（編集代表）『事業再生・倒産実務全書』きんざい（3-7頁 DIPファイナンスの実務—レンダーの視点から—）

第3節　貸出条件緩和債権からの卒業

1．貸出条件緩和債権

リスケジューリング（金利の減免、利息の支払猶予、元本の返済猶予）、債権放棄または"その他の債務者に有利となる取決め（DDS、DES）"を、債務者の経営再建または支援を図ることを目的として行った貸出金は、銀行法上の債権区分において、**貸出条件緩和債権**（銀行規則19条の2第1項5号ロ(4)）に分類され、貸倒引当金の積み増しや法定開示対象債権（※72）となります（『金融検査マニュアル資産査定管理態勢の確認検査用チェックリスト「自己査定」（別表1）1．債権の分類方法（自己査定結果の正確性の検証）（3）債務者区分 5．貸出条件緩和債権』（以下『金融検査マニュアル（別表1）1（3）5』））。

（※72）銀行法21条1項前段に基づく銀行規則19条の2第1項5号ロ並びに金再法7条に基づく金再規則6条

2．貸出条件緩和債権からの卒業

当該貸出金が**貸出条件緩和債権の卒業基準**（※73）を充足して、貸出条件緩和債権から卒業した場合には、金融機関は以下のメリットを享受できます。

（1）金融機関マニュアルによる自己査定上の債務者区分におけるランクアップによる貸倒引当金の戻入れ

（2）法定開示対象債権からの除外

（弁護士 田口和幸、加藤寛史、松本卓也、ロングブラックパートナーズ（著）『最新私的整理事情』きんざい 49頁）

実抜計画（※74）または**合実計画**（※74）に基づき再生可能と判断された私的整理対象企業に対する**リスケジューリング・債権放棄・DDS・DESによる金融支援**を、金融機関が積極的に行おうとするインセンティブが働くのは上記（1）及び（2）のメリットがあるからなのです。

（※73）下記3参照
（※74）第Ⅲ編第6章参照

3．貸出条件緩和債権の卒業基準

　貸出条件緩和債権の卒業基準は、『金融検査マニュアル（別表1）1（3）5（2）貸出条件緩和債権の卒業基準』において定められていますが、具体的な基準は、監督指針Ⅲ－4－9－4－3（2）、③、ハに以下のように定められています（筆者が一部読替）。

　「貸出条件緩和債権であっても、＜中略＞**実抜計画**に沿った金融支援の実施により経営再建が開始されている場合（※75）には、当該実抜計画に基づく貸出金は**貸出条件緩和債権には該当しない**ものと判断して差し支えない。

　また、**債務者が実抜計画を策定していない場合**であっても、債務者が中小企業であって、かつ、貸出条件の変更を行った日から**最長1年以内に実抜計画を策定する見込みがあるとき**（※77）には、当該債務者に対する貸出金は当該貸出条件の変更を行った日から**最長1年間は貸出条件緩和債権には該当しない**ものと判断して差し支えない」

（※75）既存の計画に基づく経営再建が「実現可能性の高い」及び「抜本的な」の要件を全て満たすこととなった場合も、「"実抜計画"に沿った金融支援の実施により経営再建が開始されている場合」と同様とする。たとえば、金融機関が債務者に対して貸付条件の変更（リスケジューリング）を行う場合であって、当該債務者が経営改善計画等を策定しているとき（※76）は、当該計画が「実現可能性の高い」及び「抜本的な」の要件を満たしていると認められるものであれば、金融機関が当該債務者に対して行う貸付条件の変更等に係る貸出金は貸出条件緩和債権には該当しないものと判断して差し支えない。なお、（※77）の場合を含め、「実現可能性の高い」及び「抜本的な」の要件を当初すべて満たす計画であっても、その後、これらの要件を欠くこととなり、当該計画に基づく貸出金に対して基準金利が適用される場合と実質的に同等の利回りが確保されていないと見込まれるようになった場合には、当該計画に基づく貸出金は貸出条件緩和債権に該当することとなることに留意する
（※76）他の金融機関（政府系金融機関等を含む）が行う貸付条件の変更等に伴って当該債務者が経営改善計画等を策定しているとき及び信用保証協会による既存の保証の条件変更に伴って当該債務者が経営改善計画等を策定しているときを含む
（※77）「当該経営再建計画を策定する見込みがあるとき」とは、銀行と債務者との間で合意には至っていないが、債務者の経営再建のための資源等（たとえば、売却可能な資産、削減可能な経費、新商品の開発計画、販路拡大の見込み）が存在することを確認でき、かつ債務者に経営再建計画を策定する意思がある場合をいう

第4節　企業再生スポンサー・ファイナンスの実際

1．再生スポンサーのタイプ別分類

　本編第4章"再生ファイナンス"において、再生企業へのニューマネーの投入方法について次の5つを検討しました。

①ABL：（プレ）DIPファイナンスとしての活用

②ABS：固定資産の流動化による長期資金の調達

③（プレ）DIPファイナンス：専門特化したDIPファイナンサーによる短期運転資金融資

④再生ファンド：官民ファンド、サービサー系または非サービサー系の民間ファンド

⑤公的支援等：政府・日銀並びに政府系ファンドによる投融資

　ここで、企業再生スポンサー・ファイナンスに該当するか否かの分類表である表51を再掲します。

（表51）　再生スポンサーの有無による再生ファイナンス手法の分類

	再生ファイナンス手法	ABL	ABS	DIP	再生F
再生ファイナンスの出し手	再生スポンサー	×	×	△	◎
	金融機関等	○	○	○	×

◎は絶対的該当　／　○は相対的該当（非該当の場合もある）　／　△は再生スポンサーが補完的に出し手となる場合　／　×は非該当の場合

　また、第5章"企業再生におけるスポンサー"第1節において、再生スポンサーには「フィナンシャル・スポンサー（投資型再生スポンサー）」と「ストラテジック・スポンサー（事業型再生スポンサー）」があることについて触れました。上表51記載の"再生スポンサー"は、このうち、「フィナンシャル・スポンサー（投資型再生スポンサー）」に該当します（さらにファンド系とサービサー系に細分されます）。なお、上表51が"再生ファイナンス"の観点からの分類表であるのに対して、下表58は"再生スポンサー"のタイプと対応するスキームの観点からの分類表です。

（表58）　再生スポンサーのタイプ別分類

再生スキーム区分／スポンサータイプ等		金融スキーム		M&Aスキーム		
		（プレ）DIP	債権投資	100%減増資	事業譲渡	会社分割
フィナンシャル	ファンド系	△	×	◎	◎	○
	サービサー系	△	◎	○	△	○
ストラテジック		△	×	◎	◎	◎

◎当該スポンサーが主に活用するスキーム　／　○当該スポンサーが場合により活用するスキーム
△他に選択肢がない場合に当該スポンサーが補完的に活用するスキーム　／　×当該スポンサーが活用しないスキーム

（1）（プレ）DIPファイナンス

　いずれのタイプのスポンサーにとっても、他に専門の（プレ）DIPファイナンサーが見出せない場合に"万止むを得ざる諸事"として行う再生ファイナンス手法です。

（2）債権投資

　再生ファイナンス特有の手法であって、専らフィナンシャル・スポンサー（投資型再生スポンサー）のうち、サービサー系により、DDS、DES及び債権買取（サービサー）で実施されます。DDS及びDESについては本編第2章で詳述しましたので、本節におきましては債権買取（サービサー業務）を含む再生ファイナンスの実際について後述します。

（3）100％減増資

　フィナンシャル・スポンサー（投資型再生スポンサー）ファンド系並びにストラテジック・スポンサー（事業型再生スポンサー）のいずれにとっても、最もストレートでポピュラーな手法です。フィナンシャル・スポンサー（投資型再生スポンサー）サービサー系にとっても、再生対象企業にEquity投資をしようとする場合には用いられます。また、再生対象企業にとっても、以下の財務的効果が見込め、再生ファイナンスにおける"1丁目1番地"的手法と位置付けられます。

　　①長期安定的かつ償還不要のニューマネーが入る

　　②自己資本が充実する

　　③金融債権者における債務者区分上の上位遷移とリファイナンス実施の可能性

　　④取引先の信用回復

（4）事業譲渡

　　①フィナンシャル・スポンサー（投資型再生スポンサー）の場合

　　　本編第3章の「第二会社方式」において用いるケースに該当します。再生対象会社側からすると、この場合、対価がキャッシュでニューマネーが入る場合と既存債務の承継が対価とされ、ニューマネーが入らない場合の両方が想定されます。

　　②ストラテジック・スポンサー（事業型再生スポンサー）の場合

　　　ストラテジック・スポンサーにとって事業シナジーのある事業を譲り受ける場合であり、その対価は原則的にキャッシュが想定されます。

（5）会社分割

　会社分割には「吸収分割」と「新設分割」があります。各手法と再生スポンサー・タイプとの相性の対比は、次表のとおりです。

（表59）　会社分割の各手法と再生スポンサー・タイプとの相性

スポンサー・タイプ	フィナンシャル・スポンサー		ストラテジック・スポンサー
	ファンド系	サービサー系	
吸収分割	×	△	◎
新設分割	○	◎	◎

①吸収分割（会社法757条）

　両社で締結された吸収分割契約に基づき、被承継会社が有する事業に関しての権利義務の全部または一部を、すでに存在する吸収分割承継会社に対して承継し、その対価として吸収分割承継会社の株式またはその他の財産（会社法758条4号）を取得する組織再編手法をいいます。主に、ストラテジック・スポンサーが事業シナジーの観点から、自グループ内の既存会社と統合させたい場合に用いられます。フィナンシャル・スポンサーにおいては、レアケースとしてサービサー系フィナンシャル・スポンサーが他の再生対象会社との統合を図る場合に利用するにとどまるケースが考えられます。

②新設分割（会社法762条）

　新設分割計画に基づき、新設分割設立会社が有する資産、債務、雇用契約その他の権利義務を、新設分割により新設する「新設分割会社」に承継し、その対価として新設分割会社の株式等を取得する組織再編手法をいいます（会社法763条1項5号～11号）。すべての再生スポンサーが、各々の目的に応じて利用します。

2. サービサー系フィナンシャル・スポンサーによる「再生投資」の実際

　サービサー系フィナンシャル・スポンサー（サービサー系再生ファンド）による「再生投資」とExitは下記Stepで進められます。

Step1：金融債権者である地域金融機関からサービサー会社に、原債権額100億円に対して、譲渡価格10億円で債権譲渡。

Step2：サービサー会社の母体行の金銭出資（10億円）により、「再生ファンド」を組成。

Step3：サービサー会社が、Step1により購入した債権を「再生ファンド」に評価額10億円で現物出資。

Step4：「再生ファンド」がサービサー会社に年間1億円の報酬で、再生対象会社の運営管理や債権回収管理等の業務を委託。

Step5：「再生ファンド」が再生対象会社にプレDIPファイナンス7億円を実施し、当面の運転資金を供給。

Step6：金融債権者である地域金融機関が、3年後に40億円、再生対象会社にリファイナンス。

Step7：再生対象会社が「再生ファンド」にプレDIPファイナンスの元利金10億円を返済。

Step8：再生対象会社が原債権のうち、70億円の減免を受けて、残額の30億円を「再生ファンド」に返済。

Step9：現物出資者であるサービサー会社と金銭出資者であるサービサー会社母体行に出資金と配当金 40億円（※78）を分配して、再生ファンドを解散。

（※78）再生対象会社からの回収金40億円

　ちなみに、上記Step1〜9を、あおぞら債権回収株式会社（著）『サービサーと事業再生』きんざい（43頁の図表10）を参考にして筆者が作成したのが、図52と図53です（両図内の数値単位は億円）。こちらもあわせて参考にしてください。

〈図52〉 サービサー系フィナンシャル・スポンサーによる「再生投資」

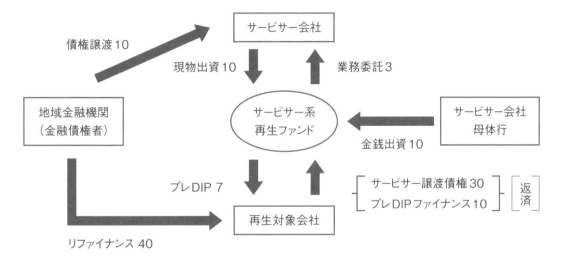

〈図53〉 サービサー系フィナンシャル・スポンサーのExit

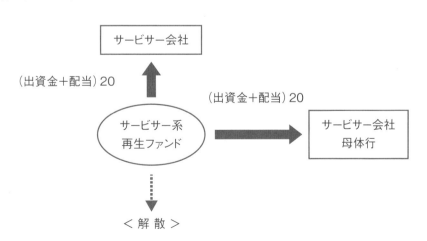

おわりに

　ウィズコロナ経営3部作の結びを執筆している本日も、我が国ではコロナ禍が猛威を振るっています。政府の資金繰り支援策や中小企業再生支援協議会による「特例リスケ」の制度等によって、足元の法的整理の件数自体は空前といっていい水準に落ち着いていますが、実体経済の改善時期は今なお不透明であり、アフターコロナ時代における需給バランスの大幅な変化が企業経営にもたらす影響も未知数です。そのようななかで、大手企業が虎の子の事業を譲渡したとか、事業再生ADRを申請したというようなニュースも飛び交っており、アフターコロナ時代における「コロナバブル」崩壊のリスクも相まって、不安定な経営環境は継続していくものと思われます。

　他方、現下のコロナ禍を契機に、社会全体として経営破綻からの再チャレンジを容認する機運が高まり、同時に窮境にある企業が再チャレンジするための土壌が少しずつ整いつつあるように思います。もちろん、そのような状況下を生き抜いていくには、単に政府の支援策で漫然と資金繰りをつなぐのではなく、アフターコロナ時代においても社会経済上必要となる事業を磨いていく必要がありますが、営む事業に事業性があれば、政府の支援策の時限が来るなどして、たとえ資金的にいったん経営破綻を来したとしても、再建を果たすことは十分に可能ですし、法が再建のためのいろいろなメニューを用意していることは、本書で述べたとおりです。もちろん、我々専門家も常に知識をアップデートし、バックアップできる体制を整えたいと思っております。

　私はいわゆるロスジェネ世代の社会人です。物心ついたときにはバブルは崩壊しており、銀行や証券会社は次々と破綻、就職環境は常に「氷河期」で、そのなかでようやく就職できたと思ったら、今度はリーマンショック（私の弁護士生活2年目〜3年目の頃でした）による再生・倒産を多数目の当たりにする、という経験をしてきました。弁護士登録をしてすぐにそのような環境であったため、事務所のボスからは、数多くの再生案件を経験する機会を与えられ、そのなかで普段は大らかなボスが鬼神のごとく走り回り、会社再建のために力を尽くす姿を見たり、再生計画が認可されたときの関係者の喜びや安堵を直に経験したりしてきました。このような原体験は、事業再生に取り組む上で今も私の行動原理の柱になっています。「借りた金を返すのは当たり前」と杓子定規に言い切れないこのコロナ禍において、その企業に公正さと可能性がある限り、最も「諦めの悪い」弁護士になれるよう、今後も研鑽を積みたいと考えています。

　このたびは薩摩公認会計士の熱意、そして企業経営者から「弁護士に相談すると破産させられる」という先入観を語られたときの悔しさと情けなさに突き動かされて、本書を世に送り出すに至りました。本書を手に取っていただいた方が、適切な知識をもって再チャレンジに動き出していただければ、望外の幸せです。

2021年4月吉日

弁護士法人 大江橋法律事務所

パートナー 弁護士　佐藤 俊

凡例

I　法律等

　1．　民法：民法（明治29年法律第89号）

　2．　金商法：金融商品取引法（昭和23年法律第25号）

　3．　公認会計士法：公認会計士法（昭和23年法律第103号）

　4．　民調法：民事調停法（昭和26年法律第222号）

　5．　利息制限法：利息制限法（昭和29年法律第100号）

　6．　出資法：出資の受入れ、預り金及び金利等の取締りに関する法律（昭和29年法律第195号）

　7．　法人税法：法人税法（昭和40年法律第34号）

　8．　所得税法：所得税法（昭和40年法律第33号）

　9．　銀行法：銀行法（昭和56年法律第59号）

10．　LPS法：投資事業有限責任組合契約に関する法律（平成10年法律第90号）

11．　資産流動化法：資産の流動化に関する法律（平成10年法律第105号）

12．　サービサー法：債権管理回収業に関する特別措置法（平成10年法律第126号）

13．　金再法：金融機能の再生のための緊急措置に関する法律（平成10年法律第132号）

14．　特定融資枠法：特定融資枠契約に関する法律（平成11年法律第4号）

15．　特調法：特定債務等の調整の促進のための特定調停に関する法律（平成11年法律第158号）

16．　民再法：民事再生法（平成11年法律第225号）

17．　労働契約承継法：会社分割に伴う労働契約の承継等に関する法律（平成12年法律第103号）

18．　更生法：会社更生法（平成14年法律第154号）

19．　破産法：破産法（平成16年法律第75号）

20．　ADR法：裁判外紛争解決手続の利用の促進に関する法律（平成16年法律第151号）

21．　会社法：会社法（平成17年法律第86号）

22．　一般法：一般社団法人及び一般財団法人に関する法律（平成18年法律第48号）

23．　電子記録債権法：電子記録債権法（平成19年法律第102号）

24．　支援機構法：株式会社地域経済活性化支援機構法（平成21年法律第63号）

25．　震災支援機構法：株式会社東日本大震災事業者再生支援機構法（平成23年法律第113号）

26．　産競法：産業競争力強化法（平成25年法律第98号）

27．　産活法：産業活力の再生及び産業活動の改革に関する特別措置法（平成26年1月20日の産業競争力強化法の施行に伴い廃止）

Ⅱ　政省令他

1.　法施令：法人税法施行令（昭和40年政令第97号）

2.　金商令：金融商品取引法施行令（昭和40年政令第321号）

3.　産競令：産業競争力強化法施行令（平成26年政令第13号）

4.　監査府令：財務諸表等の監査証明に関する内閣府令（昭和32年大蔵省令第12号）

5.　財務諸表等規則：財務諸表等の用語、様式及び作成方法に関する規則（昭和38年大蔵省令第59号）

6.　法施規：法人税法施行規則（昭和40年大蔵省令第12号）

7.　銀行規則：銀行法施行規則（昭和57年大蔵省令第10号）

8.　金再規則：金融機能の再生のための緊急措置に関する法律施行規則（平成10年金融再生委員会規則第2号）

9.　更法規：会社更生法施行規則（平成15年法務省令第14号）

10.　会社規則：会社法施行規則（平成18年法務省令第12号）

11.　計規：会社計算規則（平成18年法務省令第13号）

12.　ADR規則：裁判外紛争解決手続の利用の促進に関する法律施行規則（平成18年法務省令第52号）

13.　産競規：経済産業省関係産業競争力強化法施行規則（平成26年経済産業省令第1号）

14.　民法規：民事再生法施行規則（平成27年法務省令第13号）

15.　企業会計原則：企業会計原則（企業会計審議会最終改正昭和57年4月20日）

16.　特調規：特定調停手続規則（平成12年1月20日最高裁判所規則第2号）

17.　民再規：民事再生規則（平成12年1月31日最高裁判所規則第3号）

18.　更生規：会社更生規則（平成15年2月19日最高裁判所規則第2号）

19.　破規：破産規則（平成16年10月6日最高裁判所規則第14号）

20.　貸出条件緩和債権Q&A：貸出条件緩和債権Q&A（金融庁 平成21年6月26日 最終改正）

21.　金融検査マニュアル23年改定部分（FAQ）
：金融検査マニュアルに関するよくあるご質問（FAQ）（改定部分）（金融庁検査局 平成23年11月22日）

22.　経産省告示：経済産業省関係産業競争力強化法施行規則第29条第2項の規定に基づき認証紛争解決事業者が手続実施者に確認を求める事項（平成26年1月17日経済産業省告示第8号）

23.　ADR資産評定基準：経済産業省関係産業競争力強化法施行規則第29条第1項第1号の資産評定に関する基準（平成26年1月17日経済産業省告示第9号）

24. 金融検査マニュアル別冊：金融検査マニュアル別冊〔中小企業融資編〕（金融庁平成27年1月）

25. 金融検査マニュアル：金融検査マニュアル（預金等受入金融機関に係る検査マニュアル）（金融庁 平成29年5月）

26. 金融検査マニュアル（FAQ）：金融検査マニュアルに関するよくあるご質問（FAQ）（金融庁検査局平成29年5月30日最終改正）

27. 基本要領：中小企業再生支援協議会事業実施基本要領（令和2年3月19日中小企業庁）

28. 監督指針：中小・地域金融機関向けの総合的な監督指針（令和2年12月金融庁）

29. 私的整理GL：私的整理に関するガイドライン（平成13年9月 私的整理に関するガイドライン研究会）

30. 基本的考え方：中小企業の事業及び財務再構築のモデル取引に関する基本的考え方（平成15年7月16日 研究会）

31. 会研報第11号：日本公認会計士協会会計制度委員会研究報告第11号「継続企業の前提が成立していない会社等における資産及び負債の評価について」（平成17年4月12日）

32. 財産評定ガイドライン：日本公認会計士協会経営研究調査会研究報告第23号「財産の価額の評定等に関するガイドライン（中間報告）」（平成19年5月16日改正）

33. 財産評定ガイドラインQ&A：日本公認会計士協会経営研究調査会研究報告第31号「財産評定等に関するQ&Aと事例分析」（平成19年5月16日）

34. 監保報第74号：日本公認会計士協会監査・保証実務委員会報告第74号「継続企業の前提に関する開示について」（平成21年4月21日）

35. 会計基準第17号：企業会計基準第17号「セグメント情報等の開示に関する会計基準」（日本公認会計士協会企業会計基準委員会平成22年6月30日最終改正）

36. 一体再生型手引：事業者の事業再生を支援する手法としての特定調停スキーム利用の手引（平成25年12月5日 日弁連）

37. GL：経営者保証に関するガイドライン（平成25年12月 経営者保証に関するガイドライン研究会）

38. GLQ&A：経営者保証に関するガイドラインQ&A（平成25年12月 経営者保証に関するガイドライン研究会）

39. GL単独型手引：経営者保証に関するガイドラインに基づく保証債務整理の手法としての特定調停スキーム利用の手引（平成26年12月12日 日弁連）

40. 再生手続規則：特定認証ADR手続に基づく事業再生手続規則（平成27年5月20日JATP）

41. 廃業支援型手引：事業者の廃業・清算を支援する手法としての特定調停スキーム利用の手引（平成29年1月27日 日弁連）

42. 基本要領Q&A：中小企業再生支援協議会事業実施基本要領Q&A（平成30年7月13日改訂）

43. 監基報700：監査基準委員会報告書700「財務諸表に対する意見の形成と監査報告」（日本公認会計士協会監査基準委員会報告書第60号 令和元年2月27日）

44. 監基報570：監査基準委員会報告書570「継続企業」（日本公認会計士協会監査基準委員会報告書第65号 令和2年4月9日）

45. 施行規則：有価証券上場規程施行規則（東京証券取引所、令和2年11月2日現在）

46. 上場規程：有価証券上場規程（東京証券取引所、令和2年12月3日現在）

47. 法基通：法人税基本通達（令和2年12月21日現在）

48. 所基通：所得税基本通達（令和2年12月18日現在）

Ⅲ 官庁等名

1. 東京地裁：東京地方裁判所

2. 大阪地裁：大阪地方裁判所

3. 東証：東京証券取引所

4. JPX：株式会社日本取引所グループ（Japan Exchange Group, Inc.）

5. NASA：National Aeronautics and Space Administration, アメリカ航空宇宙局

6. 支援協：中小企業再生支援協議会

7. JATP：一般社団法人事業再生実務家協会（Japanese Association of Turnaround Professionals）

8. 日弁連：日本弁護士連合会

9. 研究会：新しい中小企業金融の法務に関する研究会

10. REVIC：Regional Economy Vitalization Corporation of Japan 株式会社地域経済活性化支援機構

参考図書一覧

- 別冊 NBL 編集部（編）『新破産法の実務 Q&A』商事法務
- 事業再生研究機構財産評定委員会（編）『新しい会社更生手続の「時価」マニュアル』商事法務
- 山岸洋（監修）、田原拓治、平澤春樹、松原幸生（著）
『民事再生法と資産評価：企業再生ビジネスへの展望』清文社
- 鈴木学（西村あさひ法律事務所）、山田ビジネスコンサルティング株式会社（編）
『業界別事業再生辞典』きんざい
- 松下淳一、相澤光江（編集代表）『事業再生・倒産実務全書』きんざい
- 森・濱田松本法律事務所、藤原総一郎（編著）、山崎良太、稲盛隆浩（著）『DES・DDSの実務』きんざい
- 弁護士 田口和幸、加藤寛史、松本卓也、ロングブラックパートナーズ（著）『最新私的整理事情』きんざい
- あおぞら債権回収株式会社（著）『サービサーと事業再生』きんざい
- 深田建太郎（著）『第二版 事例に学ぶ自己査定120のポイント』銀行研修社
- 西村あさひ法律事務所、フロンティア・マネジメント株式会社『法的整理計画策定の実務』商事法務
- 山口和男（著）『特別清算の理論と裁判実務 新会社法対応』新日本法規出版
- 一般社団法人金融財政事情研究会（編）『事業再生と債権管理（156号）』
『経営者保証ガイドラインと廃業支援型特定調停』きんざい
- 『銀行法務21（815号）』「事業者の廃業・清算を支援する手法としての特定調停スキーム」
経済法令研究会
- 野村剛司（著）『法人破産申立て実践マニュアル（第2版）』青林書院
- 小林信明、中井康之（著）『経営者保証ガイドラインの実務と課題（第2版）』商事法務
- 事業再生実務家協会（編）『事業再生ADRのすべて（第2版）』商事法務
- 木内道祥（監修）『民事再生実践マニュアル』青林書院
- 伊藤眞（著）『破産法・民事再生法』有斐閣
- 伊藤眞（著）『会社更生法・特別清算法』有斐閣
- 多比羅誠（編）『進め方がよくわかる　私的整理手続と実務』第一法規
- 森純子、川畑正文（著）『民事再生の実務』商事法務
- 山本克己（編）『破産法・民事再生法概論』商事法務
- 「倒産と担保・保証」実務研究会（編）『倒産と担保・保証』商事法務
- 橘素子（著）『企業再生の税務　民事再生・会社更生・破産手続詳説』大蔵財務協会
- 佐藤信祐、松村有紀子、後藤柾哉（著）『M&A・組織再編成の税務詳解 Q&A』中央経済社
- 佐藤友一郎（編）『法人税基本通達逐条解説（九訂版）』税務研究会出版局

共同執筆者一覧

はじめに　　弁護士法人大江橋法律事務所 パートナー 弁護士 平野惠稔

巻 頭 言　　監査法人彌榮会計社 代表社員 公認会計士 薩摩嘉則

序　　説　　監査法人彌榮会計社 代表社員 公認会計士 薩摩嘉則

第Ⅰ編
第 1 章　　監査法人彌榮会計社 代表社員 公認会計士 薩摩嘉則
第 2 章　　弁護士法人大江橋法律事務所 パートナー 弁護士 佐藤俊
　　　　　　監査法人彌榮会計社 代表社員 公認会計士 薩摩嘉則
第 3 章　　弁護士法人大江橋法律事務所 パートナー 弁護士 佐藤俊

第Ⅱ編
第 1 章　　弁護士法人大江橋法律事務所 パートナー 弁護士 佐藤俊
第 2 章　　弁護士法人大江橋法律事務所 パートナー 弁護士 佐藤俊
第 3 章　　弁護士法人大江橋法律事務所 パートナー 弁護士 佐藤俊
　　　　　　監査法人彌榮会計社 代表社員 公認会計士 薩摩嘉則
第 4 章　　弁護士法人大江橋法律事務所 弁護士 辻田俊幸

第Ⅲ編
第 1 章　　弁護士法人大江橋法律事務所 パートナー 弁護士 佐藤俊
　　　　　　監査法人彌榮会計社 代表社員 公認会計士 薩摩嘉則
第 2 章　　弁護士法人大江橋法律事務所 パートナー 弁護士 佐藤俊
第 3 章　　弁護士法人大江橋法律事務所 弁護士 辻田俊幸

第Ⅳ編
第 1 章　　監査法人彌榮会計社 代表社員 公認会計士 薩摩嘉則
第 2 章　　監査法人彌榮会計社 代表社員 公認会計士 薩摩嘉則
第 3 章　　監査法人彌榮会計社 代表社員 公認会計士 薩摩嘉則
第 4 章　　監査法人彌榮会計社 代表社員 公認会計士 薩摩嘉則
第 5 章　　監査法人彌榮会計社 代表社員 公認会計士 薩摩嘉則
第 6 章　　日本経営ウィル税理士法人 公認会計士 大黒智陽

Profile

弁護士法人 大江橋法律事務所

1981年1月1日、大阪の地にて「石川・塚本・宮﨑法律事務所」という名称で設立。1983年に「大江橋法律事務所」に名称を変更した後、2002年に弁護士法人化。現在では創業地の大阪のほか、東京、名古屋、上海に事務所を構え、外国法事務弁護士を含めて約150名の弁護士を擁する総合事務所となっており、事業再生・倒産分野のほか、渉外分野、会社法・M&A分野、知的財産分野、独禁法分野、人事・労働分野、ファイナンス・保険分野、税務分野など、主に企業を取り巻く幅広い法分野に係る質の高いリーガルサービスをワンストップで提供している。

監査法人 彌榮会計社

2011年1月5日に設立。プライベート・セクターの各種法人等（学校法人・医療法人・社会福祉法人・SPC・各種ファンド・非上場企業等）に特化した各種プロフェッショナルサービスを提供するブティック型の監査法人であり、2021年4月時点で公認会計士19名及びその他職員20名が在籍。多様な法人等の経営に関与している豊富な知見を持つ人材を数多く擁しており、監査や各種証明業務をはじめ、それらに関連する内部統制システムの構築・運用支援業務、M&Aなどの投資・企業再編や企業再生支援に関するアドバイザリー、調査業務等の各専門領域において、高度な専門性と深度を兼ね備えたサービスを提供している。

ウィズコロナ経営における倒産と再生

2021年4月26日 初版発行

著　　者	弁護士法人 大江橋法律事務所、監査法人 彌榮会計社
発 行 者	古川 猛
発 行 所	東方通信社
発　　売	ティ・エー・シー企画
	〒101-0054 東京都千代田区神田錦町1-14-4 東方通信社ビル4階
	TEL：03-3518-8844
	FAX：03-3518-8845
	www.tohopress.com
定　　価	1650円（本体1500円＋10％税）
発　　行	東方通信社
装　　丁	豊田秀夫
印刷・製本	シナノ印刷